Gerhart Mahler: Zweitsprache Deutsch

GERHART MAHLER

Zweitsprache Deutsch

Die Schulbildung der Kinder ausländischer Arbeitnehmer

Zusammenhänge
Feststellungen
Konsequenzen

2., neubearbeitete Auflage. 1975

 VERLAG LUDWIG AUER DONAUWÖRTH

© by Verlag Ludwig Auer, Donauwörth. 1976
Alle Rechte vorbehalten
Zeichnungen: Erich Utsch
Gesamtherstellung: Druckerei Ludwig Auer, Donauwörth
ISBN 3-403-00604-2

Inhaltsverzeichnis

Vorwort 9

1. Problemkreis „Ausländischer Arbeitnehmer" 11

1.1 Die ausländischen Arbeitnehmer 11
1.2 Entwicklung des Problems 13
1.3 Die Situation des ausländischen Arbeitnehmers in der Bundesrepublik 21
   1.3.1 Der Arbeitnehmer in der Fremde 21
   1.3.2 Die Einstellung der deutschen Gesellschaft 23
   1.3.3 Die Frage der Integration 25
      Deutsche Auffassungen 25
      Sprachliche Integration 27
      Soziale Integration 29
   1.3.4 Längere Aufenthaltsdauer = Einwanderung? 32
1.4 Die Entwicklung 1972–1975 34
   1.4.1 Ausländerpolitische Grundsätze 1972 34
   1.4.2 Die Rezession 1974/75 37

2. Problemkreis „Kinder ausländischer Arbeitnehmer" 43

2.1 Die „ausländischen Kinder" 43
2.2 Entwicklung 45
   2.2.1 Rückblick 46
   2.2.2 Übersicht über die zahlenmäßige Entwicklung 49
   2.2.3 Maßnahmen zur Bewältigung des Problems 1969—1972 . . . 58
      Erfüllung der Schulpflicht 58
      Empfehlungen und erste Maßnahmen 61
      Der Beschluß der Kultusministerkonferenz von 1971 und die Regelung in Bayern 64
2.3 Probleme und Zusammenhänge 69
   2.3.1 Fazit aus den bisherigen Bemühungen 69
   2.3.2 Erschwernisse und Barrieren 70
      Milieu und Milieuwechsel 70
      Die schulische Umstellung 73
      Psychologische Erschwernisse 78
      Die Reaktion im deutschen Schulwesen 78
      Hohe Bildungsanforderungen 81

2.4	Die schulische Situation der Kinder ausländischer Arbeitnehmer	83
2.4.1	Das Ungleichgewicht von Maßnahmen zur Integration und zur Reintegration	83
2.4.2	Situation in den einzelnen schulischen Bereichen und in den bestehenden Unterrichtseinrichtungen	89
	Ausländische Kinder im vorschulischen Bereich	89
	Kinder ausländischer Arbeitnehmer in Vorbereitungsklassen	91
	Kinder ausländischer Arbeitnehmer in deutschen Normalklassen	96
	Zur beruflichen Schulbildung ausländischer Jugendlicher	99
2.4.3	Die Bedeutung der Muttersprache	101
	Verbindung zur Muttersprache	101
	Unterrichtsmedium Muttersprache	103
2.4.4	Das Elternrecht	106
2.4.5	Zusammenfassung	108
	Forderungen	109
2.5	Die Frage der privaten Schulen mit nichtdeutscher Unterrichtssprache	114
2.6	Schulbildung der Kinder ausländischer Arbeitnehmer in anderen europäischen Aufnahmeländern	116
2.7	Lösungsvorschläge und Modellentwürfe	119
2.7.1	Auffangklassen	119
2.7.2	Einzelvorschläge	120
2.7.3	Drehscheibenschule	122
2.7.4	Modell GEW Berlin	124
2.7.5	Antrag der CDU Berlin	126
2.7.6	Berücksichtigung der Zweisprachigkeit	128
2.7.7	Zweisprachige Schulen	129
2.7.8	Erklärung im Bundestag	131
2.8	Das offene Modell Bayerns	132
2.8.1	Vorüberlegungen	132
2.8.2	Der Modellentwurf	135
	Übersichten	138
2.8.3	Die Erprobung des Modells	142
	Stundentafel	143
	Erfahrungsberichte	144
2.8.4	Schwierigkeiten und Kritik	147

3. Zweitsprache Deutsch 151

3.1 Zielsprache — Zweitsprache — Fremdsprache 153
3.1.1 Zentralstelle für das Auslandsschulwesen 153
3.1.2 Erstsprache Muttersprache — Zweitsprache Deutsch 154
3.1.3 Zweisprachigkeit 155
3.1.4 Zur Methodik und Didaktik des Deutschunterrichts für ausländische Schüler 158
3.2 Lehrbücher für den Deutschunterricht der Kinder ausländischer Arbeitnehmer 163
3.2.1 Grundsätzliches 163
3.2.2 Übersicht über Lehrbücher für den Deutschunterricht ausländischer Kinder und Jugendlicher in der Bundesrepublik 164
3.2.3 Kinderliteratur 167

4. Literaturangaben 169

4.1 Ausländische Arbeitnehmer 169
4.2 Kinder ausländischer Arbeitnehmer 170
4.3 Deutschunterricht 174

5. Anhang 178

5.1 Übersicht über gebräuchliche Bezeichnungen zum Gesamtthema . 178
5.2 Statistische Angaben 180
5.2.1 Ausländische Arbeitnehmer in der Bundesrepublik und in Bayern 180
5.2.2 Kinder ausländischer Arbeitnehmer in Schulen in der Bundesrepublik 181
5.2.3 Kinder ausländischer Arbeitnehmer in Schulen in Bayern 182
5.3 Grundsätze zur Ausländerbeschäftigung und zur Schulbildung der Kinder ausländischer Arbeitnehmer 184
5.3.1 Beschluß der Kultusministerkonferenz vom 14./15. 5. 1964 . . . 184
5.3.2 Antwort der Bundesregierung auf eine Kleine Anfrage zur Schul- und Berufsausbildung der Kinder ausländischer Arbeitnehmer in der Bundesrepublik Deutschland vom 30. 3. 1971 185
5.3.3 Beschluß der Kultusministerkonferenz vom 3. 12. 1971 189
5.3.4 Richtlinien in Bayern vom 20. 4. 1972 192
5.3.5 Grundsätze zur Eingliederung ausländischer Arbeitnehmer und ihrer Familien vom 20. 4. 1972 201

5.3.6 Stellungnahme des Deutschen Städteverbandes zur Frage des Unterrichts für Kinder ausländischer Arbeitnehmer vom 25. 10. 1972   207
5.3.7 Antwort der Bundesregierung vom 4. 10. 1973 auf eine Mündliche Anfrage über Maßnahmen zur Verbesserung der Ausbildung der Kinder ausländischer Arbeitnehmer   208
5.3.8 Die bayerischen Unterrichtsmodelle (1973)   209
5.3.9 Resolution der ad hoc-Konferenz über „Bildung und Erziehung von Wanderarbeitnehmern und deren Familien vom 8. 11. 1974 . . .   210

Will man die Situation, in der sich die ausländischen Arbeitnehmer und ihre Kinder in der Bundesrepublik befinden, näher untersuchen, findet man kein überschaubares Problem vor, sondern eine Kette ineinander verschlungener und voneinander abhängiger Teilprobleme. Lösungswege sind daher nicht ohne weiteres zu finden. Das ist nicht verwunderlich bei einer Zahl von fast vier Millionen in der Bundesrepublik lebenden Ausländern, einer Zahl, die der halben Einwohnerzahl Österreichs entspricht oder der Zahl der Bevölkerung des Landes Rheinland-Pfalz. Diese Ausländer sind aber keine geschlossene Gruppe. Sie kommen aus sechs verschiedenen Staaten und sprechen sechs verschiedene Sprachen.

Unter ihnen befinden sich 500 000 Kinder und Jugendliche, die die für ihre Entwicklung entscheidenden Lebensjahre in Hessen, in Berlin, in Baden-Württemberg, in Nordrhein-Westfalen oder in Bayern verbringen und praktisch gezwungen werden, die Konsequenzen aus der Tatsache zu tragen, daß ihre Eltern als Arbeitnehmer in der Bundesrepublik beschäftigt sind. Da bis heute eine klare bundeseinheitliche Konzeption für eine Ausländerpolitik fehlt, die sozial-, wirtschafts- und innenpolitisch verbindliche Richtziele enthält, wurden bisher nur Maßnahmen ergriffen, die sich auf gerade aktuelle Symptome beschränkten.

Hierzu gehört auch die Frage nach der Schulbildung, die man den ausländischen Schülern in der Bundesrepublik zu vermitteln bereit und imstande ist. Es geht um die Lebenschancen dieser Kinder und Jugendlichen. Wir müssen uns entscheiden, ob wir sie in der Mehrzahl in eine ungesicherte Existenz verweisen oder ob wir ihnen die Chance bieten, aufgrund ihrer Schulbildung entweder bei uns oder in ihrem Heimatland anspruchsvolleren Aufgaben in Beruf und Gesellschaft gewachsen zu sein. Diese Entscheidung fällt in den deutschen Schulen.

Daß sich die Verantwortlichen in der Bundesrepublik ihrer Verpflichtung gegenüber diesen Kindern allmählich bewußt geworden sind, zeigen die zunehmenden Aktivitäten auf dem Bildungssektor. Das hängt nur zu einem geringen Teil damit zusammen, daß die Beschäftigung mit diesem Problem zur Zeit als besonders aktuelles Neuland gesehen wird. Es liegt meines Erachtens an der Art und Weise, wie die Bundesrepublik und die Entsendestaaten das Problem bisher zu lösen versucht haben. Man hat die Kinder in deutsche Schulen geschickt, von ihnen verlangt, sich in deutschen Klassen zu integrieren und erwartet, daß sie möglichst rasch die für sie fremde Sprache erlernen. Die mangelhaften Ergeb-

folgenden Abschnitten sollen durch Auswertung zugänglicher Berichte und anhand eigener Erfahrungen Feststellungen getroffen, Zusammenhänge und neue Lösungswege gezeigt werden.

Februar 1974 *Gerhart Mahler*

Vorwort zur 2. Auflage

Inzwischen ist die Zahl der in der Bundesrepublik lebenden ausländischen Arbeitnehmer und ihrer Familienangehörigen trotz Anwerbestop und Ausstellung von Arbeitnehmern auf über 4,2 Millionen angewachsen. Die Zahl der Kinder hat die 500 000-Grenze weit überschritten.

Der Anwerbestop hat die Probleme nicht gelöst. Die Möglichkeit, Familien nachzuholen, konnte nicht eingeschränkt werden, Kindergeld erhalten ausländische Arbeitnehmer nur mehr für ihre in der Bundesrepublik wohnenden Kinder. Gleichzeitig hatten die wirtschaftliche Entwicklung 1974 und der damit verbundene Rückgang der Ausländerbeschäftigung eine zunehmende Fluktuation der ausländischen Arbeitnehmer zufolge, die in diesem Umfang und in dieser plötzlichen Konsequenz niemand für möglich gehalten hatte.

Pädagogische Ziele sind ihrer Natur nach langfristig. Nach wie vor bedarf es auch auf dem Gebiet der Schulbildung der ausländischen Kinder und Jugendlichen eines klaren Gesamtkonzeptes.

In der vorliegenden Ausgabe wurden die Zahlenangaben entsprechend der Entwicklung im Jahre 1974 ergänzt. Neue Gesichtspunkte enthalten die Abschnitte 2 und 3. Überlegungen aus früheren Jahren, die inzwischen kaum mehr relevant sind, wurden in diese Ausgabe nicht mehr einbezogen.

Juli 1975 *Gerhart Mahler*

1. Problemkreis „Ausländische Arbeitnehmer"

1.1 Die ausländischen Arbeitnehmer

Es erscheint zweckmäßig, zu Anfang festzustellen, welcher Personenkreis gemeint ist, wenn von den Eltern der ausländischen Kinder in der Bundesrepublik die Rede ist.

Ausländer sind alle, türkische Arbeiter ebenso wie britische Soldaten, amerikanische Professoren wie französische Journalisten, jugoslawische Kellner wie italienische Opernstars oder österreichische Studenten. Unser Problem sind die ausländischen Arbeitnehmer und ihre Familienangehörigen aus den ländlichen Gebieten oder den Kleinstädten aus Süditalien, aus Sizilien, aus Nordgriechenland, aus Mazedonien, Bosnien und Kroatien, aus dem spanischen Nordwesten und Andalusien, aus der weiteren Umgebung Istanbuls, aus Zentralanatolien oder dem Osten der Türkei. Das wird nicht immer klar genug gesehen. Diese ausländischen Arbeitnehmer kommen in der Regel nicht aus Touristikgebieten oder Industriezentren. Urlaubserinnerungen, Bilder aus Reiseprospekten oder Erdkundebüchern vermitteln einen Eindruck von der Heimat dieser Menschen, der ebenso falsch ist wie die bis heute zwar einprägsame, aber irreführende Bezeichnung „Gastarbeiter".

Zutreffender wäre der in der Schweiz allgemein gebräuchliche Ausdruck „Fremdarbeiter". Man hat in Deutschland jedoch, um durch eine solche Bezeichnung die peinliche Erinnerung an die zwangsverschleppten Fremdarbeiter von einst zu überdecken, „das falsche Etikett ‚Gastarbeiter' gewählt. Dabei sind sie alles andere als Gäste. Was wir ihnen an Gastlichkeit gewähren, ist bescheiden bis zweifelhaft."[1] So wird nicht nur in amtlichen Äußerungen, sondern auch in der deutschen Öffentlichkeit an Stelle der rechtlich und inhaltlich falschen Bezeichnung „Gastarbeiter" mehr und mehr vom ausländischen Arbeitnehmer gesprochen.

Folgende Unterscheidung, die ausländerrechtlich von Bedeutung ist, kommt hinzu: Unter allen *ausländischen Arbeitnehmern,* zu denen neben den Ausländern aus den südeuropäischen Ländern, die den Hauptanteil bilden, auch Österreicher, Niederländer, Franzosen und Engländer, aber auch Marokkaner, Tunesier, Koreaner, Inder, Jordanier und Perser zu rechnen sind, gibt es die besondere Gruppe aus den Mitgliedstaaten der Europäischen Gemeinschaft. Etwa 25% aller ausländischen Arbeitnehmer stammen aus dem EG-Raum, darunter vor allem die große Gruppe der italienischen Arbeiter. Sie und ihre Familienangehörigen genießen nach dem aufgrund der EWG-Verordnung 1612/68 erlassenen

---
1 Theo Sommer in: „Die Zeit", 6. 4. 1973

EWG-Aufenthaltsgesetz aus dem Jahre 1969 die volle Freizügigkeit in der Bundesrepublik. Staatsangehörige der Mitgliedstaaten der Europäischen Gemeinschaft haben danach das Recht der freien Einreise; Aufenthaltserlaubnis ist ihnen zu erteilen, wenn sie in einem Arbeitsverhältnis stehen und über eine Wohnung verfügen.

Wörtlich heißt es im Gesetz:

„Die Freizügigkeit der Arbeitnehmer innerhalb der Gemeinschaft muß gewährleistet werden. Das schließt die Abschaffung jeder auf der Staatsangehörigkeit beruhenden unterschiedlichen Behandlung der Arbeitnehmer der Mitgliedsstaaten in bezug auf Beschäftigung, Entlohnung ein wie das Recht für die Arbeitnehmer, sich innerhalb der Gemeinschaft zur Ausübung einer Beschäftigung im Lohn- und Gehaltsverhältnis frei zu bewegen." Ferner wird das Recht des Arbeitnehmers betont, seine Familie nachkommen zu lassen.

Ausländische Jugendliche aus den Mitgliedsstaaten der Europäischen Gemeinschaft und aus Österreich[1] erhielten bereits bisher nach dem Bundesausbildungsförderungsgesetz Zuwendungen zur Förderung ihrer beruflichen, betrieblichen oder schulischen Ausbildung, während die Kinder von Ausländern aus den übrigen Ländern erst vom 1. August 1974 an in die Förderung einbezogen wurden.

Man kann die Besorgnis der Ausländerbehörden und der Städte verstehen, was alles auf sie zukommt, wenn nach den bestehenden Assoziierungsverträgen 1985 die Freizügigkeit auch für türkische Staatsangehörige gelten soll. Zur Zeit nämlich bedürfen die Türken noch, wie die übrigen ausländischen Arbeitnehmer, wenn in zwischenstaatlichen Vereinbarungen nichts anderes bestimmt ist[2], einer Arbeitserlaubnis der Bundesanstalt für Arbeit (Arbeitsförderungsgesetz 1969). Sie darf nur erteilt werden, wenn eine erforderliche Aufenthaltserlaubnis oder Aufenthaltsberechtigung nach dem Ausländergesetz vorliegt oder der Aufenthalt sonst als erlaubt gilt (Arbeitserlaubnisverordnung 1971). Maßgebend für die Erlangung von Aufenthalts- und Arbeitserlaubnis sind die sog. Anwerbevereinbarungen der Bundesanstalt für Arbeit. (Vereinbarungen eines deutschen Arbeitgebers mit einem einzelnen Ausländer unmittelbar sind heute praktisch kaum noch möglich.)

Aufenthalts- und Arbeitserlaubnis sind stets befristet[3], können aber verlängert werden. Die Arbeitserlaubnis kann auf bestimmte Betriebe, Berufsgruppen, Wirtschaftszweige oder Bezirke beschränkt werden. Diese im § 19 des Arbeitsförderungsgesetzes enthaltenen Steuerungsmittel wurden z. B. im November 1973 angewandt, als die Bundesanstalt für Arbeit die Anwerbung und Vermittlung weiterer ausländischer Arbeitnehmer einstellte.

---

[1] In Österreich selbst war 1973 rund eine Viertelmillion ausländischer Arbeitnehmer tätig.
[2] Anwerbung und Einreise sind durch Verträge zwischen der Bundesrepublik Deutschland und den Abgabeländern geregelt.
[3] Die Aufenthaltserlaubnis kann für kurze Zeit befristet, längerfristig oder unbefristet (= Aufenthaltsberechtigung) erteilt werden.

1.2 Entwicklung des Problems

Die Bundesrepublik Deutschland hatte von Anfang an Bedarf an zusätzlichen Arbeitskräften, zunächst aufgrund der allgemeinen wirtschaftlichen Aufwärtsentwicklung und dem damit verbundenen steigenden Bedarf an Wirtschaftsgütern. Von 1958 bis 1970 wurden durch die natürliche Bevölkerungsentwicklung (ungünstige Altersstruktur der deutschen Nachkriegsbevölkerung) und die Änderung der Erwerbsbeteiligung (Ausbau des Bildungswesens,[1] Ausbau der Bundeswehr, später das zunehmende vorzeitige Ausscheiden aus dem Erwerbsleben, insbesondere bei den Frauen) dem Arbeitsmarkt mehr Kräfte entzogen als zugeführt.

Dieser Bedarf mußte gedeckt werden. Zunächst genügten die etwa 10 Millionen Vertriebenen aus den Ostgebieten, später die 3—4 Millionen Flüchtlinge aus der DDR. Dann aber war die Hereinnahme ausländischer Arbeitnehmer in verstärktem Maße notwendig geworden. Bald waren sie in bestimmten Dienstleistungsbetrieben unentbehrlich. Vertragliche Vereinbarungen über die Tätigkeit ausländischer Arbeitnehmer (Italiener) in der Bundesrepublik wurden schon 1955 abgeschlossen. Der Hauptzustrom setzte 1960 ein. Heute machen die ausländischen Arbeitnehmer im Bundesgebiet durchschnittlich 11% der abhängig Beschäftigten aus. In einigen Industriebetrieben stellen sie bis zu 70% der Arbeitnehmer.

Trotz des rapiden Anstiegs der Beschäftigung ausländischer Arbeitnehmer (1958 — 0,1 Mill., 1968 — 1,1 Mill., 1973 — 2,6 Mill.) ist jedoch die Gesamtzahl der abhängig Beschäftigten (in der Bundesrepublik etwa 27 Millionen) bis heute nach wie vor ziemlich konstant geblieben. Das Bayer. Arbeitsministerium kommt daher zu dem Schluß:

„Die ausländischen Arbeitnehmer hatten vor allem den demographisch (Geburtenrückgang), bildungspolitisch (10. Schuljahr oder Berufsgrundschuljahr, Bildungswerbung) oder sozialpolitisch (früherer Rentenintritt, kürzere Arbeitszeit) bedingten Rückgang des deutschen Beschäftigtenpotentials ausgeglichen."

Wurden anfangs vor allem ledige Arbeitnehmer vermittelt, so verstärkte sich ab 1967 der Anteil der weiblichen Arbeitnehmer. Ehefrauen wurden nachgeholt. 1970 waren bereits 69% aller ausländischen Arbeitnehmer verheiratet, von ihnen lebten 58% mit ihrem Ehepartner in der Bundesrepublik. Hand in Hand damit nahmen der Nachzug der Kinder und die Geburtenzahl zu.

---

[1] Durch den Andrang zu weiterführenden Schulen etwa verbrachten Schüler und Studierende in diesem Ausbildungsabschnitt längere Zeit als früher.

In welchem Maße die Ausländerbeschäftigung in der Bundesrepublik zugenommen hat, ist aus der folgenden grafischen Darstellung ersichtlich.

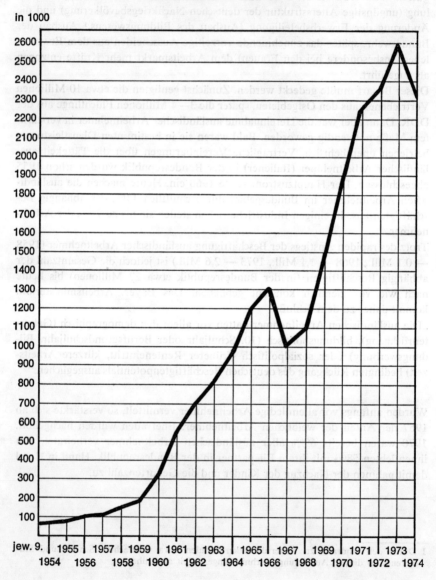

Deutlich ist der Rückgang infolge der Rezession von 1966 erkennbar, 1969 war der Stand von 1966 bereits wieder überschritten. Der darauffolgende steile Anstieg und die Tendenz einer weiteren Zunahme[1] ließen in einem kurzen Zeitraum eine Problemsituation entstehen, die mit herkömmlichen Mitteln nicht mehr zu bewältigen war. Hinzu kam die nicht exakt feststellbare Zahl der illegal eingewanderten Arbeitnehmer. 1974 soll sie in der Bundesrepublik etwa 200 000 betragen haben.
Der Rückgang der Gesamtzahl von 2,6 Millionen auf 2,35 Millionen im Jahre 1974 ist, verglichen mit dem Rückgang während der im Vergleich zu 1974 harmlosen Rezession der Jahre 1966/1967, nicht wesentlich. Viele inzwischen arbeitslos gewordene ausländische Arbeitnehmer sind in der Bundesrepublik verblieben, weil sie bei einer Rückkehr in ihre Heimatländer fürchten, wegen des Anwerbestops nicht mehr in die Bundesrepublik zurückkehren zu können. Inzwischen sind auch 50 000 Kinder ausländischer Arbeitnehmer, nachdem sie das für die Ausübung eines Berufes erforderliche Alter erreicht haben, berufstätig geworden. Man spricht ferner von 60 000 Ehefrauen, die einst im Zuge der Familienzusammenführung zu ihren Männern gekommen sind und nach sechs bis neun Monaten Aufenthalt eine Arbeitserlaubnis erhalten haben. Die Gesamtzahl der Ausländer ist daher 1974 auf über 4,2 Millionen angewachsen, darunter 630 000 Italiener, 406 000 Griechen, 708 000 Jugoslawen, 121 000 Portugiesen, 273 000 Spanier und 1 028 000 Türken.

Die folgende Skizze erläutert die unterschiedliche Zunahme der Arbeitnehmer aus den Entsendeländern Griechenland, Italien, Spanien und der Türkei von 1962—1973.
Die Rezession 1966/67 wirkte sich umso stärker aus, je größer der Anteil der Arbeitnehmer aus den einzelnen Ländern war. Am deutlichsten bei den Italienern, kaum bei den Jugoslawen. Während der Anteil der Spanier einigermaßen gleich blieb und die Zunahme bei Italienern und Griechen gleichmäßig verlief, ist deutlich zu ersehen, daß die Zunahme der Gesamtzahl der ausländischen Arbeitnehmer ab 1968 vor allem dem Zustrom der Jugoslawen und Türken zuzuschreiben ist. Auch 1974 machten von der Möglichkeit des Familiennachzugs hauptsächlich Türken und Jugoslawen Gebrauch. Die Entwicklung in den Jahren 1972 bis 1974 zeigt, daß an Stelle der Jugoslawen inzwischen die Türken das stärkste Kontingent ausländischer Arbeitskräfte stellen.

---

[1] 1974 hielten sich innerhalb der Europäischen Gemeinschaft über 6 Millionen (1975: 6 250 000) Wanderarbeitnehmer (ausländische Arbeitnehmer) auf, darunter über 1 Million Kinder und Jugendliche im Alter zwischen 4 und 18 Jahren (1975 schätzungsweise 2 Millionen zwischen 0 und 18 Jahren).

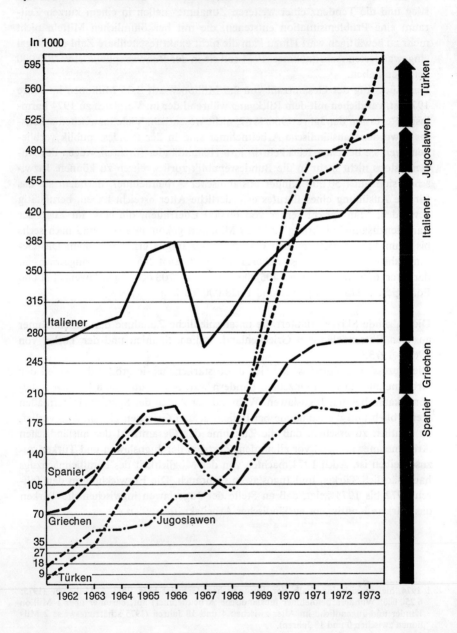

Zunahme der ausländischen Arbeitnehmer aus Griechenland, Italien, Jugoslawien, Spanien und der Türkei in Bayern 1965–1972

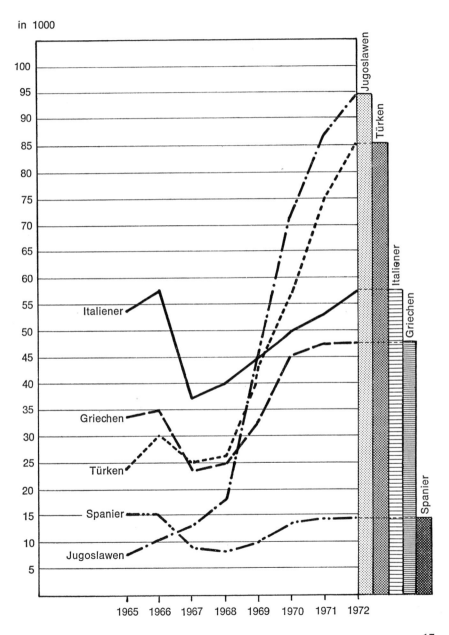

Der Vergleich der Zahlen ausländischer Arbeitnehmer im Bundesgebiet mit den Zahlen in Bayern ergibt einen etwas geringeren Anteil an italienischen und spanischen Arbeitskräften in Bayern.

Das folgende Beispiel soll zeigen, wie die Zahl der „Ausländer" aufgeschlüsselt werden kann. Am Beispiel der Zahlen des Jahres 1972 in Bayern werden die Anteile der ausländischen Arbeitnehmer, darunter der Angehörigen der europäischen Gemeinschaft, der arbeitenden Männer und Frauen und der Anteil der Familienangehörigen verdeutlicht. 1972 hielten sich in Bayern 615 020 legal gemeldete Ausländer[1] auf, davon waren 388 000 Arbeitnehmer, darunter 268 000 Männer und 120 000 Frauen. 54 000 Österreicher und 57 000 Italiener genossen Freizügigkeit bei der Niederlassung.

Zusammen mit etwa 120 000 bis 140 000 Familienangehörigen (nicht arbeitende Ehefrauen und Kinder) befanden sich 1972 rund 520 000 ausländische Arbeitnehmer mit ihren Familienangehörigen in Bayern.

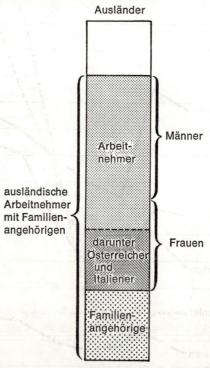

Ausländer in Bayern 1972

---

[1] 30. 9. 1974 (1973): 702 986 (690 186) Ausländer; darunter 107 981 (91 700) Kinder unter 16 Jahren; 72 365 (74 363) Griechen, 89 407 (90 538) Italiener, 150 064 (149 576) Jugoslawen, 5 945 (5 511) Portugiesen, 21 788 (23 115) Spanier, 167 997 (154 614) Türken, 2 589 (2 481) Tunesier und Marokkaner.

Verteilung der 2,35 Millionen ausländischen Arbeitnehmer aus dem Jahre 1972 auf die einzelnen Länder in der Bundesrepublik

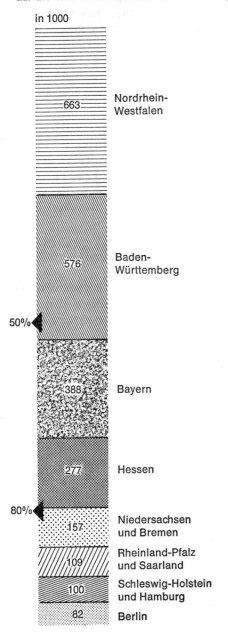

Die Skizze auf Seite 19 macht deutlich, daß sich $^4/_5$ aller ausländischen Arbeitnehmer allein in vier Ländern der Bundesrepublik, nämlich in Nordrhein-Westfalen, Baden-Württemberg, Bayern und Hessen aufhalten[1]. Der Rest verteilt sich im wesentlichen auf die Wirtschaftszentren in Niedersachsen, Bremen, Hamburg und Berlin.

In den Ländern der Bundesrepublik konzentrieren sich die ausländischen Arbeitnehmer verständlicherweise auf die großen Industrieregionen. Das sah 1972 im einzelnen so aus:

Anteil der Ausländer an der Wohnbevölkerung (Bundesdurchschnitt 5,5%):
Nordrhein-Westfalen: Remscheid 13%, Neuss 12%, Köln und Düsseldorf 11%;
Hessen: Offenbach 17%, Frankfurt 14%, Hanau 13%, Groß-Gerau 11%;
Baden-Württemberg: Stuttgart 15%, 16% (1974), Ludwigsburg 14%, Esslingen und Böblingen 13%, 14% (1974), Heilbronn 12%, 13% (1974), Pforzheim und Mannheim 11%, 13% (1974);
Bayern: München 14,3%, 17,1% (1973), Ingolstadt 11,7% (1973).

Der Anteil der beschäftigten Ausländer an der Arbeitnehmerzahl betrug 1972 in Bayern:

Arbeitsamtbezirke	ausländische Arbeitnehmer aus Griechenland, Italien, Jugoslawien, Spanien und der Türkei	Anteil der beschäftigten Ausländer in % der Arbeitnehmer (Bund 10,8%, Bayern 10,5%)
München	117 767	18 %
Nürnberg	47 902	12,2%
Augsburg	20 413	10,7%
Memmingen	13 167	10,8%
Aschaffenburg	12 081	10,6%
Kempten	12 009	12,0%
Rosenheim	8 562	10,9%
Hof	6 603	6,1%
Ingolstadt	5 917	7,7%
Würzburg	5 324	4,4%
Regensburg	5 243	4,7%
Weilheim	4 840	11,1%
Traunstein	4 770	14,2%

---

[1] Nordrhein-Westfalen hat mit ca. 28% den größten Anteil an der im Bundesgebiet beschäftigten ausländischen Arbeitnehmer; doch liegt der Prozentsatz der ausländischen Arbeitnehmer, bezogen auf die Arbeitnehmer insgesamt in Baden-Württemberg mit 14,9% und in Hessen mit 13,1% höher als in Nordrhein-Westfalen (und Bayern) mit 10,5%. (Quelle: Ministerium für Arbeit, Gesundheit und Soziales des Landes Nordrhein-Westfalen, Düsseldorf 1972)

Der Anteil der ausländischen Arbeitnehmer an der Gesamtzahl der Arbeitnehmer lag demnach in München, Traunstein, Nürnberg, Kempten, Weilheim, Rosenheim über dem Bundesdurchschnitt, in Memmingen, Augsburg, Aschaffenburg über dem bayerischen Durchschnitt.

Die übrigen ausländischen Arbeitnehmer sind in kleineren Städten und Orten ansässig geworden, in Zahlengrößen, die bei einer Gesamtübersicht nicht ins Gewicht fallen, deren Anteil an der Gesamtzahl der Arbeitnehmer einer Gemeinde aber so bedeutend ist, daß sich Kommunalverwaltungen und staatliche Behörden mit dem Gesamtproblem — Ausländerpolitik, Eingliederung der ausländischen Arbeitnehmer, schulische Versorgung der Kinder, Entwicklung infrastruktureller Maßnahmen — täglich auseinandersetzen müssen.

1.3 Situation des ausländischen Arbeitnehmers in der Bundesrepublik

Bevor wir uns den Einzelproblemen zuwenden, sollten wir uns die Situation vor Augen führen, in der sich der ausländische Arbeitnehmer in der Bundesrepublik befindet. Vieles ist bisher über die Lage der ausländischen Arbeiter und ihrer Familien geschrieben worden, das Resümee ist immer dasselbe: Die Situation ist unbefriedigend, teilweise hat sie sich zu einer regelrechten Misere entwickelt.

Nun kann man das nicht einfach damit abtun, daß man feststellt, diese Lage habe der Ausländer bei seiner Übersiedlung einkalkulieren müssen. Bernhard Ücker, Kommentator des Bayerischen Rundfunks, spricht von einem grundsätzlich inhumanen Vorgang, wenn man Millionen Menschen aus ihrer Heimat wegführt. Dies sei ein Vorgang, „der letzten Endes immer zu einem negativen Ergebnis führt, egal, ob die Menschen deportiert, angeworben, oder vom unfähigen Wirtschaftssystem des eigenen Landes in die Fremde gezwungen werden. Das Ergebnis macht uns die deutsche Sprache klar, in der ‚Elend' und ‚Fremde' ursprünglich die gleiche Bedeutung haben."

1.3.1 Der Arbeitnehmer in der Fremde

In einer Untersuchung[1] nannten auf die Frage nach den unangenehmsten Seiten der „Gastarbeitersituation" 40% der befragten ausländischen Arbeitnehmer an erster Stelle die Trennung von der Familie[2]. Hier wird die soziale und moralische Konsequenz der Hereinnahme ausländischer Arbeitnehmer in den deutschen Arbeitsprozeß deutlich: das Nachholen der Ehefrau und der Kinder.

---

1 Marplan-Forschungsgesellschaft, Frankfurt 1970
2 Es folgten das Klima in Deutschland, die deutsche Küche und die Probleme bei der Zusammenarbeit mit den Deutschen: „Sie sind hochnäsig, stolz, haben einen Hang zum Herumkommandieren."

Dieser Familiennachzug brachte neue Probleme mit sich, von denen das Schulproblem und das Wohnungsproblem die gravierendsten sind.

Der Wunsch, die Familie nachkommen zu lassen, hat mancherlei Ursachen. Er ist nicht nur damit erklärbar, daß die ausländischen Arbeitnehmer in der Einsamkeit des fremden Landes nicht allein sein wollen oder sich eine Erleichterung der Lebensbedingungen in der Fremde erhoffen, wenn sie ihre Frauen und Kinder um sich haben, er rührt auch daher, daß Türken, Griechen, Spanier oder Italiener großenteils aus einer agrarischen Gesellschaft mit enger Familienbindung stammen. Hinzu kommt, daß diese Männer und Frauen in einem für die Gründung einer Familie typischen Alter stehen. Folgende Übersicht[1] gibt über die Altersstruktur der ausländischen Arbeitnehmer Aufschluß:

Altersgruppen	Männer	Frauen
unter 25 Jahren	16%	32%
25 — unter 30	21%	22%
30 — unter 35	22%	17%
35 — unter 40	18%	12%
40 — unter 45	11%	8%
45 und älter	11%	8%
ohne Angaben	1%	1%

Dabei ist der Familiennachzug, der zum Teil auch bei der Kritik an der Lage der ausländischen Arbeitnehmer in der Bundesrepublik in der deutschen Öffentlichkeit nicht selten sogar gefordert wird (Sorge um Zunahme krimineller Delikte, Folgen für die Zukunft der Familie bei längerer Trennung, Zunahme von Sexualdelikten, Erziehung der Kinder), gar nicht so leicht zu erreichen. Denn bei allem Verständnis für den Wunsch, die Familie nachzuholen, sind die deutschen Behörden gezwungen, den Familiennachzug zu steuern und die Zusammenführung der Familien nur allmählich und begrenzt zu realisieren. Im wesentlichen sind diese Maßnahmen aufgrund zweier Vorsorgungsengpässe erforderlich.

Das eine ist das Wohnungsproblem, insbesondere in den Ballungsräumen. Vormerklisten bis zu 10 Jahren im sozialen Wohnungsbau, hohe Mieten lassen den Einzug in eine moderne Wohnung für die Familie eines ausländischen Arbeitnehmers aussichtslos erscheinen. Jemand hat ausgerechnet: Um den Nachholbedarf an etwa 40 000 familiengerechten Wohnungen für ausländische Arbeitnehmer zu decken, wären 2 Milliarden DM erforderlich.

Das andere ist die Überbeanspruchung von öffentlichen Einrichtungen (z. B. im öffentlichen Versorgungsbetrieb, im Dienstleistungsbereich, in der Krankenpflege; hinzu kommen die beengten Verhältnisse in vorschulischen Einrichtungen,

---

1 Dokumentation des Bayer. Staatsministeriums für Arbeit und Sozialordnung „Ausländische Arbeitnehmer in Bayern", 1973

die Schwierigkeiten bei der schulischen Versorgung). Es besteht kein Zweifel, daß der Nachzug der Familienangehörigen hohe infrastrukturelle Mehranforderungen erzeugt, die der individuelle Wachstumsbeitrag des Ausländers nicht annähernd deckt[1].

So wurde der Nachzug der Familienangehörigen des ausländischen Arbeitnehmers (nur der Ehefrauen und minderjährigen Kinder) durch Richtlinien, die der Bundesinnenminister und die Innenminister der Länder bereits 1965 aufgestellt hatten, geregelt: Der Ausländer soll sich grundsätzlich mindestens seit drei Jahren im Bundesgebiet aufhalten (diese Wartefrist kann unter bestimmten Voraussetzungen abgekürzt werden), es muß die Aussicht bestehen, daß der Ausländer noch längere Zeit im Bundesgebiet beschäftigt werden wird, er muß über eine Wohnung verfügen, „die den normalen Anforderungen vergleichbarer deutscher Arbeitnehmer an eine angemessene Wohnung entspricht."

Aber obwohl den Ausländerbehörden Richtlinien über die Mindestanforderungen an diese Wohnungen (Größe und Ausstattung) an die Hand gegeben wurden, war es nicht möglich gewesen, die Forderung nach angemessenem Wohnraum immer durchzusetzen. Die Unterkünfte, in denen Ausländerfamilien zuweilen hausen, sind der Öffentlichkeit durch Fernseh- und Presseberichte teilweise bekannt gemacht worden. Nach Auffassung der Arbeitsminister kann mit einer nennenswerten Verbesserung des Wohnungsangebotes auch nicht gerechnet werden. Eine stärkere Überwachung der geltenden Vorschriften ist das einzige, was — auch unter dem Gesichtspunkt, den Familiennachzug nicht ins Uferlose sich ausdehnen zu lassen — im Augenblick möglich ist.

1.3.2 Die Einstellung der deutschen Gesellschaft

In diesem Zusammenhang muß das Verhältnis der Deutschen zum „Gastarbeiterproblem" dargestellt werden, von dem die Situation des ausländischen Arbeitnehmers in der Bundesrepublik entscheidend abhängig ist.

Noch bis weit in die zweite Hälfte der 60er Jahre nahmen die deutschen Bürger von den „Gastarbeitern" an, sie würden eine vorübergehende Erscheinung in unserer Gesellschaft bleiben. Man hielt sie für ein zwar notwendiges, aber hoffentlich vorübergehendes Übel, mit dem man sich abfinden muß, weil es die eigene Wirtschaftskapazität erhält und stärkt. Wozu sich also engagieren oder sich besonderen Anstrengungen unterziehen?

Erst allmählich, insbesondere aufgrund des erneuten Zustroms nach der Rezession, wurde der deutschen Öffentlichkeit das inzwischen viel zitierte Wort des Schweizers Max Frisch in seiner Konsequenz bewußt: „Man hat Arbeitskräfte gerufen, und es sind Menschen gekommen." Als Mitbürger akzeptiert wurden und werden die ausländischen Familien aber deshalb noch lange nicht. Wenn man dazu bereit war, blieb — vielleicht, weil man sie nur in solchen Tätigkeiten

---

[1] Aus einer Studie des Bayer. Innenministeriums

kennenlernte — vielfach die Vorstellung eines Bürgers in stark untergeordneter Beschäftigung. Man prägte das Wort vom „Bürger zweiter Klasse".
„Daß eine verbreitete Antipathie gegen Gastarbeiter sich nicht massiver äußert, liegt an dem offiziellen Tabu. Rundfunk und Fernsehen, die Zeitungen, die amtlichen Stellen bemühen sich um Objektivität. Die sogenannte öffentliche Meinung gibt sich aufgeschlossen. Auch läßt man sich heute in der Öffentlichkeit nicht gerne Vorurteile nachsagen. Aber unterschwellig, in der sogenannten nichtöffentlichen Meinung, sieht es anders aus."[1]
Bei der Betrachtung der Einstellung der deutschen Bevölkerung zur Frage der ausländischen Arbeitnehmer haben sich entsprechend ihrem Verhalten im Laufe der Zeit drei grob abzugrenzende Gruppen herausgebildet.
Bezeichnend für die erste Gruppe ist die Bemerkung eines Mitglieds der Bundesvereinigung der deutschen Arbeitgeberverbände: „Kein deutscher Arbeitgeber beschäftigt Ausländer, um damit Bildungs- oder Entwicklungspolitik zu betreiben. In erster Linie interessiert ihn die Arbeitskraft und was sie für den betrieblichen Produktionsprozeß zu leisten imstande ist." Diese sachliche Aussage umreißt die Einstellung dieser Gruppe deutlich, zu der auch noch alle die zu zählen sind — und es dürfte der Hauptteil der deutschen Bevölkerung sein —, die den ausländischen Arbeitnehmern ausschließlich aus wirtschaftlichen Erwägungen ein streng kalkuliertes „Wohlwollen" entgegenbringen.
Zur zweiten Gruppe zählen die vielen Bundesbürger, die sich in Betrieben, Verbänden, in Großstädten oder Gemeinden, in Freizeitheimen, Schulzimmern oder Amtsräumen in der Tat um die ausländischen Mitbürger bemühen: Sozialbetreuer, Lehrer, Jugendgruppen, caritative Verbände, Mütter, die ausländischen Kindern bei ihren Hausaufgaben helfen und viele unbekannte einzelne Bürger, die sich im Alltag in Form von Nachbarschaftshilfe oder persönlichen Kontakten der „Ausländer" annehmen. Nur reicht ihr Engagement in den meisten Fällen nicht aus für das, was nötig wäre, um den ausländischen Arbeitnehmern und ihren Familienangehörigen — wie es einmal ausgedrückt wurde — „die angemessene Erfüllung der Daseinsgrundfunktion" zu ermöglichen. Ihre oft realisierbaren Lösungsvorschläge finden nicht das nötige Echo, falls sich nicht Presse, Rundfunk oder Fernsehen der Anliegen annehmen. Immerhin sind sie es gewesen, die dazu beigetragen haben, daß sich die Gesamtsituation der ausländischen Arbeitnehmer in den vergangenen Jahren zumindest etwas verbessert hat.
Der dritten Gruppe ist das „Gastarbeiterproblem" immer dann willkommen, wenn eine politische Gruppe, ein Verbandsorgan, eine Zeitung oder eine Institution eine Lücke mit einen „aktuellen Thema" füllen muß, oder weil es gerade wieder mal Zeit ist, einen „Beitrag" in Sachen Gastarbeiter zu leisten, der dann oft nur darin besteht, zu verkünden, was bisher an Problemen nicht gelöst wurde

---

1 Georgios Savvidis, Zum Problem der Gastarbeiterkinder in der Bundesrepublik Deutschland. Dissertation, München 1974

oder was alles — das kann ein endloser Katalog sein —[1] an Investitionen erforderlich sei.

Nun sah es in der öffentlichen Diskussion bisher so aus, als läge der Schlüssel für die Bewältigung aller Probleme in der vollen Integration der ausländischen Arbeitnehmer.

1.3.3 Die Frage der Integration

Deutsche Auffassungen

Die Auffassungen über den Sinn und damit die Ziele einer Integration, über die Wege ihrer Verwirklichung sind sehr unterschiedlich. Integration der ausländischen Arbeitnehmer wird von Gewerkschaften und Arbeitnehmerverbänden, von Parteien und Kirchen, von staatlichen Behörden gefordert. Der Begriff ist umstritten. Integration ist ein Schlagwort geworden, unter dem man sehr verschiedene Ziele verstehen kann. Das reicht vom Ruf nach sinnvollen Hilfen für eine gesellschaftliche Integration der Ausländer während ihres Aufenthaltes in der Bundesrepublik bis zur Forderung nach Assimilation, wie man sie von Einwanderern im vergangenen Jahrhundert in Deutschland für selbstverständlich gehalten hat. „Eine klare, eindeutig definierte und zwischen Bund, Ländern und Sozialpartnern abgestimmte Politik zur Frage, ob, wieviel und welche Art der ‚Eingliederung' angestrebt wird, liegt gegenwärtig noch nicht vor. Dies ist eine logische Folge des nach wie vor fehlenden politischen Zielsystems zur Ausländerbeschäftigung."[2]

Der Bundesarbeitsminister hat sich anläßlich der Aussprache über die Regierungserklärung im Januar 1973 für eine „angemessene Eingliederung" der ausländischen Arbeitnehmer in unserer Gesellschaft ausgesprochen, ohne diesen Begriff jedoch näher zu erläutern. Eine solche Erläuterung wäre von der Beantwortung einer Reihe von Fragen abhängig.

Zuerst: Wie lange können sich der einzelne Ausländer und seine Familienangehörigen in der Bundesrepublik aufhalten? Soll der Aufenthalt kürzer oder länger sein, je nachdem, ob der ausländische Arbeiter als Saisonarbeiter eingestellt oder als qualifizierter Arbeiter mit einer länger andauernden Beschäftigung rechnen kann? Sollen solche qualifizierte ausländische Arbeitnehmer eines Tages eingebürgert werden, mit allen Konsequenzen für unsere Gesellschaft?

Man müßte zum zweiten die Frage stellen, wer Integration eigentlich ernsthaft will. Die Behörden in der Bundesrepublik? Die Betriebe? Die Entsendestaaten? Der Ausländer selbst? Die deutschen Bürger? Gerade sie haben auf Grund der wirtschaftlichen Entwicklung seit 1974 kein Verständnis für ein starres Einglie-

---

[1] Vgl. Seite 109 ff.
[2] Dokumentation des Bayer. Staatsministeriums für Arbeit und Sozialordnung „Ausländische Arbeitnehmer in Bayern", 1973

derungskonzept, das den Ausländern die Rückkehr in ihre Heimat erschweren könnte.

Es lohnt sich, die Vielfalt der Ansichten über die Integration ausländischer Arbeitnehmer anhand einiger Äußerungen aufzuzeigen.

Nordrhein-Westfalen versteht unter „Eingliederung" die Einbeziehung der ausländischen Arbeitnehmer in die deutsche Gesellschaft unter Ausschöpfung aller Möglichkeiten zur Gewährung gleicher Chancen im beruflichen und außerberuflichen Bereich[1].

Eine Studie aus der Ruhr-Universität Bochum gipfelte in der Forderung nach „uneingeschränkter wirtschaftlicher, politischer, sozialer und kultureller Gleichberechtigung für ausländische Arbeiter".

Westberlin will 20% seiner Ausländer voll integrieren, sie sollen den Bevölkerungsschwund stoppen.

Die Stadt München fordert eine Integrationspolitik, die „die ausländischen Immigranten in den Stand setzt, gleichberechtigt zu leben und alle Rechte wahrzunehmen. Schon in der Vergangenheit wurde ein Großteil der Wandernden dauernd ansässig und schließlich assimiliert, für einen hohen Prozentsatz ist das auch heute zu erwarten." Man darf in Frage stellen, ob es tatsächlich einen Prozentsatz gibt, der als hoch bezeichnet werden kann und wie hoch man sich diesen Anteil ausländischer Arbeitnehmer denkt, denen man durch einen Rechtsanspruch auf einen dauernden Aufenthalt praktisch einen endgültigen, nicht mehr rückgängig zu machenden Status verleiht, abgesehen davon, daß bei solchen Äußerungen jede Abstimmung mit den jeweiligen Entsendestaaten fehlt.

Entschieden wendet sich gegen solche Forderungen das Bayer. Innenministerium, das bezweifelt, ob die Bundesrepublik es finanziell und soziologisch jemals wird verkraften können, den innerhalb der EG geltenden Grundsatz schrankenlos auch auf Länder auszudehnen, aus denen Millionen — meist ungelernte — Arbeitskräfte nach Deutschland drängen. Schon heute gibt es — so das Innenministerium — eine Reihe von Ländern, vom Iran bis Venezuela, die es nach Anwerbevereinbarungen drängt, wie sie bisher in der Bundesrepublik mit Griechenland, Italien, Jugoslawien, Marokko, Portugal, Spanien, der Türkei und Tunesien abgeschlossen worden sind. Würde man eine volle, rechtliche Integration eröffnen, so „würde das die Bundesrepublik zum einzigen wirtschaftlich attraktiven und wahrscheinlich überhaupt einzigen Land machen, das sich ungesteuert und unkontrolliert der Einwanderung öffnet. Das tun weder die Schweiz, noch Großbritannien, Frankreich oder die Niederlande."

In diesem Zusammenhang muß daran erinnert werden, daß sich viele Befürworter einer völligen und endgültigen Integration keine ausreichenden Gedanken über die Kosten gemacht haben, die eine solche Entwicklung mit sich bringen

---

1 Maßnahmen zur Eingliederung ausländischer Arbeitnehmer, hg. vom Ministerium für Arbeit, Gesundheit und Soziales des Landes Nordrhein-Westfalen, Düsseldorf 1972

würde. Hierzu „Der Spiegel" (1973/31): „Zwar ist noch nirgends exakt belegt, was die Einbürgerung aller ausländischen Arbeitnehmer kosten würde, doch ob Berlins Finanzsenator für jeden sich integrierenden Gastarbeiter Infrastrukturkosten von 200 000,— DM veranschlagt oder ob Münchens Stadtentwickler allein für ihre Region einen Integrationsbedarf von vermutlich 2,5 Milliarden DM rechnen, die unbezahlte Rechnung ist schon jetzt gigantisch." Dieser hier erwähnte Betrag wird vom Bayer. Innenministerium sogar noch für zu niedrig gehalten, selbst wenn man die jährlichen 100 Millionen DM, die nach Angaben der Stadt München aus der Beschäftigung der ausländischen Arbeitnehmer eingenommen werden, hinzunimmt. 2,5 Milliarden DM hält das Ministerium allein schon zur Erstellung der nötigen Wohnungen für erforderlich, so daß — die zusätzlichen Personalkosten für vorschulische und schulische Einrichtungen, für Sozialbetreuer und Dolmetscher gar nicht eingerechnet — der einmalige Infrastrukturbedarf noch erheblich über diesem Betrag liegen würde.

So kommt das Innenministerium zu dem Schluß, daß eine absolute Gleichstellung der ausländischen Arbeitnehmer mit der einheimischen Bevölkerung hinsichtlich des Bedarfs für zusätzliche infrastrukturelle Maßnahmen ohne Benachteiligung der deutschen Bevölkerung angesichts der damit verbundenen Kosten als utopisch angesehen werden müsse.

Was den ausländischen Arbeitnehmer selbst betrifft, so hat er, wenn er das Schlagwort von der Integration aufgreift, hierüber ganz bestimmte Vorstellungen: Sie hängen mit den Dingen zusammen, die für ihn zu den eingangs erwähnten unangenehmen Seiten seiner Situation in der Bundesrepublik gehören. So erwartet er mit Sicherheit die *gesellschaftliche* Gleichberechtigung, die Befreiung von den Schranken des Ausländergesetzes, Kindergartenplätze, Unterricht für seine Kinder, Vermögensbildung. Sich in der Weise integrieren, wie es sich viele Deutsche vorstellen, möchten nur wenige. Allein die heute für den Ausländer bestehende rechtliche Unsicherheit, die Ungewißheit über die Dauer seines Aufenthalts fördern keineswegs seine Integrationsbereitschaft.

Sprachliche Integration

Voraussetzung für jede Integration eines Ausländers in der Bundesrepublik wäre zunächst die Kenntnis der deutschen Sprache, zumindest die Bereitschaft zu sprachlicher Kommunikation. In Berlin-Kreuzberg aber fühlen sich die Türken so unter sich, daß sie die öffentlichen Beschriftungen in türkisch angebracht haben. Nicht „Betreten des Rasens verboten" steht auf den Schildern, sondern: „çimenleri çiğnemek yasaktır". Die sozialpsychologische Situation der Segregation wirkt blockierend auf den Spracherwerb.

Soweit es sich um seit längerer Zeit in der Bundesrepublik anwesende ausländische Arbeitnehmer handelt, kann man eine große Anzahl italienischer, türkischer oder jugoslawischer Männer und Frauen kennenlernen, die von der deutschen Sprache nicht nur „Kenntnisse" haben. Untersuchungen der Bundesanstalt für Arbeit zum Umfang der deutschen Sprachkenntnisse ausländischer Arbeitnehmer ergeben folgendes Bild[1]:

Nach dem Urteil der Interviewer hatten 22% sehr gute deutsche Sprachkenntnisse, 35% einigermaßen zufriedenstellende Kenntnisse, 31% schlechte, 12% gar keine Kenntnisse. Das bedeutet, daß fast die Hälfte der befragten ausländischen Arbeitnehmer gar nicht oder nur schlecht deutsch sprechen. Nach den Erhebungen der Bundesanstalt für Arbeit haben sich die Arbeitnehmer mit Sprachkenntnissen diese meist am Arbeitsplatz und nur relativ selten in eigenen Sprachkursen erworben[2].

Bei den vielfach geringen schulischen Vorkenntnissen und der starken beruflichen Belastung der ausländischen Arbeitnehmer ist das verständlich. Dennoch gibt es eine Reihe von Bemühungen, teilweise auch in Betrieben, die sprachliche Bildung der Ausländer zu fördern. Denn gute deutsche Sprachkenntnisse der Ausländer sparen letztlich auch Geld: Sprachschwierigkeiten verursachen unnötige Auseinandersetzungen, sprachliche Mißverständnisse erhöhen die Unfallrisiken. Mit guten Sprachkenntnissen erhöht sich aber auch der Wert des Arbeitnehmers für den Beschäftigungsbetrieb. Das Bayer. Staatsministerium für Arbeit und Sozialordnung hat in Zusammenarbeit mit dem Goethe-Institut, dem bayer. Volkshochschulverband und anderen Institutionen erhebliche Anstrengungen unternommen, um die methodischen, organisatorischen, personellen und finanziellen Grundlagen für die Durchführung besonderer Sprachkurse zu verbessern. So können Ausländer nach erfolgreichem Abschluß von Sprachkursen der Volkshochschule einen sogenannten „Sprachenpaß" erhalten.

Es würde den Erfolg ferner erheblich beschleunigen, wenn der ausländische Arbeitnehmer während der Arbeitszeit — etwa als Teil der Anlernzeit — besondere Kurse besuchen könnte. In Schweden wurde ein Gesetz verabschiedet, das die Arbeitgeber verpflichten soll, ihre ausländischen Arbeiter für insgesamt 240 Stunden der bezahlten Arbeitszeit für einen Sprachkurs freizustellen, der vom schwedischen Staat finanziert wird.

Daß sich ein erheblicher Prozentsatz der ausländischen Arbeitskräfte am Erlernen der deutschen Sprache uninteressiert zeigt, liegt zum einen darin begründet, daß die ungewohnte Anstrengung, etwas systematisch in Sprachkursen zu lernen, die meisten Arbeiter überfordert, zumal wenn sie nur zwei, drei Jahre oder überhaupt keine Schulen besucht haben. Das Unterrichtsmaterial und die

---

[1] Quelle: Dokumentation des Bayer. Staatsministeriums für Arbeit und Sozialordnung „Ausländische Arbeitnehmer in Bayern", 1973
[2] Ausländische Arbeitnehmer, die sehr gut bis einigermaßen deutsch sprechen, haben ihre Deutschkenntnisse erworben: 59% am Arbeitsplatz, 13% in der Schule, 10% durch Kontakt mit Deutschen in der Freizeit, 6% in Sprachkursen, 1% durch Radio oder Fernsehen, 11% durch andere Art.

Methode müßten die Lernmotivation fördern, die Lerninhalte müßten die Kommunikation aktivieren helfen.[1]

Die mangelnde Sprachbereitschaft der deutschen Umwelt, die verstümmelte Sprache, in der die Deutschen mit den Ausländern gewöhnlich sprechen, ist ein weiterer Hinderungsgrund. In einem Bericht hat Peter Adler seine Schwierigkeiten im Deutschunterricht mit ausländischen Arbeitnehmern treffend dargestellt[2]:

„Der Türke knallte sein Buch hin und schrie: ‚Das ist verrückt. Ich bin nicht Idiot! Warum wir lernen Deutsch? Auf Baustelle nur der Kapo spricht Deutsch! Lernt Türkisch, Kollegen!' — Schamil fiel wieder zurück: ‚Du Wasser trinken.' ‚Ich trinke, Schamil, hast du alles vergessen?' Schamil hatte nichts vergessen. Aber wer sprach schon so, wie er's lernte? ‚Meister sagt: Du daheim schlafen! Du schnell machen! Kollege sagt: Du Werkzeug geben! Du Bier holen! Warum ich müssen sagen: Ich trinke — du trinkst?' Nach 27 Samstagen verabschieden wir uns. Natürlich werden Meister und Kollegen weiter mit ihnen so reden. Sie werden nie richtig deutsch sprechen . . ."

Dabei dürfte auch bei ihnen kein Zweifel darüber bestehen, daß die Beherrschung der deutschen Sprache ihnen Unabhängigkeit, z. B. vom betriebseigenen Dolmetscher verschafft und grundsätzlich ihren sozialen Status in der Bundesrepublik erheblich steigern würde, ja einen beruflichen Aufstieg überhaupt erst in den Bereich des Möglichen rücken würde.

Soziale Integration

Die Hilflosigkeit des ausländischen Arbeitnehmers gegenüber dem deutschen Lebensstil und die damit verbundenen Anpassungsschwierigkeiten werden, und das kommt hinzu, durch das Verhalten der deutschen Allgemeinheit wahrlich nicht vermindert. Mit den „Gastarbeitern" will man nichts zu tun haben, oder man glaubt, in ihm jemand zu finden, „auf den man hinabschauen, demgegenüber man sich auch die einfachste Höflichkeit schenken kann. Selbst Gutwillige lassen unwillkürlich den Gastarbeiter fühlen, daß sie ihn nicht für gleichwertig halten, was sich etwa darin erweist, daß sie ihn überlaut und überprimitiv anreden, als wenn er schwerhörig wäre."[3]

„Unter den gegenwärtigen Bedingungen", schreibt die Süddeutsche Zeitung[4], „sind nur 3—4% der in Westberlin lebenden Ausländer bereit, zu bleiben. Das

---

[1] In einer weitaus günstigeren Lage befinden sich beispielsweise italienische und spanische Arbeitnehmer (und ihre Kinder), die sich in frankophonen Ländern niedergelassen haben, oder die Arbeitnehmer aus den Commonwealth-Ländern in Großbritannien.
[2] Peter Adler „Sprache, mein Herz, mein Land", Süddeutsche Zeitung vom 27. 10. 1973
[3] Ernst Müller-Meiningen jr., „Was gehen uns die Gastarbeiter an?", in: Süddeutsche Zeitung, 29. 12. 1973
[4] Ausgabe vom 7. 8. 1973

liegt an der Abwehrhaltung ihrer Umwelt." In Hamburg äußerte ein Türke, er wolle lieber in einem Viertel mit Landsleuten zusammen wohnen, als in besseren Wohngegenden „wie ein Mensch dritter Klasse behandelt zu werden".
Dieser Hang zur „Segregation" ist nur auf seiten der Ausländer festzustellen. Oder ist die Wohnungsmisere des ausländischen Arbeitnehmers und seiner Familie, von der deutschen Öffentlichkeit zuweilen beklagt, aber doch erstaunlich gleichmütig hingenommen, etwa integrationsfördernd? Die von den Betrieben garantierten Unterkünfte sind vor allem für alleinstehende Arbeiter gedacht. Eine völlige Integration kann jedoch nur zusammen mit der Familie erfolgen.
Hier beginnt sich der Teufelskreis zu schließen, denkt man an die geschilderten Wohnungsprobleme im Zusammenhang mit der Familienzusammenführung. Bei der Beschaffung von Wohnraum für nachgeholte Familienangehörige wird der ausländische Arbeitnehmer weder von den Betrieben noch von den Behörden noch von den deutschen Bürgern unterstützt. Im Gegenteil: Nach einer Untersuchung des Landes Nordrhein-Westfalen zahlen ausländische Arbeitnehmer in sanierungsbedürftigen Altstadtwohnungen noch 30% höhere Mieten als die Deutschen. Das ist in Frankfurt oder in München nicht anders.
Hinzu kommt: Eine Segregation wird durch die Einstellung des Ausländers und seiner Familie zu dem, was wir Wohnkultur nennen, noch gefördert. Der Wunsch nach einer besseren Wohnung wird zwar laut, sie gehört aber nicht zu den besonders erstrebenswerten Dingen seines Aufenthalts in Deutschland. Eine den deutschen Durchschnittsansprüchen gerecht werdende Wohnung ist vielen Ausländern nicht nur aufgrund ihres Sparvorhabens zu teuer, sondern auch im Vergleich zu den Wohngewohnheiten in ihrer Heimat keineswegs notwendig, wobei sie noch in einer Altbauwohnung mit primitiver sanitärer Einrichtung eine Statusverbesserung sehen.
Die mangelnde Integrationsbereitschaft vieler Ausländer hat noch andere Gründe.
„Ständig spielen sie mit dem Gedanken an die Rückkehr", heißt es in einem Bericht aus dem Saarland[1], „ihre Toten lassen sie ‚daheim' begraben, selbst wenn sie durch Überführung und Reisekosten auf Jahre hinaus verschuldet sind." In Opladen droht ein „bestechendes Gesamtkonzept für eine gesellschaftspolitische Integration der ausländischen Arbeiter" an einer unerwarteten Interessenlosigkeit der Betreuten zu scheitern, berichtet der Gesamtverband Evangelischer Erzieher (Juli 1973). Der Ausländer, meint Katharina Litzinger[2], flüchtet in quälende Verbitterung. Über die Schwierigkeiten einer Einbindung in die neue Gruppe und die damit verbundene Entbindung aus der alten Gruppe schreibt sie, eine geborene Jugoslawin, in einem Beitrag zur Integration: „Der Identitätsverlust wird täglich größer. Ständig stellt man sich die Frage, wer man

---

[1] In „Nürnberger Nachrichten", 22. 1. 1972
[2] Katharina Litzinger, Gastarbeiter-Integration-Isolation. In: dfaa-Informationen 1974/2

eigentlich ist. Überleben heißt Konzessionen machen. Das Verhalten wird so angepaßt, daß man nirgends Anstoß erregt. Man heischt Anerkennung und übt überall Scheintoleranz. Doch Verlust der Objektivität durch die ‚Sachzwänge', Frustration und Gefühlsschwankungen bahnen sich an. Man hat den Eindruck, alle Gewinne der Integration bzw. der Assimilation werden mit Verlusten bezahlt."[1]

Im „Vorwärts"[2] heißt es: „Gastarbeiter als bewußte Europäer sollen integriert werden im Sinne einer gemeinsamen Zukunft. Die gesellschaftliche Integration und die Gleichbehandlung der ausländischen Arbeitnehmer in Europa werden letztlich und auf Dauer nur juristisch zu lösen sein: Mit einer europäischen Staatsbürgerschaft."

Diese und ähnliche Forderungen werden nun schon seit Jahren erhoben. Es hat den Anschein, als sei die Integration — was immer man darunter verstehen mag — der nun seit Jahren in der Bundesrepublik ansässigen ausländischen Arbeitnehmer bisher nicht so wirksam verlaufen, wie es angestrebt worden war. Man scheint sich zu sehr darauf verlassen zu haben, daß sich der Ausländer von sich aus integriere. Die deutsche Gesellschaft hat dazu wenig beigetragen, weil sie dies im Grunde genommen gar nicht will.

An dieser Stelle muß festgestellt werden: Es kann keinen Zweifel an der Notwendigkeit von Integrationsmaßnahmen geben. Niemand in der Bundesrepublik will Minderheiten isolieren, zur Ghettobildung beitragen, niemand will die ausländischen Arbeitnehmer separieren. Sinnvoll erscheint mir ein Integrationsverständnis, das Integration als Eingliederung eines Teiles in ein Ganzes sieht, ohne daß dabei dessen Eigenständigkeit aufgehoben wird, flexibel genug, um auch eine Reintegration ins Heimatland nicht völlig zu verbauen. In New York kommt man in der derzeitigen Minoritätenpolitik von dem Ziel des „melting pot" ab und propagiert eine intensive eigene sprachliche und kulturelle Förderung der Minoritäten: Die Minorität soll sich in einem Raum als Gruppe, mit der sie sich identifizieren kann, entfalten können.

Soziale Integration — als zeitweise Integration im Vollzug zwischenstaatlicher Vereinbarungen und deutscher ausländerrechtlicher Vorschriften — gleichzeitig sichernd, daß die ausländischen Arbeitnehmer, solange sie und ihre Familien bei uns leben, ein vollwertiger Teil unserer Gesellschaft sind, bedeutet nach wie vor eine umfassende gesellschaftspolitische Aufgabenstellung für die Betriebe, die deutsche Verwaltung, die Medien, den einzelnen Mitbürger. Sie ist bisher mit verschwindenden Ausnahmen ein leeres „Versprechen geblieben"[3].

---

1 Fachleute schätzen, daß für eine sprachliche und soziale Integration von Spätaussiedlern aus Osteuropa ein Zeitraum von 5 bis 6 Jahren erforderlich ist, bei jugendlichen Aussiedlern noch mehr. Amerikanische Soziologen sind der Auffassung, eine völlige Integration werde ohnehin erst in der dritten Generation erreicht.
2 Ausgabe vom 29. 3. 1973
3 Ernst Müller-Meiningen jr., „Was gehen uns die Gastarbeiter an?", in: Süddeutsche Zeitung, 29. 12. 1973

1.3.4 Längere Aufenthaltsdauer = Einwanderung?

Bei der Diskussion verschiedener Integrationsvorstellungen spielt der Zeitraum, über den sich der ausländische Arbeitnehmer in der Bundesrepublik aufhält, eine wesentliche Rolle. Die Tendenz zum längeren Aufenthalt in der Bundesrepublik hat in den letzten Jahren zugenommen. Die Frage ist nun: Wird durch eine längere Verweildauer automatisch ein Maß an Integration erreicht, der nur noch die formelle Einbürgerung zu folgen hätte? Die öffentliche Diskussion in der Bundesrepublik bewegt sich zwischen zwei Polen.

Zum einen wird erklärt, es sei eine Lebenslüge, wenn behauptet wird, die Bundesrepublik sei kein Einwanderungsland. Faktisch sei sie dies aber geworden, nach dem sich die Zahl derjenigen, die länger als 8 Jahre in der Bundesrepublik leben und weiter leben möchten, ständig erhöhe.

Auf der anderen Seite aber steht die nüchterne Feststellung, die Bundesrepublik könne — wie übrigens alle anderen westeuropäischen Staaten — nicht schon deswegen als Einwanderungsland angesehen werden, weil sie eine hohe Ausländerbeschäftigungsquote[1] ausweise oder von den ausländischen Arbeitnehmern bevorzugt werde. Die Bundesrepublik ist als eines der dichtest besiedelten Länder der Erde als Einwanderungsland nicht geeignet, es sei denn, ein weiterer Geburtenrückgang führe zu anderen Erwägungen.

Auch die Bundesregierung stellt fest[2], aufgrund der bisherigen Erfahrungen könne davon ausgegangen werden, daß die überwiegende Zahl der ausländischen Arbeitnehmer nicht auf die Dauer in der Bundesrepublik bleiben wolle. Es gibt keine Verlautbarungen in Bund oder Ländern, die daraus schließen lassen, die Bundesrepublik Deutschland würde sich in ihrer Gesetzgebung entsprechend der Rolle eines Einwanderungslandes verhalten, wie etwa die Regierungen von Australien, Südafrika, Kanada oder der USA. Alle Anwerbevereinbarungen mit den sog. Abgabeländern gehen von einem vorübergehenden Aufenthalt der ausländischen Arbeitnehmer und ihrer Familienangehörigen in Deutschland aus. Auch die Regierungen dieser „Entsendestaaten" betonen immer wieder, daß ihr Ziel nicht der ständige Aufenthalt ihrer Staatsbürger im Ausland sei[3]. Sie wünschen vielmehr ihre Rückgliederung in den heimatlichen Arbeitsmarkt, sobald dafür die Voraussetzungen vorliegen.

Interessant wären exakte und umfassende Angaben über die tatsächliche Aufenthaltsdauer ausländischer Arbeitnehmer. Nach den vom Ausländerregister er-

---
1 Der Ausländeranteil der Schweiz beträgt immerhin 16%, auch wenn es sich dabei nicht ausschließlich um ausländische Arbeitnehmer aus den Mittelmeerländern handelt. Frankreich, Großbritannien und die Niederlande haben einen Anteil von 2—6%, in der Bundesrepublik betrug er 1972 5,5%.
2 Antwort auf Frage 6 und 7 der Kleinen Anfrage vom 31. 1. 1972
3 Ende 1972 betrug nach offiziellen Angaben aus Belgrad die Zahl der jugoslawischen Arbeitnehmer im Ausland rund 1 Million, das waren 11% der gesamten erwerbstätigen Bevölkerung.

mittelten Zahlen lebten am 30. 9. 1973 rund 1 284 000 *Ausländer* (einschließlich Kinder) länger als 5 Jahre in der Bundesrepublik Deutschland. Zu diesem Zeitpunkt hielten sich insgesamt 3 966 200 *Ausländer* nicht nur vorübergehend auf[1]. Etwa zwei Drittel weilen also seit weniger als 5 Jahren in der Bundesrepublik. Eine Erhebung[2] bei älteren griechischen Kindern ergab, daß 65% der Väter und 51,2% der Mütter zwischen 6 und 11 Jahren, 9,4% über 12 Jahre in der Bundesrepublik leben. Eine Befragung von türkischen Eltern in der Stadt Hof 1974 führte zu folgenden Ergebnissen: 35% der Schüler waren 4 und weniger Jahre in der Bundesrepublik, 43% 5 bis 6 Jahre, 14% 7 bis 9 Jahre und 8% 10 Jahre und mehr. Im Regierungsbezirk Schwaben wurden 1200 Schüler von Modellversuchsklassen (siehe Seite 132) befragt. Danach befanden sich 77% 1 bis 4 Jahre in der Bundesrepublik (42,5% 1 bis 2 Jahre, 34,5% 3 bis 4 Jahre), 21% 5 bis 10 Jahre, 2% mehr als 10 Jahre.

Die Stadt München — aufgrund der vielfältigen Möglichkeiten, in einer Großstadt als Ausländer auf Dauer beschäftigt zu werden, ist hier der Begriff „Ausländischer Arbeitnehmer" weiter zu fassen — stellte für 1972 fest, daß 33% seit mehr als 5 Jahren und 11% der ausländischen Arbeitnehmer seit mehr als 10 Jahren in München ansässig sind.

In welchem Maße die Aufenthaltsdauer weiter zunehmen wird, läßt sich nicht exakt feststellen. Auf die Frage „Können Sie jetzt schon sagen, wie lange sie noch als Arbeitnehmer in Deutschland sein werden?" antworteten 1972 ausländische Arbeitnehmer[3]:

Antwort	Männer	Frauen
weiß noch nicht	25%	32%
nur noch bis Ende 1972	2%	3%
höchstens noch 1 Jahr	2%	2%
voraussichtlich noch längere Zeit	49%	44%
„voraussichtlich" dauernd	13%	12%
keine Angaben	9%	7%

Von den ausländischen Arbeitnehmern, die für dauernd in der Bundesrepublik bleiben wollen, gaben diesen Wunsch an: Arbeitnehmer aus Österreich 51%,

---

[1] Aus der Antwort der Bundesregierung vom 20. 5. 1974 (Drucksache 7/2128) auf eine Kleine Anfrage zur Ausländerbeschäftigung in der Bundesrepublik Deutschland.
[2] Georgios Savvidis, Zum Problem der Gastarbeiterkinder in der Bundesrepublik Deutschland. Dissertation. München 1974
[3] Ausländerbefragung der Bundesanstalt für Arbeit, in der Dokumentation des Bayer. Staatsministeriums für Arbeit und Sozialordnung, 1973, und in der Denkschrift des Ministeriums für Arbeit, Gesundheit und Sozialordnung Baden-Württemberg, 1975.

aus Italien 24%, aus Spanien 19%, aus Jugoslawien 16%, aus Portugal 14%, aus Griechenland 11%, aus der Türkei 9%.

Dazu der Bundesinnenminister: „Die längere Verweildauer allein beinhaltet keine rechtliche Grundlage für eine ständige Niederlassung." Nach wie vor gilt also der ausländerpolitische Grundsatz, daß die Bundesrepublik Deutschland kein Einwanderungsland ist. Daraus wäre zu schließen, daß ein ständiger Aufenthalt ausländischer Staatsangehöriger gegen die Belange der Bundesrepublik verstößt.

1.4 Die Entwicklung 1972—1975

1.4.1 Ausländerpolitische Grundsätze

Es lohnt sich, an dieser Stelle sich mit den ausländerpolitischen Grundsätzen zu befassen, wie sie in Äußerungen der Bundesregierung, im Koordinierungskreis und im Länderausschuß „Ausländische Arbeitnehmer" in letzter Zeit zum Ausdruck gekommen sind.

In der Regierungserklärung vom Januar 1973 wurde von einer befriedigenden Lösung des Gastarbeiterproblems gesprochen, die in Zusammenarbeit mit allen Parteien angestrebt werden solle.

Bis dahin ist die Auffassung der Bundesregierung und ihre bisherige Politik auf diesem Gebiet aus ihrer Antwort auf eine Kleine Anfrage der CDU/CSU vom 31. 1. 1972 (Bundestags-Drucksache VI/3085) ersichtlich.

Hierin heißt es in der Antwort auf die Frage 1 (Grundsätze der Eingliederung):

„Die vielschichtigen und ständig wechselnden Ausländerprobleme lassen sich nicht im Rahmen eines starren Konzepts lösen. Die Grundsätze zur Eingliederung ausländischer Arbeitnehmer, in die maßgeblich die Vorstellungen der Bundesregierung eingeflossen sind, können ebenfalls nur für einen begrenzten Zeitraum Arbeitsgrundlage sein."

Antwort auf Frage 3 (Bilaterale und multilaterale Maßnahmen):

„Die Bundesregierung strebt die Förderung des wirtschaftlichen und sozialen Fortschritts der Entwicklungsländer in einem System weltweiter Partnerschaft an. Im Rahmen dieses umfassenden Ziels ist die verstärkte Unterstützung der Entwicklungsländer beim Ausbau ihrer Industrien ein wichtiger Aspekt. Dabei legt die Bundesregierung großen Wert auf die Beschäftigungswirkung ihrer Förderungsmaßnahmen, um durch Schaffung vieler neuer Arbeitsplätze dem Überangebot an Arbeitskräften entgegenzuwirken. Hand in Hand mit der Industrialisierung der Entwicklungsländer muß nach Ansicht der Bundesregierung auch die stärkere Eingliederung dieser Länder in die internationale Arbeitsteilung verfolgt werden. Es ist zu erwarten, daß mit fortschreitender Verwirklichung dieser Ziele die Zahl beschäftigungsloser oder unterbeschäftigter Arbeitskräfte in den hier in Betracht kommenden Entwicklungsländern abnimmt. Dadurch könnte sich im Laufe der Zeit das Interesse an einer Arbeit in ausländischen Industrieländern verringern."

Antwort auf Frage 6 und 7 (Endgültige Niederlassung der Ausländer):

„Aufgrund der bisherigen Erfahrungen geht die Bundesregierung auch weiter davon aus, daß die überwiegende Zahl der ausländischen Arbeitnehmer nicht auf Dauer in der Bundesrepublik bleibt. Dies entspricht auch der Auffassung der Entsendestaaten. Objektive Kriterien, welche die Annahme einer endgültigen Zuwanderung rechtfertigen, sind kaum festzulegen. Selbst bei ausländischen Arbeitnehmern, die bereits viele Jahre in der Bundesrepublik leben, ist der Wunsch nach Rückkehr in die Heimat noch ausgeprägt."

In der Antwort auf Frage 9: „Welches Integrationsmodell verbindet die Bundesregierung mit dem sog. Rotationssystem, insbesondere hinsichtlich der Familienzusammenführung, Wohnweise und des Schulsystems, und welche Chance gibt sie der Rotation?" heißt es:

„Die durchschnittliche Aufenthaltsdauer der ausländischen Arbeitnehmer ist zwar in den letzten Jahren gestiegen, läßt — bisher — insgesamt aber den bisherigen ständigen Wechsel zwischen ihnen unbeeinflußt. Diese ‚Rotation' hat wesentlichen Anteil an der volkswirtschaftlich erwünschten relativ hohen Mobilität der ausländischen Arbeitnehmer. Sie folgt aus der Absicht der weitaus größten Zahl der ausländischen Arbeitnehmer, nur vorübergehend in der Bundesrepublik Deutschland zu arbeiten, und entspricht dem Interesse der Heimatstaaten, qualifizierte Kräfte nicht auf Dauer zu verlieren. Mit ausländerrechtlichen Maßnahmen wird nicht auf eine zeitliche Begrenzung des Aufenthaltes ausländischer Arbeiter hingewirkt. Die freiwillige Rotation steht nicht im Widerspruch zur Integration. Selbst bei einem verhältnismäßig kurzen Aufenthalt sollte eine Eingliederung der Ausländer in Gesellschaft und Wirtschaft unseres Landes für die Dauer ihres Aufenthalts angestrebt werden."

In der Antwort auf die Frage 10 (Integrationskonzept für ausländische Familien, die länger als 7 Jahre in der Bundesrepublik leben) schließlich heißt es:

„Eine längere Aufenthaltsdauer eines Ausländers in der Bundesrepublik Deutschland bedeutet nicht, daß er endgültig zuwandern oder eingebürgert werden will ... Die Einbürgerung einer größeren Zahl von Ausländern würde weder den Heimatländern selbst noch der Auffassung internationaler Gremien entsprechen. Das in den Grundsätzen niedergelegte Eingliederungskonzept hat nicht eine Einbürgerung des ausländischen Arbeitnehmers in den deutschen Staatsverband zum Ziel, sondern zeigt Hilfen auf, die es ihm ermöglichen, für die Dauer eines Aufenthalts als gleichberechtigtes Mitglied in der deutschen Gesellschaft zu leben."

Die in der Antwort der Bundesregierung zitierten Grundsätze zur Eingliederung ausländischer Arbeitnehmer und ihrer Familien, auf die sich die im Koordinierungskreis und im Länderausschuß „Ausländische Arbeitnehmer" beim Bundesminister für Arbeit und Sozialordnung vertretenen Stellen und Organisationen[1] geeinigt haben, wurden am 20. 4. 1972 festgelegt. Die aufgeführten Grundsätze

---

[1] Bundesarbeitsblatt Nr. 6/1972, siehe Anhang Seite 201

berücksichtigen die arbeitsmarkt- und wirtschaftspolitischen Ursachen der Ausländerbeschäftigung, die Dauer des Aufenthalts sowie den zunehmenden Familiennachzug und betonen die umfassende gesellschaftspolitische Bedeutung der Maßnahmen zur Eingliederung.

Hier Auszüge, die wesentliche Bedeutung haben:
A Grundsätze:
(1) „Unsere Wirtschaft kann auch künftig nicht auf die Beschäftigung ausländischer Arbeitnehmer verzichten."
(2) „Die ausländischen Arbeitnehmer sehen in der Regel ihre Beschäftigung in der Bundesrepublik Deutschland als vorübergehend an. Die Erfahrung zeigt, daß eine steigende Zahl von ihnen aus den verschiedensten Gründen länger in der Bundesrepublik Deutschland verweilen will. Dies hat auch einen verstärkten Nachzug der Familie zur Folge. Hierauf ist rechtlich und tatsächlich Rücksicht zu nehmen."
(3) „Menschliche, soziale und wirtschaftliche Gründe gebieten, die Eingliederung der Ausländer in Arbeitswelt und Gesellschaft zu erleichtern und zu fördern. Eine Isolation der ausländischen Arbeitnehmer von der deutschen Bevölkerung ist für beide Teile auf die Dauer schädlich."
(10) „Ausländischen Kindern und Jugendlichen müssen Entwicklungs- und Bildungschancen gewährt werden, die ihrer Situation gerecht werden."
B Maßnahmen:
(5) „Berufliche Bildung
Kenntnisse der deutschen Sprache sind Voraussetzung der beruflichen Bildung für ausländische Arbeitnehmer. Berufliche Qualifizierung schafft die Grundlage für den sozialen Aufstieg, für eine verbesserte berufliche Stellung und kann auch bei der Rückkehr von Nutzen sein. Deshalb sollten die ausländischen Arbeitnehmer stärker hierfür interessiert und Berufsbildungseinrichtungen gefördert werden."
(10) „Vorschulische und schulische Bildung
Da die Kinder ausländischer Arbeitnehmer mehrere Jahre in der Bundesrepublik bleiben, ist eine systematische Förderung ihrer Bildung für die Eingliederung in deutsche Schulen unerläßlich."
Der vorschulischen Bildung der Kinder kommt eine wesentliche Bedeutung zu, da dadurch eine bessere Eingliederung in die deutsche Schule ermöglicht werden kann. Deshalb ist sicherzustellen, daß ihnen unter den gleichen Bedingungen alle Einrichtungen der Jugendhilfe offenstehen.
Ausreichende Kenntnisse der deutschen Sprache sind die entscheidenden Voraussetzungen für eine erfolgreiche Schulbildung. Daher sind in verstärktem Maße Einführungsklassen zu schaffen."[1]
„Außerdem sind Unterricht in der Heimatsprache zu erteilen und Kenntnisse über den eigenen Kulturkreis zu vermitteln, um die Rückkehr in die Heimat offenzuhalten.
Auch für ausländische Jugendliche, die keine abgeschlossene Schulbildung erhalten haben, sollten Maßnahmen zur Förderung ihrer sprachlichen und beruflichen Bildung geschaffen werden; sprachkundige Lehrkräfte sind einzustellen und fortzubilden.

---

1 Hier sind Bedenken anzumelden. Näheres hierüber im Abschnitt über die Schulbildung der ausländischen Kinder.

(13) „Im Interesse einer möglichst wirksamen Eingliederung ausländischer Arbeitnehmer ist ein umfassender Erfahrungsaustausch aller hiermit befaßten Organisationen und Personen anzustreben. Dieser sollte auch die für notwendig erachteten Maßnahmen der Herkunftsländer für die Rückgliederung umfassen."

Den Ländern in der Bundesrepublik aber war die Aufgabe verblieben, nach Möglichkeiten zu suchen, diese Probleme in den Griff zu bekommen. Manches ist geschehen.

Um die Lebensverhältnisse der ausländischen Arbeitnehmer und ihrer Familien zu verbessern, wurden die hierfür vorgesehenen Haushaltsmittel für die Betreuung der ausländischen Arbeitnehmer in allen Ländern drastisch erhöht. Im Bereich des Bayer. Staatsministeriums für Arbeit und Sozialordnung etwa wurde der Haushalt für 1973 gegenüber dem Vorjahr verdoppelt, für 1974 auf 1,5 Millionen DM angehoben. In Nordrhein-Westfalen mit einem fast doppelt so hohen Anteil an ausländischen Arbeitnehmern verdoppelten sich die entsprechenden Haushaltsansätze von 1970 bis 1972 auf 2 Millionen.

Alle mit Fragen der Ausländerbeschäftigung befaßten Stellen wurden zur Zusammenarbeit aufgerufen. Zu diesem Zweck wurden bereits Mitte der 60er Jahre auf Bundes- und Landesebene Koordinierungskreise und Arbeitsgemeinschaften gebildet. Sie wurden nach Abklingen der Rezession im Jahre 1970 neu aktiviert. In Bayern konstituierte sich die „Landesgemeinschaft ausländische Arbeitnehmer", in der unter Federführung des Arbeitsministeriums die Sozialpartner, die Betreuungsorganisationen, die kommunalen Spitzenverbände und die zuständigen Länderministerien zusammengefaßt sind. In der Arbeitsgemeinschaft arbeiten fünf Projektgruppen: Sprachliche und berufliche Bildung, Schule und Kindergarten, Information und Öffentlichkeitsarbeit, Unterkünfte und Familienwohnungen, regionale Koordinierungskreise[1].

1.4.2 Die Rezession 1974/75

Im Herbst 1973 stand die Bundesrepublik vor folgender Situation: 3,9 Millionen Ausländer (und ihre Familien) lebten in der Bundesrepublik. In Europa gab es 11 Millionen Menschen, die aufgrund befristeter Arbeitsverträge in einem fremden Land ihren Lebensunterhalt verdienten. Experten der UNO rechneten damit, daß die Zahl der Wanderarbeiter im Jahre 1980 auf 22 Millionen angewachsen sein würde. Der Europarat kam zu der Auffassung, daß die „Wanderungsprobleme der arbeitenden Bevölkerung in Gegenwart und Zukunft des wirtschaftlichen und sozialen Lebens Europas konstant bleiben".

---

1 In Nordrhein-Westfalen wurde 1971 ein Landesbeirat für ausländische Arbeitnehmer gebildet, dem Vertreter der obersten Landesbehörden, der Präsident des Landesarbeitsamtes, Vertreter der Sozialpartner, der Industrie- und Handelskammer, der kommunalen Spitzenverbände, der Betreuungsorganisationen, der Landtagsfraktionen, des Rundfunks, dazu drei ausländische Sozialbetreuer und 12 ausländische Arbeitnehmer angehören.

Im Demographischen Jahrbuch 1972 wurde folgende Übersicht über den voraussichtlichen Bevölkerungszuwachs in Mittelmeerländern in den Jahre 1971—1985 veröffentlicht (in Millionen abgerundet):

Griechenland	1	Portugal	1	Tunesien	3
Jugoslawien	3	Spanien	4	Italien	5
Marokko	9	Türkei	15		

Das würde bedeuten, daß in 12 Jahren die Einwohnerzahl der Türkei um 15 Millionen steigt. 1973 warteten in Istanbul und Ankara 1,2 Millionen in den Wartelisten der deutschen Anwerbekommissionen registrierte Interessenten auf die Arbeits- und Aufenthaltserlaubnis in der Bundesrepublik. Der türkische Gewerkschaftsbund rechnet für die 80er Jahre mit 7—8 Millionen Arbeitslosen in der Türkei.

Diese Entwicklung und der Trend der deutschen Wirtschaft, zunehmend ausländische Arbeitskräfte anzufordern, führte 1973 zu einer Reihe von Prognosen.

Eine vom deutschen Industrie- und Handelstag gegründete Gesellschaft für regionale Strukturentwicklung ging davon aus, daß 1985 4 Millionen Ausländer in der Bundesrepublik beschäftigt sein werden. Mit den Familienangehörigen wären das 6—7 Millionen Ausländer in der Bundesrepublik. Das Bundesarbeitsministerium schätzte bis zum gleichen Jahr eine Zunahme auf 3,5 Millionen.

In einem Gutachten[1] stellte der wissenschaftliche Beirat beim Bundesministerium für Wirtschaft im März 1974 fest: „Da in den 60er Jahren die Zahl der ausländischen Arbeitskräfte und ihre Aufenthaltsdauer zunächst noch relativ gering waren, sind damals die für die Ausländerbevölkerung eigentlich erforderlichen Investitionsausgaben teilweise unterblieben und die mit ihnen verbundenen laufenden Ausgaben nicht angefallen; auf diese Weise ist ein Nachholbedarf entstanden, dessen Deckung die öffentlichen Finanzen der kommenden Jahre belastet."

Das Bayerische Arbeitsministerium meinte, es könne davon ausgegangen werden, daß mit dem steilen Anstieg der Ausländerbeschäftigung, der zunehmenden Verweildauer und dem verstärkten Familiennachzug die regionalen infrastrukturellen und sozialen Folgelasten *zu-* und damit der ökonomische Nutzen der Ausländerbeschäftigung insgesamt *ab*nähme.

So konnte man schon im Frühjahr 1973 feststellen: Die bisher im Grunde nach dem Prinzip des „laisser faire" betriebene Politik des Bundes war an ihre Grenzen gestoßen. Der Komplex „ausländische Arbeitnehmer" hatte sich zu einem wirtschaftspolitischen, sozialpolitischen und bildungspolitischen Problem ersten Ranges ausgewachsen. Rufe nach Gegensteuerung wurden immer lauter.

Vordringlich sah man die Notwendigkeit einer kompromißlosen Steuerung des Arbeitsmarktes. Solange die Industrie nach Arbeitskräften gerufen hatte, waren

---

1 Herausgegeben vom Bundesministerium für Wirtschaft 1974.

ausländische Arbeitnehmer angeworben worden, ohne daß man sich mit der Überlegung belastete, wie lange sie in Deutschland bleiben sollten. In die Diskussion gelangte nun das mißverständliche Wort von der „Rotation". Auch dieser Ausdruck wurde verschieden interpretiert. Ganz allgemein wird darunter der Austausch von ausländischen Arbeitnehmern verstanden, der sich automatisch aus Rückkehr und Neuanwerbung ergibt, der von Land zu Land verschieden groß ist, und im Durchschnitt 1972 etwa 20%—30% aller ausländischen Arbeitskräfte umfaßte. Hier gibt es praktisch nichts zu steuern. Man sprach aber auch von Rotation, wenn man davon ausging, daß der ausländische Arbeitnehmer nach etwa 8 oder mehr Jahren Aufenthalt in der Bundesrepublik wieder in seine Heimat zurückkehren wollte.

Das Wort wurde mehr und mehr jedoch in einer dritten Bedeutung gebraucht. Dann verstand man unter Rotation den zwangsweisen Austausch von Arbeitern durch den Entzug der Arbeits- und Aufenthaltserlaubnis nach einer bestimmten Anzahl von Jahren. Dieses Prinzip wäre wohl kaum konsequent durchzuführen. Bund und Länder diskutierten gemeinsam andere Maßnahmen zur Verlangsamung des weiteren Anwachsens der Ausländerbeschäftigung: Allgemeine und verstärkte Bekämpfung jeder illegalen Einwanderung, Maßnahmen gegen den unkontrollierten Zugang ausländischer Arbeitnehmer über Dritt-Länder, Erhöhung der Anwerbepauschale. Die Aufenthaltserlaubnis sollte an die Belastbarkeit der Infrastruktur gebunden werden. Für Ausländer, die mehr als 8—10 Jahre in Deutschland leben, sollte die Möglichkeit eröffnet werden, in der Bundesrepublik zu verbleiben. Ferner sollte versucht werden, in zunehmendem Maße Produktionsstätten *zu* den billigen Arbeitskräften zu bringen und nicht umgekehrt. Als letzter Ausweg wurde ein totaler Zulassungsstop für die überlasteten Ballungsgebiete, die Festsetzung einer Höchstgrenze, Plafonierung genannt, in Betracht gezogen. Danach ließe eine sogenannte regionale Plafonierung in den Ballungszentren jeweils nur den Ersatz für abgewanderte Ausländer wieder zu, die Aufenthaltserlaubnis für zusätzliche Arbeitskräfte dürfte nicht mehr erteilt werden[1].

---

1 Aufgrund einer Absprache zwischen Bund und Ländern wurde ab 1. April 1975 der weitere Zuzug ausländischer Arbeitnehmer in überlastete Siedlungsgebiete begrenzt. Kriterium für die Feststellung eines überlasteten Siedlungsgebietes ist der Anteil der ausländischen Bevölkerung an der gesamten Wohnbevölkerung nach Kreisen bzw. kreisfreien Städten an einem bundeseinheitlichen Stichtag.
Ein Kreis bzw. eine kreisfreie Stadt wird automatisch zum überlasteten Siedlungsgebiet, wenn der Anteil der Ausländer an der Gesamtbevölkerung an dem bundeseinheitlichen Stichtag 12% (= ca. 100% über dem Bundesdurchschnitt) und mehr erreicht hat.
Von der Zuzugsbeschränkung sind folgende Regionen betroffen:
Nordrhein-Westfalen: Stadtgebiet von Remscheid;
Hessen: Kreisfreie Städte Frankfurt/Main, Offenbach (Main), Landkreis Großgerau, Stadt Hanau;
Baden-Württemberg: Stadtkreise Stuttgart, Ulm, Mannheim, Pforzheim, Landkreise Ludwigsburg, Eßlingen, Böblingen, Rems-Murr, Schwarzwald-Baar;
Bayern: Städte München, Ingolstadt, Fürth, Nürnberg, Augsburg; Landkreise Dachau, Starnberg, Fürstenfeldbruck, Ebersberg, München.

In zwei Beschlüssen hat man versucht, Konsequenzen zu ziehen und neue ausländerpolitische Prioritäten zu setzen:
Nach dem Beschluß des Bayerischen Ministerrats zur Ausländerbeschäftigung vom 3. 4. 1973 soll grundsätzlich wie bisher der Aufenthalt ausländischer Arbeitnehmer nur vorübergehend sein mit weitmöglicher rechtlicher, sozialer und gesellschaftlicher Gleichstellung des Ausländers und seiner Familienangehörigen und mit entsprechenden Integrationsmaßnahmen, um eine nachhaltige Verbesserung ihrer Situation zu erreichen.

Folgende Feststellungen sind von Bedeutung:
„Ausgehend von Geist und Zielsetzung der zwischen der Bundesrepublik und den Abgabeländern beschlossenen Anwerbeabkommen wird der Aufenthalt ausländischer Arbeitnehmer gegebenenfalls einschließlich ihrer Familienangehörigen, jeweils als grundsätzlich vorübergehend angesehen. Ein zeitlich unbegrenzter Aufenthalt würde nicht nur dem nach wie vor gültigen Grundsatz, daß die Bundesrepublik kein Einwanderungsland sein kann, zuwiderlaufen, sondern auch dem wohlverstandenen Interesse des ausländischen Arbeitnehmers, der Familienangehörigen, wie auch des Abgabelandes widersprechen."

„Die soziale Infrastruktur ist insbesondere in den Ballungsräumen einem weiteren ungebremsten und unkontrollierten Anwachsen der Ausländerbeschäftigung und des Familiennachzugs nicht mehr gewachsen. Aus sozialen Erwägungen muß daher der weitere Ausländerzuwachs gebremst werden. Für den Fall unangemessener Zuwachsraten sollten Bund und Länder die Zahl der ausländischen Arbeitnehmer begrenzen."

„Dem Wunsch ausländischer Arbeitnehmer, die bereits seit langem bei uns leben, nach Verbleib in der Bundesrepublik Deutschland, soll nach Möglichkeit aus humanitären Gründen entsprochen werden. Im Rahmen der Belastbarkeit der Infrastruktur soll für diesen Personenkreis auch der Familiennachzug ermöglicht werden."

Zwei Monate später hat die Bundesregierung ein Aktionsprogramm für Ausländerbeschäftigung bekanntgegeben. In der 38. Sitzung des Deutschen Bundestags erläuterte der Bundesarbeitsminister den „Bericht der Bundesregierung aus der Kabinettssitzung vom 6. Juni 1973". Es wurde ein sog. Konsolidierungsprogramm vorgestellt, das durch folgende Merkmale gekennzeichnet ist: Erschwerung der Einreise durch Übertragung der Kompetenzen für die Erteilung der Einreiseerlaubnis auf die Bundesanstalt für Arbeit, Erhöhung der Vermittlungsgebühr, Lockerung der aufenthaltsrechtlichen Bestimmungen für länger anwesende Ausländer. Von all dem erwartete man eine Abnahme der Neuzuwanderer und eine Verlängerung der Verweildauer der Altzugewanderten. Deutliche Aussagen machen folgende Leitlinien:
„Die Zulassung ausländischer Arbeitnehmer in überlasteten Siedlungsgebieten soll von der Aufnahmefähigkeit der sozialen Infrastruktur abhängig gemacht

werden. Dafür sollen in enger und zielstrebiger Zusammenarbeit zwischen Bund, Ländern und Gemeinden sowie der Bundesanstalt für Arbeit bundeseinheitliche Zulassungskriterien erarbeitet werden. Eine interministerielle Arbeitsgruppe aus Vertretern aus Bund und Ländern wird sich dieser Aufgabe vordringlich annehmen.

Die von den Arbeitgebern zu zahlende Gebühr für die Vermittlung ausländischer Arbeitnehmer durch die Bundesanstalt für Arbeit soll spürbar erhöht werden. Falls diese Maßnahme nicht in dem gewünschten Maße zur Konsolidierung der Ausländerbeschäftigung beitragen sollte, wäre an die Einführung einer besonderen Wirtschaftsabgabe für die Beschäftigung von Ausländern zu denken. Aus dem Aufkommen könnten Infrastruktureinrichtungen finanziert werden.

Die illegale Beschäftigung ausländischer Arbeitnehmer und die häufig damit verbundenen Mißstände sind wirksamer zu bekämpfen. Es wird geprüft, ob schwerwiegende Fälle der illegalen Ausländerbeschäftigung mit einer Mindestfreiheitsstrafe für den Arbeitgeber zu bedrohen sind[1].

Aus sozialen und humanitären Gründen lehnt es die Bundesregierung ab, den Aufenthalt ausländischer Arbeitnehmer nach Ablauf einer bestimmten Zeit durch behördliche Eingriffe zwangsweise zu beenden. Die Bundesrepublik Deutschland betrachtet sich aber auch nicht als Einwanderungsland. Es soll jedoch alles getan werden, um den ausländischen Arbeitnehmern für die Dauer ihres Aufenthalts menschenwürdige Lebensverhältnisse zu bieten. Bei längerer Aufenthaltsdauer soll der aufenthaltsrechtliche Status der ausländischen Arbeitnehmer verbessert werden."

Als erstes hat ab 1. September 1973 der Verwaltungsrat der Bundesanstalt für Arbeit die Gebühren, die Arbeitgeber für die Vermittlung von ausländischen Arbeitnehmern zu entrichten haben, von 300,— auf 1000,— DM angehoben. Sie betrifft alle Ausländer, die nicht der europäischen Gemeinschaft angehören. Für Angehörige aus den Mitgliedsstaaten der EG beträgt die Vermittlungsgebühr wie bisher 60,— DM. Nach Angaben der Bundesanstalt für Arbeit dienen die Vermittlungsgebühren zur Deckung der Aufwendungen im Zusammenhang mit der Anwerbung, der ärztlichen Untersuchung und der Ausreise ausländischer Arbeitnehmer. Ferner können Maßnahmen finanziert werden, die dazu beitragen, die Eingliederung ausländischer Arbeitnehmer zu erleichtern, insbesondere der Bau von Unterkünften, Wohnungen und Kindertagesstätten, die Sprachausbildung, die berufliche und sprachliche Vorausbildung der ausländischen Arbeitnehmer in den Heimatländern.

Dies war die Lage bis Ende November 1973.

Dann hat die sog. Energiekrise die Frage, ob es wirtschaftlich richtig und sozialpolitisch vertretbar war, Millionen von Menschen als Arbeitnehmer aus dem Ausland in die Bundesrepublik zu holen, in den Hintergrund gedrängt.

---

1 Entsprechende Verordnungen wurden im April 1975 erlassen.

Anfangs November 1973 bereits gingen die Anforderungen nach Arbeitskräften bei der Bundesanstalt für Arbeit von 15 000 auf 900 zurück. Am 23. 11. 1973 wurde die Anwerbung von ausländischen Arbeitnehmern gestoppt. Die Bundesanstalt für Arbeit wurde von der Bundesregierung angewiesen, vorerst keine Ausländer mehr (ausgenommen aus EG-Ländern) als Arbeitnehmer in der Bundesrepublik und nach Westberlin zu vermitteln.

Im Laufe des Jahres 1974 wuchs sich die wirtschaftliche Entwicklung in der Bundesrepublik wie in anderen Staaten zu einer deutlichen Rezession aus. Erstmals kamen wieder Rationalisierungsmaßnahmen ins Gespräch, denen bei dem eintretenden Konjunkturrückgang — etwa in der Auto-Industrie — der ausländische Arbeitnehmer geopfert werden mußte. Offene Stellen müssen zunächst Deutschen angeboten werden und dürfen durch Ausländer erst besetzt werden, wenn für den Arbeitsplatz kein Deutscher zu finden ist.

Bei den ausländischen Arbeitnehmern begann sich daher die beginnende Arbeitslosigkeit als erste auszuwirken. Zu Beginn des Jahres 1975 waren 7% der ausländischen Arbeitnehmer[1] ohne Arbeit, das waren 3—4mal soviel wie zur Zeit der Rezession 1966/67. Ihnen droht bei fortdauernder Arbeitslosigkeit der Entzug der an die Beschäftigung gebundenen Aufenthaltserlaubnis. Der Entzug der Aufenthaltserlaubnis und der Verlust der Arbeitserlaubnis sind neben dem Anwerbestop die verbliebenen Steuerungsmittel für die Ausländerbeschäftigung. So ist es verständlich, daß die Bundesregierung zur Erfüllung des immer wieder hervorgebrachten Wunsches der ausländischen Arbeitnehmer nach einer Fünfjahresfrist eine längerfristiger Aufenthaltserlaubnis und später die Aufenthaltsberechtigung zu erhalten, nicht bereit ist.

An eine Lockerung des Anwerbestops für ausländische Arbeitnehmer aus Nicht-EG-Ländern ist auch 1976 nicht zu denken, teilte das Bundesarbeitsministerium 1975 mit. Allenfalls, so rechnet der Präsident der Bundesanstalt für Arbeit, Josef Stingl Ende 1974, würde man bis etwa 1980 fast 1 Million ausländische Arbeitnehmer zusätzlich in der deutschen Wirtschaft benötigen.

Was bleibt für die Schule?

Die Bildungsfachleute können auf dem Arbeitsmarkt und in der Wirtschaft Entscheidungen nicht beeinflussen. Ihnen fällt die Aufgabe zu, die wirtschafts- und sozialpolitischen Entwicklungen bei der Suche nach der bestmöglichen Schulbildung für die Kinder ausländischer Arbeitnehmer zu berücksichtigen und diejenigen Maßnahmen zu treffen, die den Bedürfnissen der ausländischen Kinder und Jugendlichen tatsächlich entsprechen.

---

[1] Nach letzten Schätzungen hat sich die Zahl der ausländischen Arbeitnehmer von 2,35 Millionen (1974) auf 2,1 Millionen (1975) verringert. Von Kündigungen weniger betroffen waren Facharbeiter. Diese wiederum hatten vor allen anderen ihre Familien nachgeholt.

2. Problemkreis „Kinder ausländischer Arbeitnehmer"

2.1 Die „ausländischen" Kinder

Wenn im folgenden verkürzt von „ausländischen Kindern" die Rede ist, so denken wir nicht an Kinder aus Österreich, der Schweiz, den USA oder aus Frankreich, die entweder Deutsch sprechen oder aus einer Oberschicht ihres Landes kommen und in unseren Schulen ohne weiteres mitkommen. Es geht um die Kinder und Jugendlichen, deren Eltern zu den ausländischen Arbeitnehmern aus den Entsendestaaten Griechenland, Italien, Jugoslawien, Portugal, Spanien und der Türkei zählen.

Allein bei dem Versuch, die 200 000 Ausländerkinder in allgemeinbildenden Schulen in der Bundesrepublik differenzierter zu sehen, wird das komplexe Problem ihrer Schulbildung deutlich.

Erstens: Wir haben es nicht mit einer fremdsprachigen Minderheit zu tun, sondern mit Schulkindern, die sich in sechs verschiedene Muttersprachen teilen.

Zweitens — und das ist ebenso wichtig — haben wir es mit Kindern und Jugendlichen zu tun, die in sehr unterschiedlichem Alter nach Deutschland kommen, deren schulische Vorbildung sehr verschiedenartig ist. Wir haben ausländische Kinder, die bereits in Deutschland geboren wurden, Kinder, die im Vorschulalter in die Bundesrepublik eingereist sind, Schulanfänger, Grundschüler und Hauptschüler und darunter Schüler in einem Alter, in dem sie nach den Schulgesetzen ihres Heimatlandes der Schulpflicht eigentlich schon genügt haben. Schließlich gibt es Jugendliche im berufsschulpflichtigen Alter mit oder ohne Ausbildungsverhältnis.

Drittens haben wir zu unterscheiden nach dem Grad der Beherrschung der deutschen Sprache: Zwischen Schülern im Grundschulalter, im Hauptschulalter oder in der Berufsausbildung, die noch nicht Deutsch sprechen und nur ihre Muttersprache entsprechend der genossenen heimatlichen Schulbildung beherrschen, zwischen Schülern, die mäßige Deutschkenntnisse haben, ihre Muttersprache aber gut beherrschen und Schülern, die sich bereits seit längerer Zeit im deutschen Sprachraum aufhalten, mit perfekten Kenntnissen in der deutschen Sprache wie in ihrer Muttersprache. Von ihnen sind wiederum die Kinder zu unterscheiden, die die deutsche Sprache voll beherrschen, ihre Muttersprache jedoch praktisch verlernt haben. Endlich haben wir die Gruppe der Schüler, die in der Bundesrepublik geboren wurden, ohne ihre eigentliche Heimat und die dortigen Lebensverhältnisse zu kennen, in Deutschland aufgewachsen, ihre Muttersprache mehr oder weniger beherrschen und voraussichtlich alle Klassen des deutschen Schulsystems durchlaufen werden.

Soviel über die unterschiedliche Population, die bei der Frage nach den Bedürfnissen dieser Kinder und nach geeigneten Unterrichtseinrichtungen für sie von

ganz wesentlicher Bedeutung ist. Diese Vielfalt sollte zwangsläufig zu vielfältigen Bildungswegen führen: Unterricht in der Muttersprache in Hauptfächern, muttersprachlicher Zusatzunterricht zur Wiederherstellung von Kenntnissen in der Muttersprache oder zum Erhalt der Muttersprache, intensiver Deutschunterricht, Förderunterricht in der deutschen Sprache, oder deutschsprachiger Unterricht in deutschen Klassen.
Berücksichtigt man dazu noch die unterschiedlichen Interessen und Absichten der Eltern dieser Kinder, so ergibt sich — selbst wenn man auch verbindliche Antworten auf diesbezügliche Fragen kaum erhält — ein weiterer Gesichtspunkt, der bei der Suche nach der bestmöglichen Schulbildung dieser Kinder zu berücksichtigen ist:
Wie viele Eltern wollen mit ihren Kindern nach kurzer Zeit in die Heimat wieder zurück?
Wie viele Kinder setzen im Heimatland ihre Schulbildung fort?
Wie viele Schüler ergreifen nach der Rückkehr in die Heimat sofort einen Beruf?
Wie viele Eltern wollen mit ihren Kindern für längere Zeit in der Bundesrepublik bleiben?
Wie viele davon streben für ihre Kinder eine völlige Integration in der Bundesrepublik an?
Wie vielen Eltern ist an einer abgeschlossenen Berufsausbildung in Deutschland gelegen?
Wie hoch ist generell die Rückkehrquote bei Familien, die ihre schulpflichtigen Kinder in die Bundesrepublik mitnehmen oder Kinder haben, die in der Bundesrepublik schulpflichtig werden?
Wie hoch ist die Rückkehrquote derjenigen Kinder, die die deutsche Sprache voll beherrschen, sich in ihrer Muttersprache — zumindest schriftlich — nur unvollkommen ausdrücken können?
Wie viele Kinder, die bereits in der Bundesrepublik geboren wurden, werden wieder in ihre eigentliche Heimat zurückkehren?
Gerade die letzte Gruppe bedarf einer gesonderten Beurteilung. Sie stellt zwar zahlenmäßig die kleinste Gruppe dar, diese Kinder haben aber vermutlich später einmal die größten Schwierigkeiten, weil sie, wie der Internationale Bund für Sozialarbeit es treffend ausdrückt, „auf ihre Binationalität nicht vorbereitet sind. Gerade aber diese Daseinsform wird das Leben der Jugendlichen aus Gastarbeiterfamilien maßgeblich bestimmen. Die Chance ist zu nutzen, daß die zweite Generation wohl für ihre Eltern wie für die deutsche Gesellschaft eine ‚Übersetzungsrolle' wahrnimmt, die nur sie ausüben kann. Sie übersetzen nicht nur die Sprache ihres Gastlandes und die Sprache ihrer Eltern und umgekehrt, vielmehr übersetzen sie mit der Sprache die Werte, Normen und Zielvorstellungen der jeweiligen Kultur und Gesellschaft"[1].

---

[1] Aus „Minoritäten als Erfahrung" in „Neue Sammlung" 1972/3

Hier befinden wir uns bereits mitten in der Problematik der Situation der Kinder ausländischer Arbeitnehmer. Die sich daraus ergebenden Aufgaben beschäftigen die deutsche Öffentlichkeit mehr als die zunehmende Zahl der ausländischen Arbeitnehmer. Vielleicht mag es daran liegen, daß im Laufe der Jahre sich für viele deutsche Bürger mehr Berührungspunkte und Kontakte mit den Kindern als mit den ausländischen Arbeitern selbst ergeben haben, sei es auf der Straße, in öffentlichen Verkehrsmitteln, auf Spielplätzen, am häufigsten und eindringlichsten wohl in unseren Schulen. Denn gleichgültig, ob der deutsche Staatsbürger, der Arbeitskollege, der Gemeinderat, die deutschen Eltern, der Lehrer oder der Schulleiter den ausländischen Arbeitnehmer als Mitbürger akzeptierten oder nicht, an dem Problem „Gastarbeiterkinder" konnte niemand mehr vorbei.

Als erstes brachten Meldungen über die Dunkelziffer derjenigen „Ausländerkinder", die keine Schulen besuchten, die Öffentlichkeit und die Behörden dazu, nach den Ursachen hierfür zu suchen, um diesem Umstand abhelfen zu können. Dabei ging man zunächst von der Überlegung aus, wären sie nur erst einmal alle in der Schule, bräuchte man sich über das Schicksal dieser Kinder weiter keine Gedanken mehr zu machen. Für die Schulbildung würde dann schon in der Schule gesorgt. Erst später traten die Schwierigkeiten, die diese Kinder im deutschen Schulsystem hatten, immer deutlicher zutage.

Heute ist das Problem der Schulbildung der ausländischen Kinder und Jugendlichen zu einer nicht mehr wegzudiskutierenden Aufgabe für die deutsche Gesellschaft und zu einem unumstrittenen Bestandteil der Bildungspolitik geworden. In einer sehr differenzierten Darstellung, die Engagement und Sachkenntnis verrät, hat sich Hans-Eberhard Piepho zur Förderung der Kinder ausländischer Arbeitnehmer geäußert[1]: „Die Zukunft der Kinder ausländischer Arbeitnehmer wird entweder die Verhältnisse in ihrer Heimat oder in der Bundesrepublik tiefwirkend mitprägen. Da Bildung und Ausbildung, Erziehung und Förderung stets auf die Zukunft bezogen sind, erwachsen der westdeutschen Gesellschaft und den Schulen in diesem Land hier Aufgaben von weitreichender Bedeutung ökonomischer, politischer und ideologischer Natur." Dabei muß man einsehen, daß die Vielzahl der unterschiedlichen Bildungsvoraussetzungen und Bedürfnisse der ausländischen Kinder eine allseits befriedigende Lösung nicht ermöglichen. Die Aufgaben werden ohne Rest nicht zu lösen sein.

2.2 Entwicklung

Zum Verständnis der Zusammenhänge und einer Reihe von Grundauffassungen erscheint es zweckmäßig, rückblickend die Entwicklung der schulischen Betreu-

---

[1] Piepho, Förderung und Integration von Kinder ausländischer Arbeitnehmer, Dornburg, 1972

ung der Kinder ausländischer Arbeitnehmer zu verfolgen. Dabei beschränke ich mich in der detaillierten Darstellung auf die Entwicklung in Bayern.

2.2.1 Rückblick

Erst seit 1965 hat die Statistik exakte Zahlen über den Schulbesuch ausländischer Kinder veröffentlicht. Sie waren nicht sehr aussagekräftig, war damals ja auch nur erst 1/8 der heutigen Anzahl der Kinder ausländischer Arbeitnehmer in deutschen Schulen. In den Jahren zuvor war die Gesamtzahl noch geringer. Die Notwendigkeit, nach eigenen Unterrichtseinrichtungen für die „Gastarbeiterkinder" zu suchen, sah man noch nicht. Zwar belasteten Einzelfälle in einigen Städten den Unterricht, man nahm aber an, diese „Gäste" blieben eine vorübergehende Erscheinung in unserer Gesellschaft, die zwar für den Schulbetrieb eine zeitweilige Belastung darstellten, aber in 1—2 Jahren oder noch früher wieder fortziehen würden. So war es möglich, daß noch 1963 in Bayern „der deutschen Sprache nicht mächtige Kinder" vom Schulbesuch vorerst zurückgestellt werden konnten. In Nordrhein-Westfalen wurde der Schulbesuch für diese Kinder erst 1966 allgemein verpflichtend gemacht.

Den ersten Schritt, die Öffentlichkeit auf die Problematik aufmerksam zu machen, tat — soweit mir bekannt — 1962 der Deutsche Städtetag, der aufgrund von Erhebungen über die schulische Betreuung der Kinder ausländischer Arbeitnehmer zu folgenden Feststellungen und Forderungen gekommen war:

„1. Mangelnde deutsche Sprachkenntnisse führen dazu, daß die Ausländerkinder ein oder zwei Klassen zu tief eingestuft werden.

2. Diese Übergangsschwierigkeiten sollen durch zusätzlichen Deutschunterricht behoben werden.

3. Keine Einweisung ausländischer Kinder in Sonderschulen für Lernbehinderte.

4. Gute Leistungen und rasche Fortschritte einiger Kinder stehen im Gegensatz zur Interessenlosigkeit weniger Eltern an einigen Schulorten.

5. Keine Einrichtung zentraler Sammelklassen."

Heute, nach über 10 Jahren, gelten die Feststellungen unter 1—4 nach wie vor. Punkt 5 wurde aufgestellt aus der Befürchtung, zu große organisatorische Schwierigkeiten könnten die Einrichtung von Unterricht überhaupt verhindern, eine Dauereinrichtung würde außerdem die Gefahr einer völligen Isolierung der ausländischen Kinder schaffen.

Geändert hat sich damals vorerst nicht viel. Aktiv waren vor allem einzelne diplomatische Vertretungen der ausländischen Arbeitnehmer. Im Vordergrund stand dabei die Sorge um die schulischen Weiterbildungsmöglichkeiten der ausländischen Kinder, wenn diese wieder in ihre Heimat zurückkehrten. Insbesondere Italiener, Griechen und Spanier begannen sich um den Unterricht der Kinder ihrer Staatsangehörigen zu kümmern. Schüler aus Jugoslawien gab es damals kaum.

Das führte in Bayern dazu, daß 1963 sog. Ergänzungsunterricht an italienische, spanische und griechische Kinder in ihrer Muttersprache durch ausländische Lehrer — zunächst anstelle der in den Stundentafeln der bayerischen Volksschulen vorgesehenen Förderstunden — durchgeführt werden konnte. 1964 setzte man für diese private Unterrichtseinrichtung 5 Stunden pro Woche fest.

Mit dem verstärkten Zugang ausländischer Kinder, zunächst aus Italien, Spanien und bald darauf aus Griechenland, später aus der Türkei und ab 1969 auch aus Jugoslawien, war das Bedürfnis nach Lösungswegen größer geworden. Erstmals begann 1963 die Ständige Konferenz der Kultusminister der Länder in der Bundesrepublik (KMK) das Problem aufzugreifen.

Zunächst wurden die 10 Länder der Bundesrepublik und Berlin über die bisherigen Formen der Beschulung befragt. 1964 verabschiedeten die Kultusminister eine Empfehlung, in der wirksame Maßnahmen zur Beschulung der Kinder ausländischer Arbeitnehmer gefordert wurden. Dieser Beschluß vom 14./15. 5. 1964 (siehe Anhang Seite 184) enthält drei kurze Abschnitte, die sich mit der Schulpflicht befaßten, die damals noch nicht in allen Ländern der Bundesrepublik auch für ausländische Kinder gegolten hatte, mit dem zusätzlichen Unterricht in der deutschen Sprache, „der den ausländischen Kindern die Eingewöhnung in die deutsche Schule erleichtern soll", und schließlich mit der Empfehlung, Hilfe für Kurse in der Muttersprache, „deren Förderung besondere Bedeutung zukommt", zu gewähren.

Dieses erste Maßnahmenpapier führte in den folgenden Jahren zu einer Reihe von Ländererlassen. Den Anfang machte am 25. 11. 1964 Niedersachsen, am 23. 9. 1965 veröffentlichte Nordrhein-Westfalen seinen ersten Erlaß (weitere Erlasse folgten 1968 und 1969), das Saarland und Baden-Württemberg erließen 1966 entsprechende Bekanntmachungen, 1967 erschien der erste Erlaß in Hessen. Vor allem in den industriellen Ballungsgebieten Baden-Württembergs, Nordrhein-Westfalens und Hessens hatten die veröffentlichten Regelungen eine wesentliche Bedeutung.

Im Flächenstaat Bayern war man zu dieser Zeit noch der Auffassung, daß über den KMK-Beschluß hinaus besondere Regelungen nicht erforderlich seien. Doch genehmigte man Vorbereitungsklassen, damals auch Vorklassen oder Übergangsklassen genannt, als private Unterrichtseinrichtungen, zunächst auf die Dauer eines Vierteljahres, bald darauf für ein ganzes Schuljahr, erstmals 1965 für italienische Kinder. Träger dieser Einrichtungen waren die ausländischen Konsulate. In diesen Klassen wurden die Kinder durch ausländische Lehrer in ihrer Muttersprache unterrichtet, gleichzeitig aber darauf vorbereitet, in die deutsche öffentliche Schule überzutreten, sobald ihre deutschen Sprachkenntnisse ausreichten, dem deutschen Unterricht in der Klasse ihrer Altersstufe zu folgen. Die ausländischen Lehrer mußten die deutsche Sprache beherrschen. In diesen Klassen erhielten die Kinder etwa ²/₃ der Unterrichtszeit in ihrer Muttersprache, ¹/₃ in deutscher Sprache.

An den einjährigen Unterricht in diesen Vorbereitungsklassen hatte man — damals noch nicht im Besitz von Erfahrungen — Forderungen gestellt, die nicht zu verwirklichen waren: Das war einmal die Aufgabe, im Deutschunterricht innerhalb eines Jahres den Anschluß an den der Altersstufe entsprechenden Schülerjahrgang zu finden, zum andern die Aussage, „dem deutschsprachigen Unterricht soll nach Möglichkeit der Unterrichtsstoff des einen oder mehrerer in Betracht kommender Schülerjahrgänge zu Grunde liegen." Diese Forderungen werden in einigen Ländern der Bundesrepublik noch heute erhoben.

Immerhin hatte man sich bemüht, durch die Festlegung einer Mindeststärke von nur 25 Schülern und durch die Möglichkeit, Schüler auch über Schulsprengel hinweg zusammenzufassen, die Einrichtung solcher Vorklassen wesentlich zu erleichtern. In Kommentaren betonte man den Sinn dieser Einrichtungen unter anderem auch damit, daß deutsche Klassen von Schülern, die des Deutschen unkundig sind und deshalb den Unterrichtsbetrieb notwendigerweise verlangsamen, entlastet werden. Dem Volksschulgesetz entsprechend waren diese Vorbereitungsklassen Ersatzschulen, die für eine kurze Übergangszeit an die Stelle der öffentlichen Volksschulen traten.

Was von Anfang an schon für die ausländischen Lehrer gegolten hatte, die den muttersprachlichen Zusatz- oder Ergänzungsunterricht erteilt hatten, galt ebenso für die Lehrer in den Vorbereitungsklassen. Ihre Vergütung übernahm der Bayerische Staat.

Vorbereitungsklassen gab es (unter dieser oder einer anderen Bezeichnung) ebenso in Nordrhein-Westfalen, Baden-Württemberg (1965 vier Klassen für 170 Schüler) und Hessen. In Bayern gab es 1967 eine Vorbereitungsklasse für spanische und sechs Klassen für italienische Schüler, bald darauf wurden es zwölf, mehrere Vorbereitungsklassen für griechische Schüler kamen hinzu. Inzwischen hatte man auch die Aufgaben der Vorbereitungsklassen durch zusätzliche Bestimmungen verdeutlicht. So mußte, nachdem ausländische Kinder längere Zeit ständig in Vorbereitungsklassen verblieben waren, noch einmal ausdrücklich festgestellt werden, daß eine Vorbereitungsklasse nicht länger als ein Jahr besucht werden durfte, daß außerdem die Kinder auch während des Schuljahres in die deutsche Schule überwiesen werden konnten, und daß Vorbereitungsklassen nur von solchen ausländischen Kindern besucht werden durften, die der deutschen Sprache noch nicht ausreichend mächtig waren.

Vor allem vom Schuljahr 1967/68 an wurde der zusätzliche muttersprachliche Unterricht weiter ausgebaut, Gruppen für Spanier, Griechen und Türken wurden gebildet. Die Personalkosten wurden wieder vom Bayerischen Staat getragen unter der Voraussetzung, daß dieser private Unterricht als Ersatzschule

genehmigt war, jede Gruppe mindestens 15 Schüler umfaßte und nicht mehr als 5 Wochenstunden je Gruppe erteilt wurden. Seit 1970 erhalten in Bayern alle ausländischen Lehrer Reisekostenentschädigung, um zur Erteilung des muttersprachlichen Unterrichts an verschiedene Schulorte reisen zu können.
In diese Zeit fiel auch die Errichtung dreier Privatschulen mit griechischer Unterrichtssprache, zwei in München, eine weitere wurde in Nürnberg genehmigt. Bei diesen Schulen, die Ersatzschulen für die Schülerjahrgänge 1 mit 9 sind, handelt es sich um Privatschulen, die nach deutschen Schulgesetzen errichtet und betrieben werden und in denen auch die deutsche Sprache gelehrt wird (Näheres Seite 114).
War die Zahl der ausländischen Kinder in den deutschen Schulen bis 1968 nur allmählich angewachsen, so nahm der Zustrom von diesem Zeitpunkt an so rapide zu, daß die deutschen Schulen, die Privatschulen und die privaten Vorbereitungsklassen in Bayern — ebenso wie die Einrichtungen in anderen Ländern — bei weitem nicht mehr ausreichten, um den Kindern ausländischer Arbeitnehmer einen auf ihre Bedürfnisse zugeschnittenen Unterricht zu vermitteln. Nun zeigte es sich, wie falsch es war, zu glauben, das Schulproblem dieser Kinder bliebe eine vorübergehende Erscheinung.
Drei Feststellungen ergaben sich. Zum einen: Innerhalb zweier Jahre, von 1968 bis 1970, hatte sich die Zahl der Kinder ausländischer Arbeitnehmer an Grund- und Hauptschulen in der Bundesrepublik verdoppelt. Zum anderen: Die Zunahme erstreckte sich nun auch auf Orte außerhalb der Ballungszentren. Und schließlich: Der Zustrom ausländischer Kinder von heute auf morgen hatte die Schulverwaltung unvorbereitet getroffen. Die Folge war, daß Ausländerkinder in deutsche Klassen eingewiesen wurden, in denen sie je nach ihrer Begabung mit mehr oder weniger Erfolg „unterrichtet" wurden.

2.2.2 Übersicht über die zahlenmäßige Entwicklun

Exakte Angaben über die derzeitige Gesamtzahl
beitnehmer in der Bundesrepublik liegen nicht
Jahren 1971 bis 1972 schwankten zwischen 450 000 und 850 000. Die Bundesanstalt für Arbeit sprach auf Grund einer Hochrechnung 1972 von 850 000 im Bundesgebiet lebenden Kindern ausländischer Arbeitnehmer aller Altersstufen. Die Schwankung liegt darin begründet, daß die Zahlen einmal nicht aufgeschlüsselt sind nach ausländischen Kindern und Kindern ausländischer Arbeitnehmer (allgemein oder aus den 6 Entsendestaaten), daß ferner die Zahlen unterschiedliche Altersstufen der Kinder umfassen. Ende 1974 befand sich nach statistischen Angaben etwa 1 Million ausländischer Kinder und Jugendlicher in der Bundesrepublik, davon ca. 400 000 zwischen 1 und 6 Jahren und ca. 600 000 zwischen dem 6. und 21. Lebensjahr. Zum Vergleich Zahlen für Bayern (Wohnbevölkerung am 31. 12. 1973):

Alter	Bevölkerung insgesamt	Ausländer	Anteil
6 bis unter 15 Jahre	1 592 608	57 584	3,6%
5 bis unter 18 Jahre	472 566	20 220	4,3%
6 bis unter 18 Jahre	2 065 174	77 804	3,8%

Auch die Schulstatistik befaßt sich allgemein mit den „ausländischen" Kindern und Jugendlichen, die in der Bundesrepublik Schulen besuchen. Nach den letzten Veröffentlichungen des Sekretariats der Kultusministerkonferenz über den Schulbesuch aller ausländischen Schüler in allgemeinbildenden Schulen besuchten im Schuljahr 1972/73 256 000 ausländische Schüler allgemeinbildende Schulen. 87% aller ausländischen Schüler besuchten in diesem Schuljahr Grund- und Hauptschulen (222 000), 7% Gymnasien, 3% Realschulen und 2% Sonderschulen. Fast 4/5 der ausländischen Kinder (203 100) stammten aus den Ländern Griechenland (15%), Italien (20%), Jugoslawien (9%), Spanien (10%), Portugal (2%), Türkei (24%). Den stärksten Zuwachs hatte wieder die Gruppe der Türken. 1972/73 gab es 20mal soviel türkische Schüler wie 1965/66, bei den Griechen waren es 9mal, bei den Jugoslawen 6mal, bei den Italienern 5mal, bei den Spaniern 3mal so viel.

In Bayern betrug die prozentuale Zunahme der Kinder ausländischer Arbeitnehmer aus 6 Entsendestaaten zwischen den Schuljahren 1972/73 und 1973/74 26,4%. Das würde hochgerechnet auf die Bundesrepublik für 1973/74 — für dieses Schuljahr liegen statistische Zahlen noch nicht vor — eine Zahl von ca. 323 000 Kinder ausländischer Arbeitnehmer in allgemeinbildenden Schulen er-

rstellung der Zunahme bei den ausländischen Ar- e bei den ausländischen Schülern. Während die nehmer aus den 5 Entsendestaaten (ohne Portugal) (1968—1972: 115%) zugenommen hat, betrug die usländischer Arbeitnehmer an allgemeinbildenden Schulen im gleichen Zeitraum 188% (1968—1972 sogar ca. 235%).

Die folgende Kurve verdeutlicht den steilen Anstieg bei der Zunahme der Kinder ausländischer Arbeitnehmer aus Griechenland, Italien, Jugoslawien, Portugal, Spanien, der Türkei. Der Rezessionseinschnitt, wie er beim ausländischen Arbeitnehmer 1966/67 festzustellen war (vgl. Skizzen Seite 14, 16 und 17), taucht hier bei den Kindern nicht auf. Das ist eine sehr wesentliche Feststellung. Die

---

1 Eine Hochrechnung anhand der 18%igen Zunahme der Schüler aus den sechs Entsendestaaten zwischen den Schuljahren 1973/74 und 1974/75 (und der 49%igen Zunahme zwischen 1972/73 und 1974/75) führt zu einer Gesamtzahl im Bundesgebiet von ca. 380 000 Kindern ausländischer Arbeitnehmer an allgemeinbildenden Schulen im Schuljahr 1974/75.

Verminderung der Beschäftigung betraf anscheinend kaum Arbeitnehmer mit Familienangehörigen. Dies wurde 1974 noch deutlicher, als trotz Abnahme der Ausländerbeschäftigung auf Grund des verstärkten Zuzugs von Kindern und Ehefrauen, bedingt durch den allgemein zunehmenden Trent zur Familienzusammenführung die Gesamtzahl der Ausländer zugenommen hat (vgl. Seite 15). Mit entscheidend für den verstärkten Zustrom ausländischer Kinder war die ab 1. Januar 1975 wirksam gewordene Kindergeldregelung der Bundesregierung, nach der der ausländische Arbeitnehmer für seine Kinder, die er im Heimatland zurückgelassen hatte, weniger als die Hälfte an Kindergeld erhält, als wenn er sie in die Bundesrepublik geholt hätte. Die Kurve der ausländischen Kinder stieg daher gegen Ende 1974 weiter an.

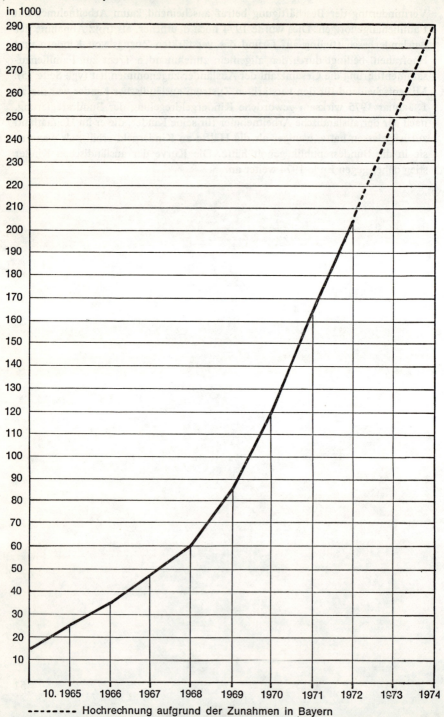

Die folgende Skizze erläutert den Anteil der Kinder ausländischer Arbeitnehmer in allgemeinbildenden Schulen in den einzelnen Ländern der Bundesrepublik.

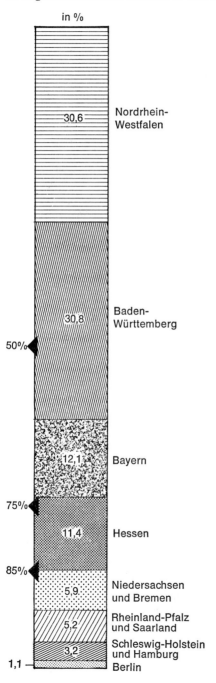

Verteilung der Kinder ausländischer Arbeitnehmer aus den Staaten Griechenland, Italien, Jugoslawien, Portugal, Spanien, Türkei im Schuljahr 1969/70 auf die Länder der Bundesrepublik

Danach befanden sich allein in den Ländern Nordrhein-Westfalen, Baden-Württemberg[1], Bayern und Hessen 1969/70 rund 85% aller Schüler aus den 6 Entsendestaaten. 1972 befanden sich in den selben Ländern knapp 80% aller ausländischen Arbeitnehmer (siehe Skizze Seite 19). In den folgenden Schuljahren dürften sich die Anteile nicht wesentlich verändert haben.

1974/75 befanden sich 3,4% ausländische Schüler (42 077) an bayerischen Volksschulen (Vorjahr 2,9%). Die Aufteilung ausländischer Schüler auf die verschiedenen Schularten in Bayern machen die Zahlen aus den Schuljahren 1970/71 und 1974/75 deutlich:

	1970/71	1971/72	1972/73	1973/74	1974/75
insgesamt	27 094	34 935	42 339	50 829	57 736
davon an Grund- und Hauptschulen	18 792	24 909	30 019	36 420	42 077
Sondervolksschulen	576	667	776	870	1 062
Realschulen	878	1 029	1 125	1 250	1 473
Gymnasien	2 653	2 985	3 406	3 832	4 398
Berufsschulen	4 195	5 345	7 013	8 457	8 726

Ebenso angestiegen ist die Zahl der in der Bundesrepublik geborenen Kinder mit nichtdeutscher Staatsbürgerschaft: 1959 wurden in Bayern 800 Kinder ausländischer Kinder geboren (0,5% aller geborenen Kinder), 1971 10 600 Kinder, das waren bereits 7,7%. 1973 hat die Zahl der in Bayern geborenen Ausländerkinder gegenüber 1972 um 10,7% auf 13 748 zugenommen. Die meisten Neugeborenen waren türkischer Nationalität, gefolgt von den Griechen und Jugoslawen. In anderen Ländern der Bundesrepublik war der Anteil ausländischer Kinder an den Geburten noch erheblich größer. Er betrug in Baden-Württemberg 15,9%, in Hessen 12,8%, in Nordrhein-Westfalen 11,7%. Den höchsten Anteil hatte Berlin mit 18,1%.

Die folgenden grafischen Darstellungen verdeutlichen die Zunahme ausländischer Kinder an bayerischen Schulen.

---

1 Der Anteil Baden-Württembergs an der Gesamtzahl aller Schüler in der Bundesrepublik beträgt lediglich 15%, während der Anteil der ausländischen Schüler aus den Entsendestaaten 30,8% beträgt. Im Schuljahr 1974/75 besuchten rund 68 000 ausländische Schüler Grund- und Hauptschulen in Baden-Württemberg, darunter 17 500 Italiener, 16 000 Türken, 12 200 Griechen, 10 100 Jugoslawen, 4 500 Spanier, 1 700 Portugiesen.

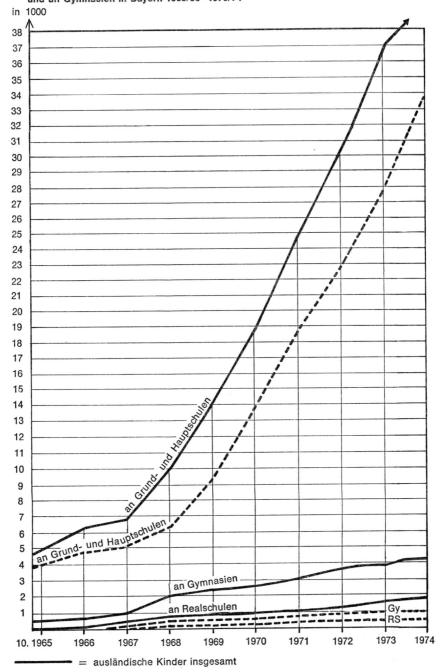

Zunahme der ausländischen Kinder an Volksschulen (Grund- und Hauptschulen) auch Griechenland, Italien, Jugoslawien, Spanien und der Türkei in Bayern 1968–1974

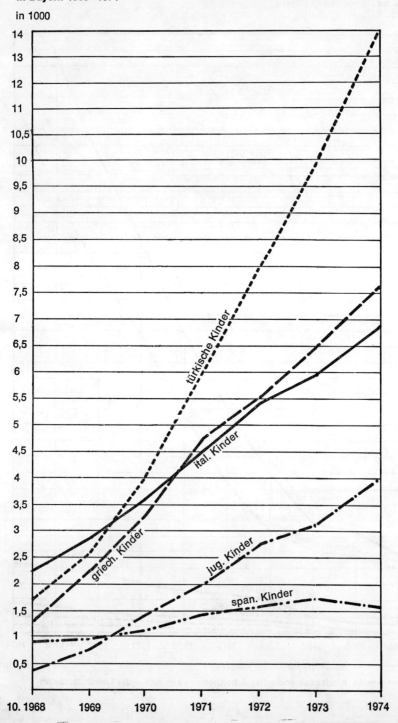

Vergleich der Zahl der ausländischen Kinder an Grund- und Hauptschulen mit der Zahl der ausländischen Arbeitnehmer in Bayern 1972 und 1974

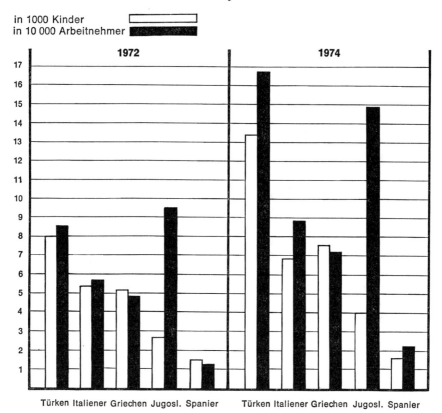

Aus der Gegenüberstellung läßt sich folgendes entnehmen: Die Zunahme verläuft bei den Spaniern und Griechen fast gleichmäßig, bei den Italienern und Türken hat die Zahl der Kinder in den letzten Jahren stärker zugenommen als die der Erwachsenen. Bei den Jugoslawen nimmt zwar auch die Zahl der Kinder zu, jedoch bei weitem nicht so stark wie die Zahl der Erwachsenen; auch der Anteil der Kinder ist hier geringer als bei den anderen Staaten. Möglicherweise spielt hier eine Rolle, daß die Entfernung Bayern — Jugoslawien leichter zu überwinden ist, die zurückgebliebene Familie öfter zu erreichen ist, Kinder also in ihrer Heimat verbleiben können, leichter als das etwa bei Türken oder Spaniern der Fall ist. Ein Trend ist nicht zu übersehen: Die Zahl der ausländischen Kinder nahm stärker zu als die der Erwachsenen.

2.2.3 Maßnahmen zur Bewältigung des Problems 1969—1972

Die Öffentlichkeit war aufgeschreckt. Dunkelziffern ausländischer Kinder, die ihrer Schulpflicht nicht nachkamen, weil sie bei der plötzlich einsetzenden Flut gar nicht erfaßt werden konnten, machten in stets wechselnder Höhe die Runde durch Zeitungen. Die neue Situation war mit den herkömmlichen Mitteln nicht mehr zu bewältigen. Lösungen wurden diskutiert, erwogen, erprobt, verworfen. Die 1970 im „Internationalen Erziehungsjahr" bundesweit propagierte „Hausaufgabenhilfe für ausländische Kinder" hatte nicht den Erfolg, den man erwartet hatte.

Erfüllung der Schulpflicht

So konzentrierten sich zunächst die Bemühungen darauf, die Erfüllung der Schulpflicht (Vollzeitschulpflicht und Berufsschulpflicht) sicherzustellen. Die entsprechenden Gesetze galten inzwischen in allen Ländern der Bundesrepublik auch für die ausländischen Kinder und Jugendlichen. Das liest sich in einer Bayer. Verlautbarung[1] so: „Die Schulpflicht erstreckt sich nach Art. 1, Abs. 1 Schulpflichtgesetz ohne Rücksicht auf die Staatsangehörigkeit grundsätzlich auf alle Kinder, Jugendliche und Heranwachsende, die in Bayern ihren Wohnsitz oder gewöhnlichen Aufenthalt haben. Die Sorge für die regelmäßige Erfüllung der Schulpflicht obliegt nach Art. 4 Schulpflichtgesetz den Erziehungsberechtigten sowie den Personen, denen die Erziehung der Schulpflichtigen durch Rechtsvorschrift oder Vertrag ganz oder teilweise übertragen ist."
Rasch hatte man in allen Ländern erkannt, daß die Erfüllung der Schulpflicht der ausländischen Kinder jedoch nur zu gewährleisten war, wenn Meldeämter oder Arbeitsämter hierzu wirksame Unterstützung leisteten. So hat in Bayern — ähnlich verfuhren die übrigen Länder — das Innenministerium die Meldeämter angewiesen, die in ihrem Bereich wohnenden und neu zuziehenden volksschulpflichtigen Kinder ausländischer Arbeitnehmer dem örtlich zuständigen staatlichen Schulamt zu melden. In Zukunft wird die Meldung schulpflichtig werdender Kinder vom Ausländerzentralregister vorgenommen. Die staatlichen Schulämter leiten die Meldungen den Grund- und Hauptschulen ihres Bereiches zu. „Stellen die Schulleiter dieser Schulen fest, daß Kinder und Jugendliche ausländischer Arbeitnehmer ihrer Schulpflicht nicht nachkommen, so ist der zuständige Sozialbetreuer der ausländischen Arbeitnehmer zu bitten, die Eltern zur Erfüllung der Schulpflicht ihrer Kinder zu veranlassen. Ist die Mithilfe des Sozialbetreuers ohne Erfolg geblieben, haben die Schulleiter die nach Art. 18 Schulpflichtgesetz erforderlichen Maßnahmen einzuleiten"[1] (Zwangsweise Zuführung durch die Kreisverwaltungsbehörde, Geldbuße).

---

1 In der Fassung der Bekanntmachung vom 20. 4. 1972 (siehe Anhang Seite 192)

In der Praxis funktioniert die Überwachung der Schulpflicht in kleineren Städten fast reibungslos. Das Ausländeramt im Rathaus erfaßt alle ausländischen Kinder, die einzelnen Schulleiter erhalten eine Liste der Schulpflichtigen und stellen fest, ob alle zum Unterricht erschienen sind. In Großstädten ist das bedeutend schwieriger, die Fluktuation der Schüler ist stärker, die Liste der gemeldeten Kinder ist endlos lang, erst muß anhand der angegebenen Anschrift die zuständige Schule festgestellt werden, die Ermittlungen kosten Personal und viel Zeit. Meines Erachtens wird eine 100%ige Erfüllung der Schulpflicht bei ausländischen Kindern nicht zu erreichen sein, insbesondere nicht bei älteren Jugendlichen. Das liegt nicht etwa an einem Mangel an gutem Willen bei den Behörden, wenn es um die Erfassung der ausländischen Kinder geht, sondern insbesondere an der starken Fluktuation der ausländischen Kinder, die die Durchsetzung der Schulpflicht erschwerte. Ein weiterer Grund liegt in der irrigen Annahme ausländischer Eltern, für ihre älteren Kinder bestehe in Deutschland keine Schulpflicht mehr, da diese nach den Gesetzen des Heimatlandes bereits absolviert sei. Die Schulpflicht erstreckt sich z. B. in der Türkei auf 5 Jahre, in Griechenland auf 6 Jahre Schulbesuch. In ihrer Heimat konnten diese 12- bis 14jährigen Schüler schon Geld verdienen, während sie in Deutschland nun plötzlich wieder die Schulbank drücken mußten. Ausdrücklich stellen daher die Bestimmungen in Bayern[1] fest: „Die Schulpflicht für ausländische Kinder, Jugendliche und Heranwachsende besteht auch dann, wenn sie nach dem Recht ihres Heimatlandes nicht oder nicht mehr schulpflichtig sind. Sie sind so lange schulpflichtig wie deutsche Kinder und Jugendliche gleichen Alters." Wie lange das ausländische Kind die Schule noch besuchen muß, stellt aufgrund seines Alters das staatliche Schulamt, bei Heranwachsenden im berufschulpflichtigen Alter die Regierung fest.

Die in den Regionen unterschiedlich hohe Dunkelziffer der Kinder, die die deutschen Schulen nicht besuchten, konnte vor allem durch eine gezielte Information der ausländischen Eltern, der Betreuungsstellen, der ausländischen Vertretungen verringert werden. In sehr großer Auflage wurde das von der Kultusministerkonferenz veröffentlichte Merkblatt über die Schulpflicht verteilt, von dem die Kultusminister erwarteten, daß die darin enthaltenen Informationen bereits in der Heimat vor Antritt der Reise erfolgen, von den Meldebehörden und Betrieben, in denen ausländische Arbeitnehmer beschäftigt sind, wiederholt, von der Schule bei der Anmeldung der Kinder vertieft und durch die Sozialbetreuer in beratenden Einzelgesprächen erläutert werden. In einzelnen Ländern (1972 ausführlich in Hessen, Hamburg und Bayern) erhielten die Eltern darüber hinaus detaillierte Informationen. Das Merkblatt der Kultusministerkonferenz, das in 6facher Übersetzung erschienen ist, lautet:

---

1 Siehe Anhang Seite 192

„Information über den Schulbesuch in der Bundesrepublik Deutschland.
Ihr Kind hat in Deutschland dieselben Rechte und Pflichten wie das deutsche Kind.
1. Alle Jungen und Mädchen werden mit 6 Jahren schulpflichtig.
2. Die Schulpflicht wird durch den Besuch einer deutschen Schule erfüllt und dauert 9 Jahre. Auch wenn ihr Kind im Heimatland die Schulpflicht bereits erfüllt hat, muß es in Deutschland noch bis zum 15. Lebensjahr zur Schule gehen.
3. Darüber hinaus besteht die Pflicht zum Besuch der Berufsschule. Sie dauert in der Regel 3 Jahre und beschränkt sich in den meisten Fällen auf *einen* Unterrichtstag in der Woche. Die Berufsschulpflicht gilt für männliche und weibliche Jugendliche.
4. Sie als Eltern sind verpflichtet, für die regelmäßige Teilnahme ihrer Kinder am Schulbesuch zu sorgen.
5. Ihr Kind hat ebenso wie das deutsche Kind Anspruch darauf, einer seiner Leistung und Begabung entsprechende weiterführende Schule zu besuchen. Dadurch kann es einen qualifizierten Schulabschluß erlangen.
6. Kinder, die wegen ihrer körperlichen und geistigen Entwicklung einer besonderen schulischen Hilfe bedürfen, können für sie geeignete Schulen (Sonderschulen) besuchen.
7. Die deutsche Schulbehörde ist bemüht, ihrem Kind durch besondere Maßnahmen das Einleben in die deutschen Schulverhältnisse zu erleichtern. Außerdem besteht an vielen Orten Gelegenheit, durch Teilnahme am Unterricht in der Muttersprache die Verbindung zur eigenen Nation zu erhalten.
8. Die deutsche Schule ist daran interessiert, mit Eltern ihrer Schüler gut zusammenzuarbeiten. Deshalb werden auch sie gebeten, mit dem Schulleiter und den Lehrern ihres Kindes Kontakt zu pflegen und aufkommende Probleme vertrauensvoll zu besprechen"[1].

Inzwischen berichten Sozialbetreuer, daß es heute kaum mehr ausländische Eltern gäbe, die nicht wüßten, was ihre Kinder in Deutschland hinsichtlich der Schulpflicht erwartet. Auch die Bundesanstalt für Arbeit stellten 1972 aufgrund von Erhebungen fest: „Die Zahl der in eine Schule gehenden Kinder gemessen an der Zahl der Kinder im schulpflichtigen Alter ist entgegen mancher Erwartungen recht hoch."

Die in Bayern eingerichteten Modellversuchsklassen (vgl. Seite 132) haben zu einem verstärkten Zugang von Kindern geführt, die die Schule bisher entweder gar nicht oder nur sehr unregelmäßig besucht hatten. In Nürnberg gibt es heute

---

[1] Der auf dem Bucheinband wiedergegebene fremdsprachige Text ist die Übersetzung der Abschnitte 7 und 8 in Portugiesisch, Serbokroatisch, Italienisch, Griechisch, Spanisch und Türkisch.

kaum Schüler im Grundschulalter, die die Schule nicht besuchen. Die sog. Dunkelziffer dürfte nach Auskunft der Schulämter bei den 14- bis 15jährigen Schülern etwa zwischen 10 und 15% betragen (1974/75).

Empfehlungen und erste Maßnahmen

Mit der Durchsetzung des Schulbesuchs der ausländischen Kinder war es jedoch nicht getan. Darüber waren sich alle Länder einig. Der Besuch der Schulen in der Bundesrepublik allein gewährleistete noch keine ausreichende Schulbildung. So stand man vor der Frage, welche Maßnahmen zu treffen waren, die die Schule in den Stand setzten, den Kindern aus Griechenland, Italien, Jugoslawien, Spanien, Portugal und der Türkei eine Ausbildung zu vermitteln, die sie aufgrund ihrer Begabung, ihrer Leistungskraft und ihrer Interessen fördert und ihnen ein Maximum an Bildungschancen gewährt.

1969 hatte man im Europarat Empfehlungen zur Beschulung von Kindern ausländischer Arbeitnehmer herausgegeben. Dem Bericht einer Unterkommission zufolge sollte danach „grundsätzlich die Integration der ausländischen Kinder in das schulische Milieu angestrebt werden".

Den Mitgliedländern wurde empfohlen[1]:

„Es besteht Einmütigkeit, daß die Gastarbeiterkinder, auch die, die etwa dauernd im Aufnahmeland verbleiben werden, in der *Kultur und Sprache ihres Ursprunglandes* gefördert werden sollen. Dieser Unterricht soll zusätzlich erteilt werden. Für die Kinder, die vor Vollendung ihrer Schulpflicht in ihre Heimat zurückkehren, sollen in beiden Ländern besondere Maßnahmen getroffen werden, welche die Eingliederung in das Schulwesen des Ursprunglandes erleichtern."

„Wenn die Stoffpläne in den Partnerländern angeglichen werden könnten, verminderten sich einige Schwierigkeiten der Integration. Zumindest können aber die wesentlichen Inhalte des Lehrprogramms in den Grundfächern auf den einzelnen Stufen in Form eines Schemas von den Herkunfts- an die Aufnahmeländer übermittelt werden."

„Der Unterricht zum Zwecke der Aufnahme und Integration der Gastarbeiterkinder wird in speziellen Klassen oder Kursen erteilt in enger Verbindung mit der ihrem Alter entsprechenden Klasse, in welche die Kinder auf die schnellste Weise eingegliedert werden sollen. Sie werden hierfür in einer Übergangszeit von 6 Wochen (!) bis zu einem Jahr vorbereitet mit dem Ziel, ihre rasche Assimilation an die neue Sprache durch einen bilingualen Unterricht zu erleichtern und hierbei ihre normalen Fortschritte im Grundwissen zu sichern. Nach der Übergangsperiode erhalten die Kinder in zusätzlichen Kursen Unterricht zwecks Erhaltung ihrer Kenntnisse in den nationalen Fächern (Muttersprache, Geschichte, Geographie, Religion, Literatur)."

---

1 Nach Herbert R. Koch, Gastarbeiterkinder in deutschen Schulen, 1970

„Speziell qualifizierte Lehrkräfte für diese Aufgaben aus den Ursprungsländern müssen über eine ausgereifte Erfahrung verfügen, ausreichende Kenntnisse der Sprache des Auffanglandes besitzen, deren Lehrmethoden kennen oder zusammen mit den notwendigen Informationen über die Organisation des Unterrichts für Gastarbeiterkinder im Rahmen des Schulwesens im neuen Land durch Vorbereitungskurse übermittelt erhalten. Diese Vorbereitung ist Sache des Ursprungslandes, ihre Besoldung übernimmt das Aufnahmeland. Die Lehrkräfte der Aufnahmeländer sollten eine wenn auch wenigstens elementare Kenntnis der Muttersprache der Kinder sowie des Schulwesens in deren Heimat haben."

„Die Abschätzung des Wissensstandes, der psychischen und intellektuellen Entwicklung der ausländischen Kinder soll mit der größten Objektivität geschehen, erleichtert durch die Kenntnis des Schulprogrammes im Herkunftsland."

Für die Kinder in Vorbereitungsklassen, auch Übergangsklassen, Einführungsklassen, Eingangsklassen oder Auffangklassen genannt, in die ausländische Kinder vor ihrem Übertritt in Normalklassen aufzunehmen seien, empfahl der Europarat, daß sie einen Teil des Unterrichts in der Muttersprache, den anderen in der Sprache des betreffenden Landes erhalten sollten, wie dies in Belgien, der Bundesrepublik und der Schweiz bereits der Fall ist.

In allen Ländern der Bundesrepublik begann nun der Ausbau der Unterrichtseinrichtungen. In Bayern ging man zunächst vom vorhandenen System aus. Man bemühte sich, die bestehenden privaten Vorbereitungsklassen durch solche an öffentlichen Schulen zu ergänzen. Nun unterrichteten auch deutsche Lehrer ausländische Schüler in besonderen Gruppen. Die Erfahrung — auch in anderen Bundesländern — hatte inzwischen gezeigt, daß der Deutschunterricht durch deutsche Lehrer bedeutend effizienter war, selbst wenn sie von der Methodik des Fremdsprachenunterrichts noch wenig wußten, als wenn ausländische Lehrer die deutsche Sprache lehrten. Italienische oder griechische Lehrer etwa, die italienische oder griechische Kinder Deutsch lehren, können immer nur den Versuch machen, recht und schlecht Übersetzungen zu liefern und zu verlangen. Linguisten sind sich heute darüber einig, daß der Fremdsprachenunterricht ohne die Sprachvermittlung über die Muttersprache ablaufen soll.

In Vorbereitungsklassen in Bayern sollten die Schüler von 22 Wochenstunden 12 Stunden Deutschunterricht, daneben Unterricht in Mathematik und in technisch-musischen Fächern erhalten. Nach einem Jahr, spätestens nach zwei Jahren, sollten die Schüler in die ihrem Alter entsprechende Klasse übertreten. Konnte wegen einer zu geringen Zahl der Schüler an einem Ort oder aus Mangel an Lehrern keine eigene Vorbereitungsklasse eingerichtet werden, waren alle ausländischen Schüler wenigstens 3—4 Stunden in der Woche in der deutschen Sprache unterrichtet worden (Förderunterricht). Daneben konnten Schüler in den Vorbereitungsklassen, wie die ausländischen Schüler in den Normalklassen, muttersprachlichen Unterricht (Zusatzunterricht) erhalten, sofern dieser von den ausländischen Vertretungen eingerichtet wurde. Dieser Unterricht sollte die

Schüler in ihrer Muttersprache fördern, sie mit der Heimatkunde, der Geschichte ggf. auch der Religion ihres Heimatlandes vertraut machen. Gemeinden und Schulverbände wurden gebeten, die für diesen Unterricht erforderlichen Räume unentgeltlich zur Verfügung zu stellen.

Die privaten Vorbereitungsklassen wurden beibehalten, nur mußte nun der Deutschunterricht im gleichen Umfang wie an den öffentlichen Vorbereitungsklassen erteilt werden. Alle übrigen Fächer wurden im Gegensatz zu den Vorbereitungsklassen an öffentlichen Schulen in der Muttersprache der Schüler unterrichtet.

Richtlinien wurden am 24. 5. 1971 den Regierungen und Schulämtern bekanntgegeben und beschränken sich, um den zu erwartenden Empfehlungen der Kultusministerkonferenz nicht vorzugreifen, auf das Schuljahr 1971/72. Ähnliche Richtlinien veröffentlichten Berlin (15. 4. 1971), Baden-Württemberg (5. 7. 1971) und Hessen (25. 8. 1971).

Die neuen Förderungsmaßnahmen hatten bald erste Ergebnisse gebracht: Die Zusammenfassung ausländischer Kinder in Vorbereitungsklassen und Kursen erleichterte die Arbeit der Lehrer in den Normalklassen. Sie waren bisher durch die Zweigleisigkeit, zu der sie, um die ausländischen Kinder zu fördern, gezwungen waren, ständig überfordert. Diejenigen Lehrer, die sich mit den ausländischen Kindern in eigenen Gruppen befaßten, hatten zwar methodisches und didaktisches Neuland betreten und zusätzliche Arbeit auf sich nehmen müssen. Zusammen mit den fremdsprachigen Kindern erhielten sie jedoch eine den Aufwand lohnende Erfolgsbestätigung: Entgegen ihren sonstigen Erfahrungen konnten sie die Fortschritte ihrer Schüler von Woche zu Woche deutlich registrieren, die Arbeit befriedigte. Die Jungen und Mädchen wiederum spürten, daß sich nun jemand für sie allein Zeit nahm, sich mit jedem einzelnen abgab.

Ganz allmählich ließen an einigen Schulen auch die verständlichen Ressentiments deutscher Eltern nach. Viele von ihnen hätten den deutschen Lehrer, der ausländische Kinder unterrichtete, lieber als zusätzlichen Lehrer ihrer eigenen Kinder gesehen, etwa um die Teilung einer überaus großen Klasse zu ermöglichen. Man muß die Schülerzahl einer Vorbereitungsklasse oder eines Förderkurses (15—30 Schüler) vor dem Hintergrund der für unsere deutschen Klassen geltenden Meßzahl von 37 Kindern sehen, um ermessen zu können, wie ernst es Gesetzgeber und Schulverwaltung mit dem Versuch war, ausländischen Kindern gute schulische Startmöglichkeiten zu geben.

Diese und ähnliche Aktivitäten in allen übrigen Ländern in der Bundesrepublik führten 1971 zu der Äußerung eines Diplomaten im Europarat gegenüber dem Auswärtigen Amt in Bonn: „Es gibt kein Land, das sich um die schulische Vorsorgung ausländischer Kinder so bemüht, wie die Bundesrepublik Deutschland und das so weitgehende Maßnahmen bereits durchführt."

Nun, mit Maßnahmen und Erlassen und vorläufigen Regelungen, auf die man verweisen konnte, war es nicht getan. Schulbehörden, Schulverwaltungen und die Öffentlichkeit waren sich klar darüber, daß eine erheblich große Zahl ausländischer Kinder in unserem Land bei weitem nicht die Schulbildung bekam, die ihnen zustand. Eine kleine Anfrage im Deutschen Bundestag, die am 30. März 1971 von der Bundesregierung beantwortet wurde, eine ähnliche Anfrage war bereits 1970 erfolgt, führte zu einer Reihe interessanter Aussagen, soweit — das machen die Antworten deutlich — zu dieser Zeit schon zufriedenstellende und ergiebige Antworten überhaupt gegeben werden konnten. (Siehe Anhang, Seite 185.)

Der Beschluß der Kultusministerkonferenz von 1971 und die Regelung in Bayern

Der KMK-Beschluß

Die Notwendigkeit ergab sich, die Initiativen aller Länder aufeinander abzustimmen, gleichzeitig aber nach neuen, wenn möglich gemeinsamen Maßnahmen zur Bewältigung des Problems zu suchen. Die Kultusverwaltungen setzten sich zusammen: Zu Beginn des Jahres 1971 wurde von der ständigen Konferenz der Kultusminister der Länder in der Bundesrepublik Deutschland (KMK) eine Arbeitsgruppe eingesetzt, die aus den in den Bundesländern mit der Schulbildung ausländischer Kinder befaßten Referenten bestand. Man hatte ihr die Aufgabe gestellt, „an Hand der vielfältigen Erfahrungen, die in den Ländern der Bundesrepublik unter spezifischen Voraussetzungen und Bedingungen bisher gemacht worden waren, die Maßnahmen der Länder aufeinander abzustimmen und weiter zu entwickeln."

Bei der Diskussion verschiedener Lösungswege ergaben sich zunächst zwei Extreme. Man sah auf der einen Seite die Lösung des Problems in der völligen Integration der ausländischen Kinder in das deutsche Schulsystem: Je rascher das Kind Deutsch lerne und in eine deutsche Klasse integriert werde, desto weniger Schwierigkeiten und Belastungen bedeute dies für die Schule und um so rascher gelänge auch die Integration in die deutsche Gesellschaft. Verbunden damit war die Gefahr des Verlustes der Muttersprache und der Verbindung zum Heimatland.

Das andere Extrem bestand darin, daß man die Verantwortung den ausländischen Vertretungen überlassen solle, etwa durch die Genehmigung für die Einrichtung nationaler Schulen, die das deutsche Schulsystem nicht belasteten.

Jede dieser extremen Lösungen schied aus.

Bei der Erarbeitung von Empfehlungen wurde versucht, einen Mittelweg zu beschreiten. Man sprach von einer Doppelaufgabe: Einesteils sollten die ausländischen Kinder in die Lage versetzt werden, die Bildungschancen, die ihnen an den deutschen öffentlichen Schulen geboten werden, voll wahrzunehmen, andererseits sollte auch die Muttersprache und die Verbindung zum Heimatland durch muttersprachlichen Ergänzungsunterricht voll erhalten bleiben. Es sollte vermieden werden, daß als Ergebnis einer einseitigen Schulbildung in der nächsten Generation weder der für immer in der Bundesrepublik bleibende künftige ausländische Arbeitnehmer ohne ausreichende Deutschkenntnisse noch der im Heimatland wieder seßhaft gewordene Staatsbürger ohne ausreichende Kenntnisse in seiner Muttersprache ein unvollständig ausgebildeter Hilfsarbeiter zeit seines Lebens bleibt.

Die Ergebnisse der mehrmonatigen Beratungen in der Arbeitsgruppe und im Schulausschuß der Kultusministerkonferenz schlugen sich im „Beschluß der Ständigen Konferenz der Kultusminister der Länder in der Bundesrepublik Deutschland" vom 3. Dezember 1971 nieder[1].

Die darin enthaltenen Empfehlungen behandeln die unmittelbare Aufnahme von Kindern ausländischer Arbeitnehmer in die deutsche Schule, die Organisation und den Inhalt des Unterrichts in Vorbereitungsklassen und Intensivkursen, Elternvertretungen, Schülerfürsorge, Zeugnisse, Schulaufsicht, Maßnahmen zur Fortbildung deutscher und ausländischer Lehrer, Lehr- und Lernmittel, die Erfüllung der Schulpflicht, den muttersprachlichen Unterricht und Kontakte mit den ausländischen Vertretungen.

Aufgrund dieses Beschlusses hat das Kultusministerium in Bayern mit Bekanntmachung vom 20. April 1972 (siehe Anhang Seite 192) die Maßnahmen für die Schulbildung der Kinder ausländischer Arbeitnehmer neu dargestellt, die bisherigen Maßnahmen ergänzt und präzisiert[2].

Die bayerische Bekanntmachung

sah im einzelnen vor: Die Bestimmungen über Jugendgesundheitspflege, Unfallversicherung, Schullaufbahnberatung, Berufsberatung, Lernmittel und sonstige Fürsorgemaßnahmen gelten für die ausländischen Schüler in gleicher Weise wie für die deutschen Schüler; dies gilt auch für die Mitwirkung der Erziehungsberechtigten z. B. in den Elternbeiräten.

Ausländische Kinder, die dem Unterricht ohne erhebliche Sprachschwierigkeiten folgen können, werden in die ihrem Alter oder ihren Leistungen entsprechende Klasse (Regelklasse) aufgenommen. Kinder im Einschulungsalter werden, auch wenn sie noch nicht Deutsch können, in die 1. Klasse der Grundschule aufgenommen.

---

1 Siehe Anhang Seite 189
2 Niedersachsen veröffentlichte einen Erlaß am 20. 3. 1972, Rheinland-Pfalz am 15. 6. 1973, Schleswig-Holstein am 3. 7. 1973, in Nordrhein-Westfalen und im Saarland wurden die vorhandenen Erlasse überarbeitet oder ergänzt, in Bremen gelten die KMK-Empfehlungen als Richtlinien.

Für die übrigen ausländischen Schüler ohne Deutschkenntnisse werden Vorbereitungsklassen eingerichtet. Der Besuch der Vorbereitungsklasse dauert in der Regel ein Jahr, er kann erforderlichenfalls auf zwei Jahre verlängert werden[1].
Der Schwerpunkt liegt wie bisher mit 12 Wochenstunden auf der Vermittlung der deutschen Sprache. Daneben erhalten die ausländischen Schüler ebenfalls in deutscher Sprache Unterricht in Mathematik, Musik, Zeichnen, Werken und Leibeserziehung. Hinzu kommen 5 Stunden muttersprachlicher Unterricht.
Ergibt sich in Ballungsgebieten die Möglichkeit, an einer Schule mehrere Vorbereitungsklassen zu bilden, so können die Klassen verschieden zusammengesetzt sein: nach Nationalitäten, nach Altersstufen (Grundschüler, Hauptschüler) oder nach dem Stand der Deutschkenntnisse (Anfänger, Fortgeschrittene). Die Wahl der Form bleibt den Schulleitungen überlassen, die die zweckmäßigste Zusammensetzung am besten beurteilen können[2].
Können wegen zu geringer Schülerzahl oder aus Mangel an Lehrern eigene Vorbereitungsklassen nicht gebildet werden, sind Förderkurse mit 12 Stunden Deutsch für ausländische Kinder in deutschen Klassen einzurichten.
Förderunterricht von 3 Wochenstunden sollen Schüler erhalten, die nach dem Besuch einer Vorbereitungsklasse oder eines Förderkurses noch nicht über befriedigende Kenntnisse und Fertigkeiten in der deutschen Sprache verfügen.
Für die Schüler, die kurz vor der Erfüllung ihrer Schulpflicht stehen, kann Förderunterricht von mehr als 3 Wochenstunden Deutsch erteilt werden, um die sprachlichen Voraussetzungen für den Besuch berufsbildender Schulen zu vermitteln. Für diese Stunden sind die ausländischen Schüler vom Unterricht in der Regelklasse befreit[3].
Im Schuljahr 1974/75 besuchen in Bayern rund 16 150 Kinder ausländischer Arbeitnehmer zusätzliche Deutschkurse (einschließlich Modellversuchsklassen[4] und Vorbereitungsklassen).
An Berufsschulen werden Deutschkurse eingerichtet, die der Eingliederung in Berufsschulklassen dienen. Damit soll die Fähigkeit zur Berufsbildung gefördert werden, um den Anteil der ausländischen berufsschulpflichtigen Jugend-

---

1 Regelung in Nordrhein-Westfalen: „Der Unterricht einer Vorbereitungsklasse kann bis zu 2 Jahren verlängert werden, wenn der Schulleiter nach Anhören des deutschen Lehrers der Vorbereitungsklasse der Auffassung ist, daß das Kind die deutsche Sprache nicht beherrscht und infolgedessen nicht in der Lage ist, dem Unterricht in der deutschen Klasse zu folgen."
2 In Baden-Württemberg hat man 1972 fast ausschließlich national gemischte Vorbereitungsklassen eingerichtet (im Schuljahr 1974/75 über 200 Klassen mit 4200 Schülern), um durch den Zwang, sich einer Kommunikationssprache zu bedienen, die Deutschkenntnisse zu fördern. Vgl. auch Fußnote Seite 54.
3 In Bremen werden zur Förderung der Deutschkenntnisse der Schüler, die schon das 12. Lebensjahr überschritten haben, diese aus mehreren Hauptschulen regional zusammengefaßt, um sie besonders intensiv für den Eintritt in die berufliche Ausbildung zu fördern.
4 Siehe Seite 132.

lichen mit einem Ausbildungsverhältnis zu erhöhen und den Anteil der Jugendlichen mit einem Arbeitsverhältnis zu senken. Die Teilnahme am muttersprachlichen Unterricht soll die Verbindung der Schüler zur Sprache und Kultur ihrer Heimat erhalten, Träger sind die jeweiligen ausländischen Konsulate. Muttersprachlicher Unterricht wird für alle ausländischen Schüler, gleichgültig in welcher Klasse sie sich befinden, angeboten. Die Kosten für den Schulaufwand mit Ausnahme der Kosten für das Lehrpersonal werden vom Träger dieser Einrichtungen getragen. Die Personalkosten trägt der Freistaat Bayern. Der Unterricht kann 5—10 Wochenstunden umfassen. Die seit dem Schuljahr 1965/66 bestehenden privaten Vorbereitungsklassen wurden beibehalten. Wie an den öffentlichen Vorbereitungsklassen wird Deutschunterricht erteilt, alle übrigen Fächer werden in der Muttersprache der Schüler von ausländischen Lehrern unterrichtet[1]. Ausländische Lehrer, die eine Ausbildung für eine Lehrtätigkeit abgeschlossen haben, werden wie vergleichbare deutsche Lehrer im Angestelltenverhältnis beschäftigt und bezahlt.

Auch die Forderung der Kultusminister nach einer gründlichen Information der Gastarbeiterkinder auf Landesebene wurde verwirklicht. Im Sommer 1972 hat das Kultusministerium in Verbindung mit dem Arbeitsministerium die Informationsbroschüre „Lernen in Bayern" herausgegeben. Die Broschüre in einer Auflage von 150 000 Exemplaren weist in italienischer, griechischer, spanischer und türkischer Sprache auf die zusätzlichen Förderungsmaßnahmen für ausländische Kinder und auf die verschiedenen Möglichkeiten der Beratung durch Schulleiter und Sozialbetreuer hin. Sie erläutert den ausländischen Eltern nicht nur die wichtigsten Schullaufbahnen und Abschlüsse, sondern wirbt auch um ihr Verständnis für die Bedeutung einer abgeschlossenen Schul- und Berufsausbildung. Die Informationsschrift wurde vor allem über die Betriebe an die ausländischen Arbeitnehmer verteilt. Sie ist ferner den Schulämtern, den Kreisverwaltungsbehörden, den Betreuungsstellen für ausländische Arbeitnehmer und den ausländischen Vertretungen zugegangen. Jede Broschüre enthält zur entsprechenden fremdsprachigen Information eine Übersetzung ins Deutsche, die den deutschen Stellen die Beratung der ausländischen Eltern erleichtern soll. Die Verbreitung der Broschüre wurde vom Staatsministerium für Arbeit und Sozialordnung durch eine Plakataktion unterstützt.

Eine erste grundsätzliche Äußerung nach der KMK-Empfehlung veröffentlichte der Deutsche Städteverband, der am 25. 10. 1972 zur Frage des Unterrichts der Kinder ausländischer Arbeitnehmer Stellung nahm (siehe Anhang Seite 207). 1973 wurde in Bayern die Bekanntmachung über den Übergang von der Volksschule in eine weiterführende Schule dahingehend ergänzt, daß für Kinder aus-

---

1 Im Schuljahr 1974/75 unterrichteten in Bayern 387 ausländische Lehrer an Grund- und Hauptschulen (148 Griechen, 66 Italiener, 23 Jugoslawen, 2 Portugiesen, 31 Spanier, 117 Türken).

ländischer Arbeitnehmer ein Übertritt in eine Realschule oder ein Gymnasium der geforderte Notendurchschnitt um eine Notenstufe unterschritten werden darf, wenn dies auf Leistungen im Deutschen zurückzuführen ist. Die in den Bestimmungen geforderten Jahresfortgangsnoten brauchen ausländische Schüler nur im Fach Mathematik nachzuweisen, in einem pädagogischen Gutachten muß auf die besondere Situation der Schüler eingegangen und wie bei deutschen Schülern seine Eignung für die betreffende weiterführende Schule ausdrücklich bestätigt werden. Im Schuljahr 1973/74 hat die Stadt München nach Genehmigung durch das Kultusministerium die erste Eingangsklasse für Kinder ausländischer Arbeitnehmer an einer Realschule (7. Jahrgangsstufe) eingerichtet[1].

Nun könnte man hier einwenden, dies alles seien selbstverständliche Aufgaben. Hier muß man jedoch wiederum feststellen, daß sich kaum jemand Gedanken über die erforderlichen finanziellen Aufwendungen macht. Die Ausgaben für die Schulbildung ausländischer Kinder übersteigen den Betrag, der für den durchschnittlichen Bedarf eines deutschen Schülers vorgesehen ist. Jemand hat einmal einen Betrag von 1,2 Milliarden DM errechnet, der in der Bundesrepublik allein für die zusätzlichen Lehrkräfte, die Lehrmittel und die Räume für den Unterricht der ausländischen Schüler erforderlich sei. In Bayern wurden in den ersten zehn Monaten des Jahres 1967 135 000 DM für Deutschkurse und zusätzlichen muttersprachlichen Unterricht für Kinder ausländischer Arbeitnehmer ausgegeben. Heute sind es 30fache Beträge: Für die deutschen und ausländischen Lehrer in Vorbereitungsklassen, in Förderkursen und im muttersprachlichen Unterricht und für den übrigen Schulaufwand an öffentlichen und privaten Unterrichtseinrichtungen entfielen an Kosten 1971 2,12 Millionen DM, 1972 3,05 Millionen. 1973 wurde die 8 Millionen-Grenze überschritten. 1974 waren es bereits 12 Millionen, im Schuljahr 1974/75 sind es voraussichtlich 15 Millionen. Die Leistungen der Gemeinden und Schulverbände, insbesondere bei der Bereitstellung von Schulräumen, Lehrmitteln und den anteiligen Kosten für den Schulaufwand, sind in diesen Angaben nicht enthalten.

Im Rahmen des Abkommens zwischen Bund und Ländern zur Förderung von Modellversuchen im Bildungswesen werden zur Förderung von Kindern ausländischer Arbeitnehmer auch Bundesmittel zur Verfügung gestellt.

Abschließend bleibt die Frage: Haben die bisherigen Maßnahmen ausgereicht, die oft schlechthin als miserabel gekennzeichnete Situation der ausländischen Schüler wesentlich zu verbessern, ist man den Bedürfnissen dieser Kinder gerecht geworden oder blieb es nur bei formalen Bildungsangeboten, die bestenfalls von Kindern realisiert werden konnten, die ein Höchstmaß an Leistung und Integrationswillen aufbrachten?

---

[1] Für die Klasse hatten sich 19 Schülerinnen und Schüler gemeldet, zwei bestanden das Aufnahmeverfahren nicht, zwei mußten nach Ablauf der Probezeit zurückgewiesen werden. Von den verbliebenen 15 Schülern wurden 14 in die 8. Klasse versetzt. In den Schuljahren 1974/75 und 1975/76 wurden weitere Klassen gebildet.

2.3 Probleme und Zusammenhänge

2.3.1 Fazit aus den bisherigen Bemühungen

Die Ausgangssituation der ausländischen Kinder war von Anfang an ungünstig: Zum einen hatten sie nicht die erforderliche Zeit zur Verfügung, oft auch nicht die Gelegenheit, die Sprache des Aufnahmelandes ausreichend zu erlernen, um dadurch zumindest die Möglichkeit zu erhalten, die im deutschen Bildungssystem liegenden Bildungschancen wahrzunehmen, zum anderen konnten sie aus Mangel an ausreichenden Bildungseinrichtungen auch nicht in ihrer Muttersprache weitergebildet werden, um Lerndefizite auszugleichen. Folgende Äußerungen verdeutlichen diese Problematik:

„Brechen die Schüler in der Bundesrepublik den begonnenen Unterricht wegen der Heimreise der Familie ins Geburtsland ab, so bleiben sie in der Regel ein Leben lang ohne Abschluß. Bleiben sie hier, so fehlen die Chancen für weiterführende Schulen." (Bayernkurier, 27. 11. 1971)

„Die Kinder sitzen in den deutschen Schulen, lernen dort mangelhaft Deutsch und verlernen ihre Muttersprache. Von Chancengleichheit ist keine Rede. Die meisten deutschen Lehrer sind froh, wenn die Gastarbeiterkinder hinten drin sitzen und Ruhe geben." (Die Woche, 1. 2. 1973)

„Wir sind dabei, zweisprachige Analphabeten heranzubilden." (Ernst Klee a. a. O.) „Die Schule muß sich hüten, Gefahr zu laufen, mit den ausländischen Kindern die Hilfsarbeiter von morgen, eine neue Generation von Bürgern dritter Klasse zu produzieren ... Es ist alarmierend, daß 6 von 10 Gastarbeiterkinder nach Beendigung der Schulpflicht ohne Abschlußzeugnis die Schule verlassen, während normalerweise nur ganz wenige deutsche Schüler den Schulabschluß nicht erreichen." (Verband Bildung und Erziehung, 1971)

Die Aussagen über die geringe Zahl ausländischer Schüler, die aus deutschen Volksschulen nach Erfüllung ihrer Schulpflicht vorzeitig austreten, gehen zurück auf Erhebungen in Nordrhein-Westfalen. Dort haben 1969 und 1970 mehr als zwei Drittel die Hauptschule ohne Abschlußzeugnis verlassen. Der Anteil der deutschen Schüler, die das Ziel der Hauptschule nicht erreichen, beträgt etwa 20%. Diese Zahlen werden in anderen Ländern der Bundesrepublik nicht viel anders sein. So gehen z. B. nach Angaben des Schulreferats der Stadt München hier 61,6% der ausländischen Kinder nicht in die ihrem Alter entsprechende Klasse. Nach einer Untersuchung der Christlichen Arbeiterbewegung Italiens (ACLI) in 33 Schulorten Bayerns und 22 Schulen in der Stadt München besuchte im Schuljahr 1971/72 genau die Hälfte der Kinder die ihnen zustehende Klasse, 29,3% befanden sich eine Klasse tiefer, 13,4% zwei Klassen tiefer, 4,4% drei

und 4,2% vier Klassen tiefer. Von spanischen Schülern in niederrheinischen Industriegebieten besuchten 84% nicht die ihrem Alter entsprechende Klasse.
Das alles mag zu einem Teil auf den lückenhaften Schulbesuch dieser Kinder bereits in ihrem Heimatland zurückzuführen sein. Eines aber dürfte klar sein: Bei einer solch unterschiedlichen Ausgangsebene ist der Weg zu einer Chancengleichheit mit deutschen Kindern noch sehr weit, dieses Ziel noch so fern, daß man sich fragen muß, ob es überhaupt jemals erreichbar sein wird. „Die Praxis zeigt", so Herbert Koch[1], „daß sich der grundsätzlichen Gleichheit der Bildungschancen für die Kinder ausländischer Arbeitnehmer Barrieren mannigfacher Art entgegenstellen."

2.3.2 Erschwernisse und Barrieren

Die Schulbildung der Kinder ausländischer Arbeitnehmer vollzieht sich unter Voraussetzungen und Bedingungen, wie sie in unserem Bildungswesen ohne Beispiel sind.
Barrieren und Erschwernisse finden sich im wesentlichen in zwei Bereichen, einmal im Milieu der ausländischen Arbeitnehmer selbst, das sind vor allem die Schwierigkeiten, die sich aus dem Milieuwechsel ergeben, zum anderen liegen sie im deutschen Schulwesen, wo den mangelhaften Bildungsbedingungen enorm hohe Bildungsanforderungen gegenüber stehen. Ich möchte diese Behauptung begründen.

Milieu und Milieuwechsel

„Ausländische Kinder kommen nicht in einer Art Naturzustand in die Bundesrepublik", schreibt Hermann Müller[2]. „Sie sind seit ihrer Geburt wie alle Kinder in ihrer Identität, ihrer Orientierung und ihrem Verhalten beeinflußt und geprägt von ihrer kulturellen und sozialen Umgebung. Entscheidende Faktoren sind Elternhaus, Schule und darüber hinaus die ganze Umwelt, und zwar sowohl die der Heimat als auch die der neuen Umgebung der Kinder. Der Lehrer muß die Einflüsse und Zusammenhänge bisheriger Erziehung und Bildung kennen und berücksichtigen, wenn er ausländischen Kindern nach ihren Voraussetzungen und Bemühungen gerecht werden will."
Die Kinder gehören Familien an, die nach Beruf, Herkunft und Bildung einen Sozialstatus einnehmen, der sie vor eine kaum zu überwindende milieubedingte Bildungsbarriere stellt. Zwangsläufig sind sie in das soziale Schicksal ihrer Eltern eingebunden. Das beginnt bereits mit der Übersiedlung nach Deutschland.

---

[1] Koch, Gastarbeiterkinder in deutschen Schulen, 1970
[2] Hermann Müller, Ausländische Kinder in deutschen Schulen, Stuttgart 1974

Zuerst kommt der ausländische Arbeitnehmer, der Vater, in die Bundesrepublik. Normalerweise kann er erst drei Jahre später seine Familie nachholen. Kommt seine Frau, etwa weil sie auch Arbeit gefunden hat, schon früher, bleiben die Kinder zunächst, für einen kürzeren oder längeren Zeitraum, bei Verwandten in der Heimat. Hier leben sie wie früher ihre Eltern in überschaubaren, freizügigen Lebensverhältnissen innerhalb der Großfamilie. Es ist durchaus keine Seltenheit, wenn griechische oder italienische Kinder 2—3 Jahre von ihren Eltern getrennt bei ihren Großeltern in Griechenland oder in Italien leben. Kommen diese Kinder nach Deutschland, müssen sie sich auf das Leben in einer kontaktarmen Großstadt einstellen, an das sich ihre Eltern bereits gewöhnt haben, die ihrerseits die Anpassungsschwierigkeiten ihrer Kinder nun gar nicht mehr wahrnehmen.

Eine Entfremdung den Eltern gegenüber, die sich in der Zwischenzeit in ihrer Arbeits- und Lebensweise verändert haben, kann die Folge sein. Bei der normalerweise starken Familienbindung dieser Völker führt das bei den Kindern ungewollt zu Spannungen, zu Unsicherheit und Verwirrung, einmal dem deutschen Erwachsenen gegenüber, dem die traditionelle Orientierung und Kulturbindung, wie man sie in Süditalien oder Anatolien kennt, fremd ist. (So ißt ein türkisches Mädchen oder ein türkischer Junge, wie schon ihre Eltern und Großeltern, während des islamischen Fastenmonats Ramasan nur einmal vor Sonnenaufgang, unter Umständen bereits schon um 4 Uhr früh und erst wieder nach Eintritt der Dunkelheit. Halten sie sich daran auch in Deutschland, sitzt das Kind am Vormittag oder den Nachmittag über hungrig und schwach in der Klasse, zumindest die ersten Tage des Fastenmonats.)

Unsicherheit und Verwirrung empfinden die nach Deutschland eingezogenen Kinder anfangs aber auch ebenso den gleichaltrigen deutschen Kindern gegenüber, von denen sie in sehr unterschiedlichem Maße akzeptiert, anerkannt oder isoliert werden. Für den Lernerfolg der ausländischen Kinder ist das aber mitentscheidend.

Lernfeindlich sind auch die Wohnungen der ausländischen Kinder, die selten ein zum Schulerfolg beitragendes Milieu darstellen. Unter welchen Bedingungen die Ausländerkinder oft im „Familienraum" zu Hause Aufgaben bewältigen müssen, kann nur der ermessen, der diese Kinder darüber erzählen gehört hat. Ältere Geschwister müssen ihre jüngeren noch nicht schulreifen Geschwister beaufsichtigen, kommen selbst ihrer Schulpflicht nur unregelmäßig nach. Dazu konkrete Beispiele aus Lehrerberichten:

„In meiner 8. Klasse führt A. einen Fünf-Kinder-Haushalt, in dem die Älteste schon zur Arbeit geht und das Jüngste noch nicht trocken ist. Kommt sie zum Unterricht, sitzt sie übermüdet in der Schulbank."

„Y. sorgt für einen Säugling und vier weitere Kinder. Die Eltern sind zur Zeit in Italien und kommen bald wieder."

„Meine italienischen Kinder finden es normal, wenn sie bis Mitternacht oder länger zu Hause aufbleiben."[1]

„Die Mädchen sind nicht faul, sie möchten lernen, aber die häuslichen Belastungen sind einfach zu groß, sie kommen im Unterricht nicht mit und machen keine Hausaufgaben. Eine Benotung ist fast unmöglich, sie erbringen ja keine Leistungen. Nur 4 der 16 ausländischen Kinder in meiner Klasse konnten ein Zwischenzeugnis bekommen. Die anderen erhielten nur eine allgemeine Beurteilung."

Den ausländischen Eltern aber ist die deutsche Schule fremd, in die sie ihr Kind schicken sollen. Regelmäßiger Schulbesuch ist manchen von ihnen kein Anliegen, wenn sie die Verhältnisse in ihrer Heimat zum Vergleich heranziehen. „Man schätzt die Zahl der schwarzarbeitenden Schulschwänzer in Italien auf eine halbe Million. Wahrscheinlich noch einmal dieselbe Zahl bleibt nach der 3. oder weiteren Grundschulklasse zu Hause."[2]

Ähnliches mag für bestimmte Regionen in Spanien und in der Türkei gelten. Aufgrund ihres eigenen Bildungsniveaus sind die Eltern auch nicht in der Lage, ihren Kindern bei Schularbeiten in deutscher Sprache zu helfen oder die Hausaufgaben zumindest zu überwachen, selbst wenn die Mutter nicht arbeitet und zu Hause ist. Man muß nur an die Anstöße denken, die vor allem in bestimmten Altersstufen aus dem Elternhaus kommen müßten, die hier völlig wegfallen. Ausländische Eltern haben auch keinerlei Vorstellungskategorien über ein differenziertes Schulsystem und die Bedeutung einer abgeschlossenen Schulbildung, auch wenn ihnen das noch so ausführlich in Informationsbroschüren erläutert wird.

Das Problem ist aber nicht aus der Welt zu schaffen, indem man den ausländischen Eltern den schwarzen Peter zuschiebt mit dem Argument, sie hätten in Wirklichkeit kein Interesse am Unterricht in den deutschen Schulen. Denn es ist verständlich, daß Schüler und Eltern von der Notwendigkeit eines regelmäßigen Schulbesuchs keineswegs überzeugt waren und keinerlei Anlaß hatten, auf Schulabschlüsse und Ausbildungschancen zu hoffen, so lange diese Kinder teilnahmslos ihre Schulzeit in den deutschen Klassen „absaßen" und über Monate hinweg von Schulerfolgen nur wenig zu Hause berichten konnten. Sie sahen, in welcher Randsituation sich ihre Kinder in deutschen Klassen befanden, Ausnahmefälle erfolgreicher Förderung hatten sich nur selten herumgesprochen. Nur wenige antworten heute so, wie dies ein türkischer Arbeiter auf die Frage tat, wie lange er noch in Augsburg bleiben wolle[3]. „Wir bleiben so lange, bis die Jüngste, die

---

1 Eine Untersuchung in Nürnberg über die Zeiten, zu denen ausländische Kinder gewöhnlich zu Bett gehen, ergab: 10% gehen um 20 Uhr, 31% um 21 Uhr, 52% um 23 Uhr, 7% um 24 Uhr schlafen (Chrysakopoulis, in: Bildungschancen für Kinder ausländischer Arbeitnehmer, Evangelische Akademie, Protokolldienst 37/70).
2 Kontraste, 1971/4
3 Edmund Wolf, in: Süddeutsche Zeitung, 2. 12. 1972

jetzt 8 Jahre alt ist, mit der Schule fertig ist. Denn: wenn wir dann nach Istanbul gehen, werden dort meine Söhne und Töchter mit deutschen Abgangszeugnissen gute Aussichten haben."

Es sieht so aus, als gäbe es keine einheitliche Einstellung der ausländischen Eltern zur deutschen Schule. Etwa drei typische Verhaltensweisen lassen sich unterscheiden:

Da sind die einen, die fest überzeugt sind, daß ihre Kinder in der deutschen Schule mehr lernen als in den Schulen zu Hause. Der gute Ruf des deutschen Lehrers und der deutschen Schule, die Hoffnung auf meßbare Erziehungsfolge aufgrund „der deutschen Disziplin", das alles spielt eine Rolle. Eine ganze Menge dicker, prachtvoll augestatteter Schulbücher trägt der kleine Giovanni nach Hause und ist bei Vergleichen mit seiner Dorfschule allein damit schon ein kleiner „Dottore". Die hier in den Schulbesuch gesetzten Erwartungen werden sich zwar nicht erfüllen, immerhin, die Kinder „gehen *deutsche* Schule".

Andere wiederum sehen im Besuch der Schulen in Deutschland die ideale Möglichkeit, ihre Kinder von morgens bis spät nachmittags aufzubewahren, während beide Elternteile in der Arbeit sind. Das hat in Einzelfällen dazu geführt, daß Kinder bis zu 46 Stunden in der Woche in der Schule verbrachten, vormittags, nachmittags, Unterricht in der deutschen Klasse, Förderkurse in Deutsch, 10 Stunden muttersprachlicher Zusatzunterricht. Alles nahm man mit, Hauptsache war nur, die Kinder waren tagsüber „versorgt". Ob die Kinder mitkamen, ob sie Deutsch lernten, ob sie gefördert wurden, spielte dabei eine geringe Rolle. Aus diesem Grunde riefen ausländische Eltern auch nach der Ganztagsschule für ihre Kinder, nicht vordringlich aus pädagogischen oder lerntheoretischen Einsichten, sondern um ihre Kinder ganztägig aufbewahrt zu wissen.

Die Überlegungen der dritten Gruppe endlich — sie tauchen mehr oder weniger in jeder der beiden anderen Gruppen auf — sind auf die Zukunft ihrer Kinder in der deutschen Schule gerichtet. Hierher gehören z. B. die Eltern, die befürchten, die deutsche Schule könne ihnen ihre Kinder im Laufe der Jahre entfremden. Sie sorgen sich um die Weiterbildung zur Heimat, zum heimatlichen Bildungsgut, um die weitere Schulausbildung „zu Hause". Viele von ihnen fassen den Besuch einer deutschen Schule als unvermeidliches Übel auf, im besten Falle als die einzige Möglichkeit, den muttersprachlichen Nachmittagsunterricht ihren Kindern zukommen zu lassen, in den sie unbegründete Hoffnungen setzen.

Die schulische Umstellung

Nicht minder problematisch als die Eingewöhnung in die deutsche Umwelt ist für die ausländischen Kinder die Umstellung von den Erziehungs- und Lernformen des heimatlichen Schulwesens auf die zum Teil völlig anderen Lehr- und Lernweisen und die neuen Anforderungen in der Schule in Deutschland.

Es erscheint zweckmäßig, an dieser Stelle das Schulsystem in den Heimatländern der Kinder darzustellen. Ich beschränke mich dabei auf kurze Angaben, von Herbert R. Koch ausführlich wiedergegeben[1], ergänzt aufgrund neuer Entwicklungen.

Griechenland

1. Kindergärten von 1- bis 2jähriger Dauer.
2. Die Volksschule ist 6stufig[2]. Schulpflicht besteht vom vollendeten 5. (!) bis zum 12. Lebensjahr. Daneben gibt es Abendvolksschulen und Sonderschulen für behinderte Kinder. Die griechische Sprache wird in den ersten vier Klassen in der Volkssprache unterrichtet, in den aufsteigenden Klassen in der Schriftsprache.
3. Auch das Gymnasium ist 6stufig, es schließt an die Volksschule an: Humanistisch-theoretischer Zweig und praktischer Zweig mit Betonung von Mathematik, Naturwissenschaften und lebenden Sprachen. Zum Eintritt in das Gymnasium wird eine Aufnahmeprüfung verlangt.
4. Haupt- und Realschulen gibt es nicht. Schüler, die das Gymnasium nach drei Jahren verlassen, können 3 bis 4 Jahre eine berufliche Ausbildung an besonderen Schulen durchlaufen.
5. Künftige Volksschullehrer studieren nach Abschluß eines Gymnasiums 2 Jahre an einer pädagogischen Akademie.

Italien

1. Mutterschulen (Scuola Materna, Casa dei Bambini) für Kinder vom 3. bis zum 6. Lebensjahr, vor allem in Norditalien.
2. Pflicht zum Besuch der Volksschule besteht vom 6. bis zum 14. Lebensjahr. Das 6. Lebensjahr muß bis zum 31. 12. des Einschulungsjahres erreicht sein. Die Grundschule umfaßt zwei Stufen, das 1. und 2. Schuljahr und die Jahrgangsstufen 3 mit 5. Die Mittelstufe (Scuola Media) umfaßt 3 Jahre, vom 11. bis zum 14. Lebensjahr (6. bis 8. Jahrgangsstufe). Prüfungen finden statt zwischen der 1. und 2. Stufe der Grundschule, nach der 2. Stufe zum Abschluß der Grundschule und zum Abschluß der Mittelstufe.
3. Das Gymnasium führt in 5 Jahren zur Hochschulreife (Ginnasio und Liceo). Das Istituto Tecnico baut auf der Volksschule auf und schließt nach 8 Jahren mit dem Abitur ab, während Ginnasio und Liceo auf der Scuola Media aufbauen. An diese schließen an: das Institut zur Ausbildung für Volksschullehrer und Liceo Artistico mit je 4jähriger Dauer.
4. Vollzeitliche Berufsschulen (2, 3 oder 4 Jahre) zielen auf die Ausbildung von Facharbeitern ab. Der Teilzeitunterricht für Volksschulabgänger (3 Wochenstunden) ist für Lehrlinge aller Fachrichtungen verbindlich.

---

1 Koch, Gastarbeiterkinder in deutschen Schulen, 1970
2 1976 wird die Volksschulpflicht in Griechenland auf 9 Jahre verlängert.

Jugoslawien
1. Kindergärten für Kinder vom 3. bis zum 7. Lebensjahr.
2. Obligatorische Schule (8klassig) für alle Kinder vom 7. bis zum 15. Jahr. Hierauf bauen das 5jährige allgemeinbildende Gymnasium sowie die freiwilligen Berufsschulen und die Höheren Berufsschulen (4 bis 5 Jahre) auf. In den Gymnasien werden neben den allgemeinbildenden, humanistischen Fächern auch wahlfreie Wissenschaften angeboten.
Die obligatorische Schule besteht aus zwei Stufen. In den 1. bis 4. Klassen unterrichten die Lehrer alle Fächer, in den Klassen 5 bis 8 eigene Fachlehrer. Allgemein läßt sich im Vergleich mit deutschen Plänen feststellen, daß in jugoslawischen Lehrplänen eher etwas mehr verlangt wird. Der Unterricht geht von der Regionalsprache (Serbokroatisch, Kroatoserbisch, Slowenisch) aus. In der Mathematik wird mit einer vereinfachten Mengenlehre begonnen. Im Sachkundeunterricht fällt auf, daß bevorzugt naturkundliche Themen behandelt werden.
3. Die Berufsschule umfaßt eine Ausbildungszeit von 2-, 3- oder 4jähriger Dauer. Sie hat die Aufgabe, qualifizierte Arbeiter für Industrie und Landwirtschaft, medizinische und künstlerische Berufe heranzubilden. Nach Absolvierung dieser Berufsschule und einigen Jahren praktischer Bewährung können die Jugendlichen in weiterführende Berufsschulen mit 1- bis 3jährigen Lehrgängen, sog. Meisterschulen, übertreten. Der Übergang in die Gymnasien und höheren Fachschulen setzt eine Aufnahmeprüfung voraus. Das Abschlußzeugnis der 8jährigen Volksschule allein betrachtet man heute in Jugoslawien als nicht ausreichend für den Eintritt ins Berufsleben. Es bietet kaum Aufstiegschancen und reicht mehr oder weniger nur für unqualifizierte Arbeit.

Portugal
1. Kindergärten in den Städten.
2. Schulpflicht besteht für Kinder vom 7. bis zum 13. Lebensjahr in zwei Stufen. Doch die bedrängte wirtschaftliche Lage veranlaßt zahlreiche Eltern, ihre Kinder frühzeitig aus der Schule zu nehmen und zur Arbeit zu schicken. So besuchen viele Kinder die Volksschule nur 3 Jahre, was zur Zulassung für eine staatliche Anstellung bescheidener Art ausreicht. Die meisten Landschulen sind Ein-Lehrer-Schulen[1]. Die erste Stufe umfaßt die Klassen 1 bis 3. Vor dem Übertritt in die 4. Klasse findet ein Examen statt.
Die Lehrerausbildung wurde erheblich verstärkt, dadurch sank die Zahl der Analphabeten (im Jahre 1950 noch 44%) auf weniger als 10% bei den Erwachsenen, unter drei Prozent bei den 7- bis 12jährigen Kindern. Der Be-

---
1 Koch, Gastarbeiterkinder in deutschen Schulen, 1970

obachtung und Erziehung behinderter Kinder dienen ein Institut und Sonderklassen an den Schulen.
3. Oberschulen sind privat (Colegio) oder staatlich (Liceo). Sie gliedern sich in drei Stufen (2 + 3 + 2 Jahre). Die ersten beiden Stufen sind allgemeinbildend, die dritte hat eine Fachrichtung.

Spanien
1. Kindergärten werden vom 3. bis zum 6. Lebensjahr besucht.
2. Die Volksschule besteht aus der 1. bis 5. Klasse (Grundschule) und der 6. bis 8. Klasse (Hauptschule).

Trotz verschiedener Ansätze und einer Reihe vorhandener Pläne rechnet man in Spanien damit, daß frühestens ab 1975/76 jedes spanische Kind eine Schule besuchen kann. Doch auch dann wird es noch an genügend staatlichen Schulen fehlen, damit jeder Schüler, der in die Volksschule eintritt, diese auch acht Jahre lang besuchen kann.

3. Die höhere Schule hat 2 Formen von 8 Jahren Dauer: Institutos Liceos. Die Kinder müssen eine Aufnahmeprüfung ablegen. Nach 4 Jahren wird eine Differenzierung in den herkömmlichen sprachlich-philosophischen Zweig und einen mathematischen angeboten, worin die Naturwissenschaften mehr und mehr Raum gewinnen. Der mittlere Abschluß (Bachillerato Medio) kann nach 4jährigem Besuch eines Institutos oder Liceos oder nach abgeschlossener Berufsausbildung erreicht werden, das Bachillerato Universitario mit der obersten Klasse einer der beiden Oberschulformen. Vor dem Besuch der Universität ist ein Obergymnasium zu durchlaufen. Volksschullehrer müssen das Bachillerato Universitario besitzen, um die 4jährige Escuela Normal del Magisterio besuchen zu können.

Türkei
1. „Mutterschule" vom 4. bis zum 6. Lebensjahr, noch schwach entwickelt. 1970 gab es 118 Vorschulklassen in den größeren Städten.
2. 5jährige Pflichtschule vom 6. bis zum 12. Lebensjahr: 1. bis 5. Klasse. Für Kinder aus der Mutterschule besteht die Möglichkeit, durch eine Prüfung in die 2. Klasse der Grundschule aufgenommen zu werden. Kinder, die bis zum 3. Schuljahr in der Grundschule nicht mitkommen, haben eine Sonderschule zu besuchen. Die Kinder können Klassen bis zum 14. Lebensjahr wiederholen. Auf dem Lande gibt es noch eine Reihe nicht voll ausgebauter Grundschulen. Etwa 61% der Bevölkerung waren 1970 noch Analphabeten. Von den schulpflichtigen Kindern können nach offizieller Statistik (1971) 87,5% eine Schule besuchen, in 13 000 Volksschulen auf dem Lande gibt es für 5 Jahrgangsstufen einen Lehrer, in 11 000 zwei Lehrer. In 2 400 Klassen

gab es mehr als 71 Schüler, in 4 700 Klassen zwischen 61 bis 70, in 14 400 Klassen 51 bis 60 und in 33 700 Klassen 41 bis 50 Schüler. Im Vergleich mit deutschen Lehrplänen wird in türkischen Plänen wegen der sehr verkürzten Zeit allgemein weniger gründlich vorgegangen. Viele Themen, vor allem in Mathematik und im Sachunterricht erscheinen verfrüht. Dazu kommt eine deutliche Reduzierung des Stoffes, z. B. in Erdkunde, eine sehr kursorische Behandlung der Naturlehre und eine Beschränkung der Geschichte auf den engsten Lebensbereich.

„Der Anspruch des Grundschulprogrammes, allen Jahrgängen gleiche Ausbildungsmöglichkeiten zu geben", klingt sarkastisch, wenn man bedenkt, daß über 20%/o der Kinder auf dem Lande keine Möglichkeit der Grundschulausbildung haben und die übrigen 80%/o wegen der kürzeren Schulzeiten auf dem Lande (in der Erntezeit gibt es keinen Unterricht) sowie durch die unzureichenden Bedingungen in den Zwergschulen benachteiligt sind und den Unterrichtsstoff in kürzerer Zeit aufnehmen müssen."[1]

3. a) In der Türkei bestehen Mittelschulen von 3 Jahren (Orta okul), sie entsprechen nach Äußerungen türkischer Lehrer etwa der deutschen Hauptschule.

b) Gewerbeschulen und Handelsschulen (dreijährig). Nach der Grundschule können auch besondere Berufsschulen besucht werden (Dauer 5 Jahre), danach und nach der Mittelschule zweijährige Fachschulen.

c) Das 4jährige Gymnasium (Lise) führt zur Hochschulreife.

Dazu Sener Sargut: „Die Möglichkeit des Besuchs einer weiterführenden Schule stellt sich in den meisten Fällen, selbst wenn dies aus finanziellen Gründen nicht scheitert (weiterbildende Schulen gibt es nur in größeren Städten), spätestens nach zwei Jahren als Illusion heraus, da das Bildungsniveau eines Volksschülers vom Lande naturgemäß wesentlich niedriger ist als das seines Altersgenossen aus der Stadt."

Dieser Überblick macht deutlich, daß wir es nicht mit einer Einheit ausländischer Kinder zu tun haben, sondern mit Schülern, die von Haus aus Griechisch, Italienisch, Serbisch, Kroatisch, Slowenisch, Spanisch, Portugiesisch oder Türkisch, zum Teil besondere Sprachen (Catalanisch, Gallego) und Dialekte sprechen, mit Kindern verschiedener Religionsgemeinschaften, Orthodoxen, Katholiken, Mohammedanern, Freireligiösen. In fast allen diesen Ländern tragen die Schüler Schulkleidung, einheitliche Kittel, die alle Kinder, gleich aus welchen Verhältnissen sie stammen, gleichstellen sollen. Diese Kinder sitzen nun plötzlich an den deutschen Klassen und sollen mit deutschen Kindern gemeinsam unterrichtet werden.

---

1 Sargut: Zur Sozialisation der Kinder türkischer Emigranten in Schule und Familien. In: Ausländerkinder in deutschen Schulen. Stuttgart 1974.

Psychologische Erschwernisse

Neben der ihnen unüberwindlich erscheinenden Sprachbarriere, die jede Teilnahme am schulischen Geschehen vorerst ausschließt, bringt der Milieuwechsel eine Reihe zusätzlicher, nicht gering zu achtender psychologischer Erschwernisse. In ihrer Diplomarbeit am Institut für angewandte Psychologie in Zürich erklärt Margret Hurst die Schulstörungen ausländischer Kinder aus einem durch Milieuwechsel gestörten Kleinkindalter, aus Entfremdung zwischen berufstätigen Müttern und ihren Kindern, aus starker Heimatverbundenheit oder einer Verdrängung der Herkunft, aus Sprachschwierigkeiten, Dauerüberforderungen und Intelligenzhemmungen. Die Folgen seien Verwahrlosung, Unsicherheit, Anpassungsschwierigkeiten, Isolierung oder „Überanpassung", Beeinflußbarkeit, mangelnde „Ich-Bildung" oder Geltungsstreben und soziale Entwicklungsstörungen.

Hans E. Piepho[1] drückt die gleiche Erfahrung so aus: „In der Schule wird das ausländische Kind fast durchwegs — trotz guter Absichten der Lehrkräfte — in eine Randsituation gedrängt, die sich übrigens mit wachsender Beherrschung der deutschen Sprache eher verschärft als auflöst ... Die Reaktionen auf diese Situation reichen von apathischer Abkapselung über verschiedene Varianten auffälligen Verhaltens (Anbiederung, Kasperei, Aufdringlichkeit, aggressive Rechthaberei) bis zur offenen Aggression."

Nicht gerade erleichtert wird der Milieuwechsel durch die provisorische Aufenthaltssituation der Kinder. Von ihren Eltern erfahren sie immer wieder, daß ihre Zukunft ungewiß sei. Die einen wollen bleiben, sind aber unsicher, ob sie nicht doch plötzlich wieder zurück müssen, die anderen äußern ehrlich den Wunsch, im Herbst in die Heimat zurückzukehren, der endgültige Entschluß wird jedoch immer wieder hinausgeschoben. Die hieraus resultierende Einstellung mancher ausländischer Kinder (entsprechend dem Status „Gastarbeiter" betrachten sie sich dann auch als „Gäste" der Schule) ist nicht geeignet, zu intensiver, zielstrebiger und geistiger Arbeit zu motivieren, die ständige Leistungsbereitschaft und Anstrengungen erfordern würde.

Damit sind wir aber bereits bei der Situation dieser Kinder im deutschen Schulwesen.

Die Reaktion im deutschen Schulwesen

Das erste, was eine ausreichende Schulbildung der ausländischen Kinder erschwert, ist nicht deren mangelnde Lernbereitschaft, sondern der Mangel an Lehrern und Schulräumen für den Unterricht in den Ballungsgebieten. Nicht nur im Volksschulbereich ist der Raumbedarf in den Städten trotz Schichtunterricht noch lange nicht gedeckt, auch im Vorschulbereich fehlt es an zusätzlichen

---

[1] Piepho, Förderung und Integration von Kindern ausländischer Arbeitnehmer, 1972

Räumen für Vorschulgruppen oder Förderkurse. Unter dem Raummangel leidet auch der muttersprachliche Zusatzunterricht, der dann als Nachmittagsunterricht angesetzt werden muß, zu einer Zeit, in der die deutschen Mitschüler ihre Freizeit auf deutschen Sportplätzen oder beim Spiel zu Hause verbringen und dessen Ende in den Schulen sehr oft von den Reinigungsfrauen bestimmt wird. Sind außerhalb der Städte Schulräume vorhanden, erschweren schwierige Schulwege und die verständliche Unselbständigkeit der fremdsprachigen Kinder die Bildung von Gruppen über die Schulsprengelgrenzen hinaus.

Der Mangel an deutschen Lehrern kommt hinzu. Die als notwendig erachteten Gruppen und Klassenstärken von 15 bis 25 ausländischen Schülern führen zu einem Personalaufwand, der kaum zu decken ist. Die Belastung der deutschen Lehrer ist erheblich. Im Schuljahr 1973/74 waren an bayerischen Grund- und Hauptschulen über 2,3% aller Schüler Kinder ausländischer Arbeitnehmer. Das ist rechnerisch nicht viel. Das Problem für die Lehrer läßt sich jedoch nicht am zahlenmäßigen Umfang messen. Schon *ein* ausländisches Kind in einer Klasse mit 40 Schülern — auch dieses eine Kind macht rechnerisch nur 2,5% aus — stellt den Lehrer stündlich vor neue Aufgaben, angefangen von Versuchen, die Verständigungsschwierigkeiten im Schulalltag zu überwinden, von der Vermittlung der deutschen Sprache an fremdsprachige Schüler bis hin zu täglichen Maßnahmen zur Eingliederung des Auländerkindes in die Klassengemeinschaft und zu den schwierigen Kontakten mit den ausländischen Eltern.

Zusätzlich erschwert wird die Arbeit durch die starke Fluktuation dieser Kinder. Kinder ausländischer Arbeitnehmer kommen nicht zu Beginn eines Schuljahres nach Deutschland. Ständig treten während des Jahres neue, nicht deutschsprechende Kinder in die Schule ein. Der Lehrer soll nun bei ihnen wieder ganz von vorne beginnen, Verständigungs- und Dolmetscherversuche durch Mitschüler kosten wertvolle Unterrichtszeit. Es ist durchaus nicht selten, daß dabei auch Kinder in der Klasse sitzen, die nur zu „Besuch" hier sind. Sie halten sich zur Zeit vorübergehend bei der Mutter auf, oft auch nicht ordnungsgemäß angemeldet, dann fahren sie mit Bekannten wieder in das Heimatdorf zurück. Andere bei den Eltern gemeldete Kinder werden zu einem „Besuch" der Verwandten nach Hause geschickt, wenn etwa beide Eltern berufstätig sind und ältere Geschwister oder andere Personen, die die Kinder bisher tagsüber versorgten, ausfallen. So hatte eine Vorbereitungsklasse in Würzburg während eines Schuljahres einen Durchgang von 45 Schülern, während die tatsächliche Schülerzahl zwischen 15 und 25 Kindern schwankte.

Hinzu kommt: Kein deutscher Lehrer ist für die Vermittlung des Deutschen als Fremdsprache an der Hochschule ausgebildet worden. Nur sehr wenige Lehrer, die selbst einmal im Ausland tätig waren und dort Deutsch unterrichtet haben, verfügen auf diesem Gebiet über Erfahrungen. Die individuelle Betreuung der Ausländerkinder in der Klasse mußte die Lehrer überfordern. Man befürchtete außerdem, der Fortschritt der deutschen Kinder werde erschwert, etwa in Klas-

sen vor dem Übertritt in ein Gymnasium, in eine Realschule oder in einen anspruchsvolleren Kurs in Gesamtschuleinrichtungen.
Kein Wunder, daß — wie eine Zeitung schrieb — die überforderten deutschen Lehrer den ausländischen Kindern nicht nachgelaufen sind: „Die Gastarbeiterkinder halten uns immer auf ... Der Lehrplan kann nicht eingehalten werden."
Für Lernmotivation und soziale Integration ist es aber von wesentlicher Bedeutung, wie der deutsche Lehrer den ausländischen Schülern gegenübersteht.
Sicher hat sich der Notstand in der letzten Zeit etwas gemildert, Fortbildungsmaßnahmen werden verstärkt durchgeführt, Unterrichtsverfahren, die Lehrern und Schülern die gemeinsame Arbeit erleichtern sollen, werden entwickelt, Verlage und Institutionen bieten Lehr- und Lernmaterial an. Die Schulverwaltungen haben Richtlinien und Hilfen gegeben.
Das allein genügte jedoch nicht. Die Bereitschaft zu einem vollen Engagement aller an der schulischen Betreuung ausländischer Kinder Beteiligten mußte hinzu kommen. So waren auch nur positive Ergebnisse zu erzielen gewesen, wenn die Betreffenden entweder mehr Arbeit auf sich genommen haben oder auf anderes, in der Regel meistens ebenso wichtiges, verzichtet haben. Wo dies nicht geschah, mußte die Schulbildung der Kinder ausländischer Arbeitnehmer unbefriedigend bleiben, mußte ins Stocken geraten, wenn verschiedene im Schulwesen tätige Stellen und Personen auf das Problem mit dem Betätigen der Bremse reagierten:
Die Regierungsbehörde weist für eine ausreichende Schulbildung der Kinder ausländischer Arbeitnehmer die hierfür erforderlichen Lehrer nicht zu, sie hat ja schon Schwierigkeiten mit der Bildung der deutschen Klassen.
Ähnliche Probleme hat das Schulamt, das dringend Lehrer zur Teilung übergroßer deutscher Klassen oder zusätzliche Lehrer als Ersatz bei Erkrankungen und anderen Ausfällen benötigt.
Der Schulleiter hat Sorgen mit der Bereitstellung von Räumen, mit der Stundenplangestaltung, mit der Versorgung bei Lehrerausfällen („im Notfall muß der Lehrer der Ausländerkinder einspringen, dann verteilen wir diese Kinder rasch auf die übrigen Klassen").
Schulaufwandsträgern, Gemeinden oder Schulverbänden entstehen zusätzliche Kosten für Reinigung der Schulräume und für Lehrmittel. Der Betrag, der für die Schulbücher der ausländischen Kinder aufzubringen ist, ist nicht unerheblich.
Der Elternbeirat befürchtet Einbußen beim Unterricht der deutschen Kinder, sei es durch Abzug von Lehrern, sei es durch eine ungünstige Stundenplangestaltung („Die hiesigen Schulverhältnisse der Gastarbeiterkinder sind immer noch besser als die in ihrer Heimat." Oder: „Warum soll der Staat deutsche Lehrer, sofern welche zugewiesen werden, nicht in erster Linie für die Belange der deutschen Kinder einsetzen?").
Die Belastung der Lehrer selbst ist bekannt: In ihren Stundenplänen müssen sie

Rücksicht auf die besonderen Stunden der Ausländerkinder nehmen („Gastarbeiterkinder verändern die Klassenatmosphäre"). Lehrer, die ausländischen Kindern Deutschunterricht erteilen, haben zusätzliche Vorbereitungsarbeit zu leisten, der Unterricht gestaltet sich nicht leicht. Die Bereitschaft dazu ist unterschiedlich groß.

Die deutschen Eltern aber möchten den Lehrer der ausländischen Kinder lieber zur Teilung deutscher Klassen, um kleinere Lerngruppen bilden zu können („Wir haben nichts gegen die Gastarbeiterkinder. Aber warum dieses Getue um sie?").

Alle diese — oft unwillkürlichen — Bremsvorgänge verschlechtern die Bedingungen der ausländischen Kinder für eine ihnen angemessene Bildung.

Hohe Bildungsanforderungen

Diesen mangelhaften Bildungsbedingungen stehen in den deutschen Schulen unverhältnismäßig hohe Bildungsanforderungen gegenüber, die bei der bisherigen Unterrichtsorganisation zwangsläufig zu einer Dauerüberforderung führen müssen: Ausländische Kinder sollen nicht nur so rasch als möglich die deutsche Sprache erlernen, um in das deutsche Bildungssystem eingegliedert werden zu können; sie sollen sich — möglichst ohne Zeitverlust — auch den Unterrichtsstoff der deutschen Lehrpläne aneignen, um zu einem Schulabschluß zu kommen; gleichzeitig sollen sie aber auch durch zusätzlichen Unterricht in der Muttersprache dem Schul- und Ausbildungssystem ihres Heimatlandes verbunden bleiben. So Franz Domhof (a. a. O.): „Wir haben die ausländischen Schüler so zu fördern und auszubilden, daß sie beim Verbleiben in Deutschland bildungs- und leistungsmäßig unserer Jugend nicht nachstehen und bei einer Rückkehr in die Heimat sich nicht nur in die bestehenden schulischen und beruflichen Verhältnisse eingliedern, sondern wegen ihrer umfassenderen und gründlicheren Ausbildung und wegen ihrer Zweisprachigkeit anspruchsvolleren Aufgaben in Beruf und Öffentlichkeit gerecht werden können."

Kein Wunder, daß ein solch hochgestecktes Ziel, wenn überhaupt, nur von einer Minderheit überdurchschnittlich begabter Ausländerkinder erreicht worden ist. Schon 1970 nannte die „Arbeitsgemeinschaft Synode" in Frankfurt in einem Arbeitspapier als Hauptgrund für das überdurchschnittliche Versagen der ausländischen Kinder an unseren Schulen die Überforderung der Kinder durch den Zwang, in zwei Sprachen denken zu müssen, was ihnen von Anfang an ungleiche Startbedingungen gegenüber den deutschen Kindern eröffne. Überforderung wirkt sich auf die gesamte Persönlichkeit aus.

Die Folgen sind bekannt: Frustration, Isolation der ausländischen Kinder in den deutschen Klassen, Entwicklung von Aggression oder völlige Teilnahmslosigkeit am unterrichtlichen Geschehen.

Hierzu Jens G. Hansen in „Der Unterricht für Gastarbeiterkinder in Schleswig-

-Holstein"[1]: „Der Psychologe unterscheidet im zeitlichen Ablauf als Folge von Überforderung eine Aggressions-Phase, eine Regressions-Phase und eine Restitutions-Phase.
Die Aggressions-Phase fällt je nach dem Temperament des Kindes unterschiedlich aus. Typisch ist jedoch zunächst das Bemühen, mit der neuen Situation fertig zu werden, d. h. im Unterricht „mitzukommen". Doch ergeben sich leicht eine nervöse Anspannung, unkonzentriertes, stockendes Reden, Blutandrang (Erröten), Schweißausbrüche. Dem entspricht eine erhöhte Fehlerzahl.
Die Regressions-Phase zeichnet sich durch einen deutlichen Abfall der Anspannung aus. Das Kind resigniert, wird gleichgültig. Im sprachlichen Ausdruck können starke Simplifizierungserscheinungen beobachtet werden, also z. B. eine begrenzte Wortauswahl, die Vermeidung schwieriger Tempusbildung, eine Vorliebe für einfache Satzkonstruktionen. Das Kind verbleibt in der Regressions-Phase demnach unter seinem eigentlichen Leistungsvermögen.
Die Restitutions-Phase bedeutet den Versuch eines neuen Aufbaus. Das Kind erkennt inzwischen seine wenn auch sehr begrenzten Fähigkeiten. Es beobachtet bei sich gewisse Lernfortschritte.
Abgesehen von derartigen Folgeerscheinungen der Überforderung und mit ihnen ursächlich verknüpft treten nostalgische Reaktionen auf. Sie umschließen ein Heimweh nach all den lieb gewordenen Dingen, die dem überforderten Kind durch den Wohnungswechsel entzogen sind. „Die nostalgische Illusion, d. h. die Überbewertung alles Heimatlichen, kann und wird in vielen Fällen zu einer mehr oder weniger schweren Desillusionierung führen, die ja nach ihrer Stärke, der Sensibilität des Kindes und der Beschaffenheit der Familienanamnese zu der schwierigen Situation einer völligen Entwurzelung führen kann, da einerseits die neue Umwelt noch nicht erschlossen und heimisch ist, andererseits durch die Zerstörung der nostalgischen Illusion ein Sichzurückziehen in einen heimatlichen Schonbezirk nicht mehr möglich ist."[2]
Diese Darstellung zeigt, daß es ein Mißverständnis wäre anzunehmen, die schulischen Schwierigkeiten lägen ausschließlich im sprachlichen Bereich. Der ganze Komplex kann keineswegs allein durch eine Verbesserung der Kenntnisse und Fähigkeiten in der deutschen Sprache ausgeräumt werden. Die Aufgabe, die hier gestellt ist, überfordert die Schulen gründlich."

---

[1] Wegweiser für die Lehrerfortbildung, herausgegeben vom Landesinstitut Schleswig-Holstein für Praxis und Theorie der Schule, Kiel 1974
[2] Petzold: Überforderungserlebnis und nostalgische Reaktion als pädagogische Probleme an Auslandsschulen. In: Der deutsche Lehrer im Ausland, München 1968

2.4 Die schulische Situation der Kinder ausländischer Arbeitnehmer

Das besondere Bildungsrecht der Kinder fremder Minderheiten hat die UNESCO 1960 mit dem Übereinkommen gegen Diskriminierung im Unterricht international konstituiert und in Schutz genommen. Das Übereinkommen ist vom Deutschen Bundestag 1968 als Gesetz verabschiedet worden (BGBl, 1968 II. Seite 385 ff.). Darin wird das Recht der Minderheiten angesprochen, ihre ursprüngliche kulturelle Identität zu bewahren und am kulturellen Leben der Gemeinschaft, in der sie leben, teilzunehmen.

Die bisherigen Richtlinien, Maßnahmen, Unterrichtseinrichtungen für die Schulbildung dieser Kinder in der Bundesrepublik sind deren Bedürfnissen nicht gerecht geworden. Dies lag an den Mängeln der bisherigen Unterrichtsformen, an der Priorität, die man Integrationsmaßnahmen eingeräumt hat, an der Unterschätzung der Bedeutung der Muttersprache, an der mangelhaften Durchführung der bisherigen Richtlinien, an der Nichtbeachtung des Elternwillens und an unzureichenden Maßnahmen hinsichtlich einer Reintegration der ausländischen Schüler in ihrem Heimatland.

Wenn bisher im Unterricht in deutschen Klassen trotz aller Schwierigkeiten mehr herausgekommen ist, so lag das an den besonderen Begabungen und dem Leistungswillen einzelner Schüler, vor allem aber an den Begabungen und dem Engagement deutscher Lehrer. In ihren Empfehlungen haben die Kultusminister sich daher auch ausdrücklich auf den Grundsatz verständigt, daß im Unterricht für Kinder ausländischer Arbeitnehmer nur Lehrer mit entsprechender Qualifikation tätig sein können. Von diesem Prinzip, im Unterricht nur fachlich und pädagogisch vorgebildete Lehrer und Erzieher zu verwenden, sollte auch in Zukunft nicht abgegangen werden. Was unseren Kindern nicht zugemutet werden kann, nämlich von pädagogisch und fachlich nicht ausgebildeten Hilfskräften unterrichtet zu werden, sollte ausländischen Kindern erst recht nicht zugemutet werden.

2.4.1 Das Ungleichgewicht von Maßnahmen zur Integration und zur Reintegration

Ich möchte zunächst drei Behauptungen aufstellen und sie anschließend begründen.
Erste Behauptung: Die Priorität, die man in der Schule den Integrationsmaßnahmen eingeräumt hat, steht im Widerspruch zur allgemeinen Ausländer- und Wirtschaftspolitik und zum Verhalten der deutschen Öffentlichkeit.
Zweite Behauptung: Schulische Integration im Sinne einer Vereinnahmung der Kinder ins deutsche Schulwesen widerspricht den Wünschen vieler ausländischer Eltern und der Heimatstaaten.
Dritte Behauptung: Die Erfordernisse hinsichtlich einer Reintegration der aus-

ländischen Kinder in ihrem Heimatland haben nicht die Beachtung gefunden, die sie verdienen.

Die *erste Behauptung* kann schon aus den Feststellungen über die Integrationsbereitschaft der deutschen Allgemeinheit, der deutschen Behörden und der Ausländer selbst, wie sie im vorausgegangenen Kapitel dargestellt wurde, begründet werden. Wie kann es wünschenswert sein, den Kindern ausländischer Arbeitnehmer in jedem Fall den Besuch deutschsprachiger Klassen aufzuzwingen, wenn es sich entsprechend allen offiziellen Äußerungen keinesfalls um Kinder von Einwanderern handelt? Für die Schule kann daher ein Integrationsauftrag zur vollen Eingliederung in die deutsche Gesellschaft und ihre Sprache, wie sie ihn etwa bei den Kindern der sog. Spätaussiedler aus Osteuropa zu erfüllen hat, gar nicht bestehen. Dennoch wird — aus unterschiedlichen Beweggründen — nach wie vor behauptet: „Die ausländischen Kinder werden mit Sicherheit in Deutschland bleiben und müssen daher voll integriert werden."[1]

Aus der gegenwärtigen Ausländer- und Wirtschaftspolitik läßt sich die Berechtigung für eine solche Integration aller ausländischen Kinder in das deutsche Schulwesen aber nicht ableiten. Der deutsche Gewerkschaftsbund kommt zu der Erkenntnis: „Ohne eine Reform des geltenden Ausländerrechts im Sinne einer rechtlichen Absicherung des Aufenthalts der ausländischen Arbeitnehmer in der Bundesrepublik Deutschland können die vorgesehenen oder geforderten Maßnahmen zur schulischen Integration keinen Erfolg haben. Bei der rechtlichen und existenziellen Unsicherheit kann der ausländische Arbeitnehmer kein Verständnis für länger dauernde schulische Maßnahmen, die auf die Integration seiner Kinder hinziehen, entwickeln."

Etwas anderes kam hinzu: Man überschätzte von Anfang an die vorhandenen Möglichkeiten für den Erwerb der deutschen Sprache und ebenso den Wert der deutschen Sprache für die weitere Schulbildung der ausländischen Kinder. „Wenn sie nur Deutsch könnten!" klagten die deutschen Lehrer, „je früher desto besser!" Also zunächst viel Deutschunterricht nach dem Motto „viel hilft viel!" und: „Je rascher das Kind in das Deutsche hineinwächst, je rascher es in die deutsche Klasse integriert wird, desto weniger Belastung bedeutet es für die deutsche Schule und die ohnehin überlasteten Lehrer, desto leichter gestaltet sich seine weitere Schullaufbahn." Diese Hoffnungen haben getrogen.

Zumindest integrationshindernd war außerdem — ebenso wie die mangelhafte Bereitschaft der Erwachsenen, die Integration der ausländischen Arbeitnehmer zu fördern — das Verhalten der deutschen Schüler ausländischen Mitschülern gegenüber, die ungenügend Deutsch sprachen. Die anfängliche Bereitschaft, sie zu betreuen, sich ihrer anzunehmen, hat in dem Maße abgenommen, in dem die Zahl der Ausländer in der Klasse zugenommen hat. Der Reiz des interessanten Objekts war rasch verflogen, seit die ausländischen Kinder zu einem gewohnten

---

[1] Olaf Graehl, „Zum Beispiel Ahmet", in: Süddeutsche Zeitung, 19. 5. 1973

Bild im Schulalltag geworden sind. Ein Schulleiter berichtete: „Sind mehrere ausländische Kinder in der Klasse, nehmen sie automatisch Außenseiterpositionen ein, werden einerseits zu einer Clique, andererseits zu einer Randgruppe, die isoliert, vernachlässigt oder auch abgelehnt wird."
Um nicht mißverstanden zu werden: Den ausländischen Kindern müssen Integrationsmöglichkeiten eröffnet werden, sie sollen nur nicht durch einseitige Maßnahmen dauernd den falschen Unterricht bekommen.

Was nun die *zweite Behauptung* betrifft, ist es wieder interessant, wie die Ausländer selbst zur völligen Integration ihrer Kinder in die deutsche Schule stehen. In der Süddeutschen Zeitung[1] wurden die Äußerungen eines spanischen Sozialbetreuers in Augsburg zitiert: „Die Bundesrepublik Deutschland braucht die Arbeiter und will sich dabei den Luxus der Überzeugung leisten, sie als Menschen zu behandeln, von ‚unseren ausländischen Mitbürgern' zu sprechen, von Gleichberechtigung, sie unterwirft aber ausländische Kinder deutschem Schulzwang und läßt nationale Schulen nicht zu. Wenn das aber Sinn haben soll, so müßte man diese Menschen frei entscheiden lassen, ob sie am Ende hier bleiben wollten oder nicht. Denn wenn sie erst zurückkehren müssen, und ihre Kinder sind in deutschen Schulen mit ihrer deutschen Mentalität aufgewachsen, das kann nur tragisch sein..."
In einer Frankfurter Schule mißtraut ein türkischer Vater allen Integrationsparolen: „Das ist doch nicht ernst gemeint." Und der Berichterstatter fährt fort: „Sie (die Türken) ahnen, ihre rechtlich heikle Situation vor Augen, daß sich die Kinder ihrer Heimat entfremden: Je besser Mustafa aus Ankara deutsch spricht, um so schlechter kann er sich mit seiner anatolischen Mutter verständigen, um so fragwürdiger ist seine Zukunft als Türke[2]."
Welchen Wert ausländische Eltern der Anpassung an deutsche Schul- und Lebensgewohnheiten bemessen, zeigen Demonstrationen ausländischer Eltern. 1972 waren es 120 italienische Eltern in Wiesbaden, für deren Schulanfänger in Offenbach keine Einführungsklassen eingerichtet waren, wie sie es gewollt hätten. Die Erstkläßler waren nicht aufgenommen worden, weil ihre Eltern sie nicht einzeln und in den deutschen Schulen ihrer Wohnbezirke, sondern „gesammelt per Liste für spezielle italienische Klassen" angemeldet hatten[3].
In einer öffentlichen Sprechstunde für ausländische Arbeitnehmer, die der Bayerische Kultusminister Prof. Hans Maier im Mai 1973 abgehalten hatte, standen an erster Stelle der vorgetragenen Sorgen der etwa 150 erschienenen Eltern die ungenügende Förderung ihrer Kinder in der Muttersprache und die Sorge um eine Schulausbildung, die ihren Kindern einmal zu Hause von Nutzen sein kann.

---

[1] 2. 12. 1972
[2] Aus einem Bericht von Peter Schille, Zeitschrift nicht mehr bekannt
[3] Frankfurter Rundschau, 5. 9. 1972

Im Mai 1974 demonstrierten rund 2000 italienische Arbeitnehmer vor den Kultusministerien in Rheinland-Pfalz und in Hessen sowie vor dem Italienischen Generalkonsulat Frankfurt für eine bessere Schulbildung ihrer Kinder. In Sprechchören und mit Transparenten forderten sie „zweisprachige Integrationsklassen", damit ihre Kinder in den Schulen neben Deutsch auch ihre Muttersprache erlernen könnten. Diese Zweisprachigkeit solle die Entfremdung der Kinder von der Kultur ihrer Heimat verhindern. Auch müsse damit gerechnet werden, daß die Kinder eines Tages in ihre Heimat zurückkehren. Dazu sei es notwendig, daß sie ihre Muttersprache beherrschten.[1]

Was die *dritte Behauptung* betrifft, so gibt es keinen Zweifel darüber, daß das Anliegen der schulischen Reintegration in den bisherigen Richtlinien außer acht gelassen worden ist.

Da die überwiegende Zahl der ausländischen Arbeitnehmer mit ihren Familien früher oder später in ihre Heimat zurückkehren, gleichgültig aus welchen Gründen, darf die deutsche Schule den Kindern die Rückkehr in die Heimat durch einseitige Integrationsmaßnahmen nicht verbauen. Selbst wenn nur die Hälfte aller ausländischen Schüler zurückkehren würde[2]: Die Schule kann neben Maßnahmen für die Eingliederung der ausländischen Kinder solche, die ihre Reintegration in das heimatliche Schulwesen erleichtern, nicht unterlassen. Das Rückkehrprinzip muß mitbedacht werden.

Rückblickend zeigt sich, daß solche Überlegungen bisher ausgeklammert worden waren. So werden z. B. in der Information der Kultusministerkonferenz[3] die ausländischen Eltern in den acht Abschnitten fast ausschließlich über die „deutsche" Schule informiert, in die sie nun ihre Kinder zu schicken haben. Von der Verbindung zu ihrer Heimat, die sie eben verlassen haben, ist nur in einem Nebensatz und hier nur davon die Rede, daß Gelegenheit zur Teilnahme am Unterricht in der Muttersprache besteht. Daß es sich hierbei nur um fünf Wochenstunden handelt, wird den Eltern nicht gesagt. Dieses Angebot reicht jedoch für die Erfordernisse bei der Wiedereingliederung ihrer Kinder nicht aus.

Und wie urteilen die Ausländer selbst?

Ein Türke meint: „In den Klassen langweilen sich die Kinder. Der Unterricht geht an ihnen vorbei. Wenn sie nach 3jährigem Aufenthalt in die Türkei zurückkehren, haben sie dort den Anschluß verpaßt." Und ein türkischer Lehrer:

---

[1] Augsburger Allgemeine, 27. 5. 1974
[2] Nach der Repräsentativumfrage der Bundesanstalt für Arbeit aus dem Jahre 1972 „steigt der Wunsch nach einem dauernden Verbleib in der Bundesrepublik offenbar auch mit wachsender Kinderzahl." (Süddeutsche Zeitung, 8. 1. 1974) Von den Ausländern mit zwei Kindern wollen der Hochrechnung zufolge 39%, von denen mit drei und mehr Kindern 44% ständig in der Bundesrepublik leben (vgl. S. 37 f.). Außer acht gelassen, wie weit sich die Zahl senken würde, wenn der Antrag auf ständige Niederlassung tatsächlich zu stellen ist, und abgesehen von der gegenwärtigen Rechtslage, die eine Einbürgerung in diesem Umfang nicht zuläßt, verbleiben z. B. von Familien mit drei und mehr Kindern 56%, die in ihre Heimat zurückkehren wollen.
[3] Siehe Seite 60

„Man kümmert sich zu wenig um die Kinder in Deutschland ... und in ihrer Heimat lacht man sie aus. Sie sind keine Türken mehr, da sie ihre Muttersprache halb verlernt haben und sie sind auch keine Deutschen, denn sie sprechen nicht deutsch." Ein Vater aus Sarajewo: „Eigene Kinder halb jugoslawisch, halb deutsch; das Preis für gutes Leben."
Griechische Lehrer: „Unsere Kinder können nicht von Lehrern erzogen werden, die die Sprache der Kinder nicht sprechen und die von den Kindern nur unvollkommen verstanden werden..." Die Wünsche der griechischen Eltern in Deutschland sind immer auf ein Ziel gerichtet: Die Bildung von Klassen oder Kursen, in denen ihre Kinder weiterhin in griechischer Sprache unterrichtet werden. Solche Klassen wollen sie so lange fortgesetzt wissen, bis sie das griechische Volksschulabschlußzeugnis nach der 6. Klasse erlangen, ohne das sie in Griechenland keinen Beruf ergreifen können.
Ein deutscher Lehrer berichtete aus Saloniki: „Auf den ersten Blick scheint die Situation zurückkehrender Kinder gar nicht so ungünstig zu sein. Die meisten Familien siedeln sich nach ihrer Heimkehr im Bereich der großen Städte Athen und Saloniki an, hier gibt es deutsche Schulen. Jedoch dürfen keine Volksschüler, sondern nur Gymnasiasten eine fremde Schule besuchen. Der Kreis von Schülern, die nach ihrer Rückkehr aus Deutschland eine deutsche Schule besuchen können, war daher sehr begrenzt. Auch der Übertritt ins griechische Gymnasium gelang nicht. Die Kinder kamen mit einer generellen sprachlichen Unsicherheit. Sie brachten im allgemeinen die Fähigkeit mit, sich über einfache Sachverhalte in beiden Sprachen zu verständigen, aber nicht, sich korrekt mündlich und noch weniger schriftlich auszudrücken. Die Beherrschung zweier Sprachen erreichten Kinder nur bei außerordentlicher Begabung und intensiver Bemühung des Elternhauses."
Nach amtlichen Äußerungen melden sich in Griechenland in der Regel nach der 6jährigen Pflichtschule 70% der Schüler für eine weiterführende Schule. Von diesen bestehen angeblich 80% die Aufnahmeprüfung. Von den aus der Bundesrepublik zurückgekehrten Kindern hätten sie jedoch nur 20% bestanden. Insbesondere in den griechischen Fächern und in Mathematik versagen die Schüler aus Deutschland. Ferner mißlingt die Umstellung auf die mehr rezeptiven und reproduktiven Anforderungen der griechischen Schule mit ihren reichlichen Aufgaben zum Abschreiben und Auswendiglernen. Dies gilt ebenso für zurückgekehrte türkische Kinder, wie Lehrer aus Instanbul berichteten.
In Jugoslawien schrieb die Belgrader Zeitung Politika: „Wachsende Sorgen bereitet uns die Ausbildung und Erziehung der Kinder, die mit ihren Eltern im Ausland leben. Man befürchtet, daß sie ihrer Muttersprache und ihrem Heimatland entfremdet werden oder zumindest bei ihrer Rückkehr erhebliche Schwierigkeiten haben, sich in das einheimische Schulsystem einzufügen. Die 20 000 jugoslawischen Gastarbeiterkinder in der Bundesrepublik Deutschland werden in deutschen Schulen in deutscher Sprache unterrichtet. Ein zusätzlicher Unterricht

in jugoslawischer Sprache, Geschichte, Geographie findet nur relativ selten statt." 1974 forderten jugoslawische Arbeitnehmer, vor das Problem der Wiedereingliederung gestellt, von ihrer Regierung die Durchführung eines Schulunterrichts in der Muttersprache durch die Entsendung einer größeren Anzahl jugoslawischer Lehrer.[1]
In Italien bestimmt Gesetz Nummer 153 vom 3. 3. 1971 die „konstruktive Eingliederung in deutsche Schulen." Darüber hinaus wird eine schulische Betreuung der italienischen Lehrer gewünscht, die durch ihre Tätigkeit in Deutschland zu einer besseren Beurteilung und damit zu einer besseren Dienststellung in Italien kommen können, wenn sie wieder zurückkehren. Italienische Behörden in Rom stellten fest: Der Unterricht in der italienischen Sprache in Deutschland halte zwar die Möglichkeit offen, den Anschluß an das italienische Schulsystem zu finden. Die in Deutschland zahlreich eingerichteten Ergänzungskurse fänden jedoch außerhalb der normalen Schulzeit statt. Die Kinder seien ermüdet, im übrigen würden oft nur 20—25% der italienischen Kinder in diesen Kursen erfaßt. Diese Situation müßte verbessert werden. Die Kenntnis der italienischen Sprache und Kultur seien im übrigen auch für diejenigen wertvoll, die in Deutschland bleiben werden. Dazu Silvia Ansaloni[2]: „Die Eigentümlichkeit des eigenen Kulturkreises ist durch den Zwang der Lebensumstände nicht aufrecht zu erhalten, der neue Kulturkreis wird nicht adaptiert, kann es gar nicht, da schon zeitlich kaum Gelegenheiten bestehen, sich mit ihm auseinanderzusetzen. Da die meisten Italiener an Rückkehr in die Heimat denken, bestehen sie unter allen Umständen darauf, daß die Kinder dem eigenen Lebenskreis nicht entfremdet werden. Wo anders kann diese Entfremdung intensiver stattfinden, als in der Schule durch die fremde Sprache? Hier ist der Grund für die Attraktivität nationaler Übergangsklassen zu suchen und gleichzeitig für die Ablehnung gegen deutsche Schulen."
In Spanien veröffentlichten im Jahre 1972 Zeitungen Berichte, in denen Klage geführt wurde darüber, daß den Kindern spanischer Arbeiter in der Bundesrepublik „die erforderliche Schulbildung versagt" werde.
Daß eine von Anfang an deutschsprachige Schulbildung und die Vernachlässigung der Muttersprache jede Reintegration verhindert, wird heute allerorts gesehen.
Zuletzt hat 1974 die Gemeinsame Synode der Bistümer in der Bundesrepublik Deutschland zum Thema Erziehungs- und Bildungshilfen für Kinder ausländischer Arbeitnehmer festgestellt[3]: „Zur Wahrung der Chancengleichheit sind

---

1 Süddeutsche Zeitung, 21./22. 12. 1974
2 Niedermeyer-Ansaloni, Schule und Umwelt der italienischen Grund- und Hauptschüler. In: Ausländerkinder in deutschen Schulen. Stuttgart 1974
3 Beschluß der Gemeinsamen Synode der Bistümer in der Bundesrepublik Deutschland zum Thema „Die ausländischen Arbeitnehmer — eine Frage an die Kirche oder an die Gesellschaft" (Nr. 2-74-27/28)

dem ausländischen Kind gleichwertige Bildungsmöglichkeiten zu eröffnen, wie dem deutschen Kind... Alle Bildungsangebote müssen so ausgerichtet sein, daß das Kind sowohl in der Lage ist, in Deutschland zu bleiben und den Anschluß an weiterführende Schulen bzw. eine Berufsschule zu finden, als auch in das Heimatland zurückzukehren, um dort ebenfalls den entsprechenden Abschluß zu erreichen. Die Kinder müssen darauf vorbereitet werden, sowohl im Heimatland als auch in der Gesellschaft der Bundesrepublik ihren Platz zu finden. Sie dürfen weder ihren Eltern noch dem Heimatland entfremdet werden. Ihnen sind die Möglichkeiten der Mobilität und der Rückkehr in ihre Heimat offen zu halten. Die Förderung ihrer Kenntnisse und Fähigkeiten in der eigenen Sprache und im eigenen Kulturkreis ist deshalb unbedingt erforderlich."

Noch ein Wort zu folgender Auffassung, die oft zu hören ist: „Werden die Kinder ausländischer Arbeitnehmer in der deutschen Schule ausreichend gefördert, so kann die Reintegration durch gezielte Förderungsmaßnahmen vor der beabsichtigten Rückkehr und später im Heimatland viel besser erfolgen."

Das ist ein Irrtum. Die Wiedereingliederung ins heimatliche Schulwesen kann nicht den Entsendeländern allein überlassen bleiben. Es kann nicht Aufgabe dieser Staaten sein, etwa unmittelbar nach der Rückkehr der Kinder Eingliederungsmaßnahmen anzubieten, um ihnen all das wieder zu vermitteln, was sie in Deutschland nicht gelernt oder verlernt haben. Sicher, solche Maßnahmen sind notwendig und nützlich, soweit sie überhaupt gezielt durchgeführt werden. Aber abgesehen davon, daß auch die Bundesrepublik als Nutznießer der ausländischen Kräfte in Pflicht steht, beginnen die Maßnahmen in den Entsendeländern nach dem Schulbesuch in der deutschen Schule zu spät und können nach längerem Aufenthalt in der Bundesrepublik Versäumtes nicht mehr nachholen.

2.4.2 Situation in den einzelnen schulischen Bereichen und den bestehenden Unterrichtseinrichtungen

Ausländische Kinder im vorschulischen Bereich

In sämtlichen Ländern Europas — so ein Bericht des Europarates — haben die Kinder ausländischer Arbeitnehmer für die Aufnahme in besondere vorschulische Einrichtungen wie Kindergärten u. ä. die gleichen Chancen wie die Kinder des betreffenden Staates. „Sie genießen jedoch kein besonderes Recht bei der Aufnahme." Hier, in der Konkurrenz zu den deutschen Familien, die ihre Kinder ebenfalls im Kindergarten unterbringen wollen, steckt das Problem. Den ausländischen Eltern ist es bisher — aus mancherlei Gründen — nicht möglich gewesen, den erforderlichen Listenplatz zu erreichen, den deutsche Eltern durch frühzeitige Anmeldung sich sichern konnten. Im vergangenen Jahr hat sich der Zustand durch den Geburtenrückgang bei deutschen Kindern erstmals etwas verbessert.

Den letzten Erhebungen zufolge befanden sich unter den Kindern, die in Bayern im Januar 1974 einen Kindergarten besuchten, 7217 oder 3% Ausländer. 23,8% davon waren Türken, 18,4% Jugoslawen, 18,3% Italiener, 13,9% Griechen und 6,2% Spanier. Fast die Hälfte (49,4%) besuchten in einer Großstadt den Kindergarten.[1]

Das Kind eines ausländischen Arbeitnehmers bedarf der Förderung seiner sprachlichen und sozialen Entwicklung besonders. Wenn daher bereits für das deutsche Kind die Notwendigkeit des Besuches vorschulischer Einrichtungen immer wieder betont wird, so gilt das in viel größerem Maße für das ausländische Kind.

„Über den Kindergarten lernt ja das Kind sich in einer sozialen Gruppe zu bewegen, es hat die Möglichkeit, den Kontakt zu anderen Erziehungspersonen, nicht mehr zu den Eltern allein, einzuüben, und die Begriffserfahrung in Sprache und Material zu erweitern; eine Schulung des Denkens ist mit all diesen neuen Lernprozessen verbunden. Dies gilt in besonderer Weise für das ausländische Kind, an das die Umstellung auf eine fremde, neue Umgebung zusätzliche Anforderungen stellt. In der Regel wächst es, sofern es überhaupt eingeschult wird, bis zu diesem Zeitpunkt in der Familie, meistens mit Geschwistern auf. Spielkameraden sind häufig auch ausländische Kinder, denn das Wohnungsangebot und die -nachfrage treffen sich aus verschiedenen Gründen in bestimmten Wohnbezirken. Die gemachten Umwelterfahrungen, Verhaltens- und Ordnungsstrukturen im Sozialgefüge der Familie waren bisher allein bestimmend. Entscheidend für den Lernerfolg ist es jedoch, daß ein bestimmtes Maß an Konzentration auf das Bildungsgeschehen verwendet werden kann, und das Lernen nicht durch soziale Anpassungsschwierigkeiten an die Klassengemeinschaft erschwert oder gar unmöglich gemacht wird"[2].

---

[1] Drei- bis fünfjährige ausländische Kinder in Kindergärten in Bayern am 1. 1. 1974 (Altersgruppen entsprechen dem Einschulungsrhythmus):

Gebiet	Ausländische Kinder (geb. 1. 7. 67—30. 6. 70)		
	insgesamt	davon in Kindergärten	%
München	4 654	2 172	46,7
Nürnberg	2 196	590	26,9
Augsburg	1 180	362	30,7
Fürth	522	156	29,9
Erlangen	376	199	52,9
Würzburg Stadt	138	53	38,4
Würzburg Land	157	73	46,5
Regensburg	140	31	22,1
Bayern	25 145	7 217	28,7

[2] Aus einem Bericht über die vorschulische Betreuung der ausländischen Kinder von M. Sieburg und E. Friedrich im Bundesarbeitsblatt 1971 7/8

Um eine annähernde Chancengleichheit beim Schulbeginn zu erreichen, bemühen sich daher caritative Betreuungsorganisationen, Hilfsmaßnahmen zu organisieren. „Spielgruppen" sollen eingerichtet werden, etwa in einer Kirchengemeinde, die sowohl ausländischen Kindern jeder Nationalität als auch deutschen Kindern offen stehen, und in denen freiwillige Helfer mit einer pädagogischen Vorbildung zusammen mit ausländischen Müttern beteiligt werden sollen. Hier sind Ergebnisse abzuwarten.

In Bayern bestehen Modellkindergärten mit Gruppen, in denen ausländische Kinder einer Nationalität zusammen mit deutschen Kindern spielen. Auch ausländische Erzieherinnen werden eingesetzt. Untersuchungen über den Sozialisationsprozeß, über Sozialisationshilfen, Bilingualismus im Vorschulalter werden durchgeführt. Das Modell wird vom Staatsinstitut für Frühpädagogik wissenschaftlich begleitet[1].

Kinder ausländischer Arbeitnehmer in Vorbereitungsklassen

Im Beschluß der Kultusministerkonferenz vom 3. 12. 1971 (siehe Anhang, Seite 189) heißt es über Vorbereitungsklassen: „Die Vorbereitungsklassen haben die Aufgabe, den Prozeß der Eingewöhnung in deutsche Schulverhältnisse zu erleichtern und zu beschleunigen. Für etwa 15 Kinder gleicher oder verschiedener Sprachzugehörigkeit kann eine Vorbereitungsklasse eingerichtet werden. Bei 24 Kindern ist eine Teilung der Klasse möglich. Ergibt sich die Möglichkeit, an einer Schule mehrere Vorbereitungsklassen zu bilden, so ist eine Zusammenfassung der Kinder nach dem Alter oder dem Stand der Leistung in der deutschen Sprache zu empfehlen. Der Unterricht orientiert sich an den allgemein geltenden Lehrplanrichtlinien ... Nach ausreichender Förderung in der deutschen Sprache sind die Schüler aus den Vorbereitungsklassen den ihrem Leistungsstand (!) oder ihrer Altersstufe entsprechenden Klasse zuzuweisen. Der Besuch der Vorbereitungsklasse dauert in der Regel ein Jahr. Der Übergang erfolgt in der Regel am Ende eines Schulhalbjahres."

Wie unausgereift die Überlegungen waren und wie unerfüllbar damit die Aufgabe war, die man von Vorbereitungsklassen erwartet hatte, macht ein nochmaliger Blick auf den Beschluß des Europarates von 1969 deutlich, der unter anderem Vorbild für den KMK-Beschluß war. Hier wurde für sog. Übergangsklassen die Forderung in der Landessprache *und* in der Muttersprache erwogen, beides „en continuant la progression normale des classes". Damit

---

1 Zielsetzung: Entwicklung und empirische Überprüfung eines curricularen Ansatzes zur kognitiven, emotionalen und sozialen Förderung ausländischer Kinder im Elementarbereich. Die Förderung soll einerseits bezwecken, daß ausländische Kinder die Voraussetzungen der Integration in die deutsche Gesellschaft erhalten. Daneben ist die Entwicklung der Muttersprache des Kindes und der Kontakt mit der Kultur des Heimatlandes zu fördern.

sollte sichergestellt werden, daß die Kinder nicht nur die deutsche Sprache, sondern auch hinsichtlich des übrigen Unterrichtsstoffes ohne Zeitverlust den Anschluß an die Jahrgangsklasse finden.
Schon damals hatten die griechischen Vertreter im Europarat eine Dauer von 2—3 Jahren für den Unterricht in Vorbereitungsklassen für erforderlich gehalten. Auf der anderen Seite wollten die türkischen Vertreter alles auf einmal. Sie traten für eine unmittelbare Integration in die Klassen des Aufnahmelandes ein, wünschten ein rasches Erlernen der neuen Sprache, andererseits aber auch ein Fortsetzen „des türkischen Lehrprogramms. Andernfalls würden die Kinder bei ihrer Rückkehr in die Türkei zu viel Zeit verlieren."
Der Auftrag, all dies gleichzeitig zu erreichen, war jedoch nicht zu erfüllen. Das wird deutlich, wenn man sich die Aufgabe vor Augen führt, die Vorbereitungsklassen an deutschen Auslandsschulen zu erfüllen haben. An der deutschen Schule in Istanbul etwa lernen türkische Kinder in einem zwischen dem Besuch der türkischen Grundschule und dem Besuch des deutschen Gymnasiums eingeschobenen Schuljahr so weit Deutsch, daß sie dem anschließenden deutschsprachigen Unterricht folgen können. In diesen Vorbereitungsklassen haben sie 20 Wochenstunden Deutsch, im folgenden Jahr, in der 1. Klasse des Gymnasiums noch eine erhebliche Anzahl Deutschstunden. Dabei handelt es sich hier um Kinder, die alle mit sehr guten Leistungen aus der Grundschule gekommen sind, die ein Aufnahmeverfahren durchlaufen haben, die ihrem Herkommen nach ganz anders motiviert sind als die Kinder ausländischer Arbeitnehmer in Deutschland, die als Ziel das deutsche Abitur vor Augen haben und die, wenn sie — gleich aus welchen Gründen — versagen, zum Verlassen der Schule gezwungen werden können.
Die Bestimmungen in Bayern über den Unterricht in Vorbereitungsklassen enthalten die Forderungen des Europarates nicht[1]. Auch bei der Erarbeitung des KMK-Beschlusses müssen diese Schwierigkeiten gesehen worden sein. Anders ist die Alternative nicht erklärlich, die es nach dem Besuch der Vorbereitungsklassen offen läßt, die Kinder auch „in Klassen, die ihrem Leistungsstand entsprechen", einzuweisen.
Hans-E. Piepho[2] hat sich die Mühe gemacht, die im KMK-Beschluß dargestellte Aufgabe zu verdeutlichen:
„Aus dem Beschluß kann man herauslesen, daß die Vorbereitung gleichzeitig auf drei Ebenen erfolgen soll: Man denkt offensichtlich an eine Art Kernunterricht, den vorwiegend ausländische Lehrer erteilen und der stark sachlich ausgerichtet ist. Als Modell kann man sich vorstellen, daß hier der Stoff und die Arbeitsweisen der deutschen Klassen erst muttersprachlich, dann zunehmend durch Einschleusung des Deutschen vermittelt und erklärt werden, so daß die ausländi-

---

1 Siehe Seite 61 f.
2 Piepho, Förderung und Integration von Kindern ausländischer Arbeitnehmer, 1972

schen Schülerinnen und Schüler ohne sprachliche Barriere altersgemäße Fachbereiche und Informationen aufnehmen und verarbeiten können."
Gleichzeitig aber bezweifelt Piepho, daß es genügend ausländische Lehrer mit Deutschkenntnissen gibt, die die deutschen Richtlinien der einzelnen Jahrgangsklassen verstehen und interpretieren könnten, zumal es auch keine Übersetzung dieser Richtlinien in die Sprachen der ausländischen Lehrer gibt. Im übrigen fällt in allen muttersprachlich gemischten Vorbereitungsklassen dieser Unterricht ohnehin fort.
Die zweite Ebene des Unterrichts in Vorbereitungsklassen nimmt nach Piepho der intensive Deutschunterricht ein: „Wahrscheinlich muß man hier an einen allgemeinen Einführungskurs denken, der Grundlagen der Aussprache, des Wortschatzes und der elementaren Syntax vermittelt. Danach werden die Schüler auf das Verständnis von Texten und Kommunikationen vorbereitet, die ihrer Altersstufe entsprechen und denen sie in den deutschen Klassen begegnen werden, die sie danach besuchen. Im letzten Drittel der Unterrichtszeit in Vorbereitungsklassen ist eine Kontakterfahrung in deutschen Regelklassen vorgesehen, und zwar in solchen Fächern, die nicht von der Beherrschung der deutschen Sprache abhängig sind. Diese Regelung wirft sehr komplizierte stundenplantechnische Probleme auf, denn eine solche Begegnung sollte nicht zufällig und beiläufig geschehen, sondern sie stellt einen wichtigen Schritt hin auf die Sozialisation beider Schülergruppen dar. Solche Kontaktstunden müssen nicht nur sorgfältig geplant und vorbereitet werden, sondern sie werden erst durch eine gemeinsame oder getrennte Auswertung der Erfahrungen fruchtbar."
Seine Interpretation macht Piepho in folgender Übersicht deutlich:

Vorbereitungsklassen für Grund- und Hauptschüler

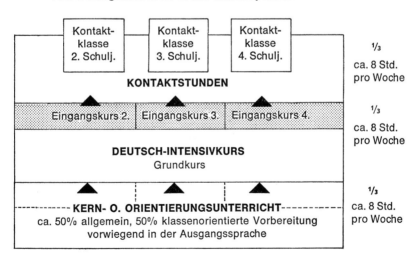

Aus dieser sehr exakten Darstellung wird erklärlich, daß heute Pädagogen, Psychologen und Eltern angesichts dieser eminenten Anforderungen (Deutschunterricht, muttersprachlicher Unterricht, Aufnahme altersgemäßer Fachbereiche) den Kopf schütteln und sich fragen, wie dieses Pensum, das man sich hier vorgenommen hat, in einem Jahr jemals geschafft werden solle.

Bei der Betrachtung der Folgen, die sich für die Kinder ausländischer Arbeitnehmer in Vorbereitungsklassen konsequenterweise ergeben mußten, sind drei Entwicklungen bemerkenswert.

Erstens: Kinder wurden in die deutsche Regelklassen ohne ausreichende Deutschkenntnisse überwiesen, sie hatten in der zur Verfügung stehenden Zeit die deutsche Sprache nicht genügend erlernt. Um am deutschsprachigen Unterricht der Normalklassen mit Erfolg teilnehmen zu können, hätten sie länger intensiven Unterricht in der Zweitsprache erhalten müssen. Ganz falsch ist daher die Auffassung: „Kinder, die *Grundkenntnisse* in der deutschen Sprache haben, sollten in deutsche Klassen aufgenommen werden." Grundkenntnisse genügen nicht.

Zweitens: Hatten Kinder hinreichend Deutsch gelernt, so war es ihnen nicht immer möglich gewesen, trotz der Forderung, der Unterricht müsse sich am Unterricht ihrer Jahrgangsstufen orientieren, gleichzeitig den Wissensstoff der Jahrgangsstufe aufzunehmen, schon gar nicht in einem Jahr. Sie versäumten mindestens ein, meistens zwei oder gar drei Schuljahre, weil sie nach dem Ausscheiden aus der Vorbereitungsklasse entsprechend dem KMK-Beschluß „in die ihrem Leistungsstand entsprechende Klasse" eingewiesen wurden. Denn die Lerndefizite in der Jahrgangklasse auszugleichen, dazu reichten die Deutschkenntnisse eines Jahres nicht aus.

Da es außerdem an geeigneten, speziellen Lehrbüchern für die ausländischen Schüler in den Normalklassen fehlte, auch eine Differenzierung des Unterrichts nur selten möglich war, konnte es nicht ausbleiben, daß ausländische Schüler, die in die ihnen zustehende Jahrgangsklasse eingestuft wurden, sich dort in einer permanenten Versagersituation befanden. Den deutschen Mitschülern gegenüber isolierten sie sich, die Schule blieb ihnen fremd, sie waren daher z. B. weder interessiert noch fähig, Hausaufgaben zu machen. Das ist nicht unbedeutend, wenn man bedenkt, daß das deutsche Schulsystem eine wesentliche Stütze in den Hausaufgaben sieht. Erklärlich, daß Eltern keinen Sinn im Schulbesuch fanden und ihre Kinder resignierten. Deutsche Schülerinnen über ihre ausländischen Mitschüler: „Wenn man ihnen helfen will, sagen sie ‚ich versteh, ich versteh', aber dann kapieren sie doch nichts."

Und schließlich ein drittes Ergebnis:
Ausländische Kinder besuchten länger als zwei Jahre Vorbereitungsklassen, erst recht wenn die Vorbereitungsklasse ausschließlich oder in der Mehrzahl aus Kin-

dern ihrer Muttersprache bestand. Hans-E. Piepho[1] meint: „In den Vorbereitungsklassen und im nachmittäglichen muttersprachlichen Unterricht schaffen ausländische Lehrkräfte eine gewisse Simulation heimischer Atmosphäre, aber eine wirksame Einbettung bedeutet das nicht, zumal in diesem Unterricht kaum etwas geschieht, was den ausländischen Schülerinnen und Schülern hilft, sich in der neuen Umwelt zu orientieren und sich ihrer tatsächlichen Lage bewußt zu werden." Und Herbert R. Koch sieht in muttersprachlich homogenen Vorbereitungsklassen daher nur einen Schon- und Scheinbereich, der sich ungünstig auf einen Integrationsprozeß auswirke. Diese Befürchtung ist erklärlich und verständlich, wenn man in diesen Klassen nur das eine Ziel vor Augen hat, die Kinder rasch deutschen Klassen zuzuweisen.

So gab es in der Vergangenheit Schüler, die fünf Jahre oder länger bis ans Ende ihrer Schulpflichtzeit in „Vorbereitungsklassen" blieben. Schlimm wurde es, wenn — wie in einigen Ländern geschehen —, der Einfluß der ausländischen Lehrer dabei unbemerkt zunahm, der Anteil des Deutschunterrichts zurückging und von einer Vorbereitung auf den Unterricht in deutschen Klassen keine Rede mehr sein konnte. Dann geschah es, daß — wie z. B. in Baden-Württemberg — griechische Eltern laute Protestrufe erhoben, als ihre Kinder nach fünf Jahren, als man die Misere entdeckte, gezwungen wurden, in deutsche Klassen einzutreten und sich dagegen wandten, daß ihre „griechische Schule" auf einmal aufgelöst wurde.

Die Gründe dafür, daß die Besuchsdauer dieser Vorbereitungsklassen über Gebühr verlängert wurde, lagen aber nicht nur bei den ausländischen Eltern oder den ausländischen Lehrern, sondern zu einem Teil auch bei den deutschen Lehrern, die in ihren Klassen den Zugang eines ausländischen Kindes von vornherein als zusätzliche Belastung oder ständiges „Ärgernis" empfanden. So landeten viele Kinder, die in der großen Klasse des deutschen Lehrers nicht weiter gefördert werden konnten, schließlich wieder in einer Vorbereitungsklasse. Hierzu eine deutsche Lehrerin: „Ich habe immer wieder die Erfahrung gemacht, daß Ablehnung und Mißtrauen die ersten Reaktionen sind, wenn ich den Antrag stelle, ein Kind aus der Vorbereitungsklasse in die deutsche Klasse aufzunehmen. Man fürchtet Unruhe und Streitlust, mangelhafte, dem Alter des Kindes nicht entsprechende Kenntnisse auch in den weniger sprachgebundenen Fächern, Unordnung und Schulfremdheit im Elternhaus. Bei einer solchen Empfangshaltung von seiten des Lehrers oder der Schulleitung kann es kaum verwundern, daß das Kind tatsächlich die gefürchteten Symptome produziert. Am liebsten bliebe es der Schule immer fern, nicht nur manchmal"[2]

Das sind also die Tatsachen. Vorbereitungsklassen können die von ihnen ursprünglich geforderten Aufgaben in der vorgesehenen Zeit nicht erfüllen.

---

1 Piepho, a. a. O.
2 Aus einem Leserbrief von R. B.-B. aus Göttingen, Süddeutsche Zeitung vom 17. 2. 1973

Kinder ausländischer Arbeitnehmer in deutschen Normalklassen

Nach dem Beschluß der KMK werden ausländische Kinder im Einschulungsalter in die 1. Grundschulklasse unmittelbar aufgenommen, lernen dort Lesen und Schreiben und lernen allmählich zusammen mit diesen Fertigkeiten auch das Sprechen und den Ausdruck in der deutschen Sprache. Grundschullehrerinnen berichteten, das ginge zuweilen auch ganz gut, zumal wenn im Erstunterricht viel mit Bildmaterial gearbeitet wird. Eine Qual für die Klasse seien jedoch die Ausländer, wenn die Lehrerin als Thema ein Märchen oder etwas ähnliches wählte, das sie dann versuchte, spannend und „anschaulich" vorzutragen. Dann wurden die Ausländer nach kurzer Zeit unruhig, denn es dauerte ihnen zu lange, sie verstanden von dem Inhalt kaum etwas, von der Spannung und den Zusammenhängen nichts. Wie dann eine Auswertung dieses Themas im übrigen Unterricht für sie verlief, kann man sich ausdenken.

Hierzu G. Savvidis[1]: „Das Gastarbeiterkind ist in der Regel — wie jedes andere Kind — in der ersten Zeit mit steigender Freude in der Schule, die ihm so viele neue Möglichkeiten des Wissens und Lernens erschließt. Dieses fremdsprachige Kind zieht sich nach anfänglicher Freude, die im besten Falle noch bis zur Erlernung des Lesens und Schreibens der deutschen Sprache anhält, vor den dann plötzlich steigenden Ansprüchen in der deutschen Sprache von der Schule auf sich selbst und seine Muttersprache zurück. Denn das Kind dieses Alters ist sachbesessen, es will wirklichkeitsvolle Kenntnisse, die Sprache ist ihm nur ein Mittel zum ordnenden Erfassen und Behalten neuer Begriffe. Die Umstellung auf die Fremdsprache geht deswegen oft nicht ohne Störungen vor sich und dauert bei kleinen Kindern naturgemäß viel länger, als man glaubt, weil sie erst eine neue Spiel- und Vertrauensgemeinschaft finden müssen. Das Verschwinden des Erlebnisbereiches in der zweiten Sprache ist besonders schmerzlich und drückt sich in einer allgemeinen Unlust der zur Alleinherrschaft gelangten Sprache gegenüber aus. Das Gefühlsleben dieses Kindes ist eben ganzheitlicher Natur. Darum wird es von jeder gewaltsamen Störung seiner einmal begonnenen Entwicklung stark erschüttert."

Können Vorbereitungsklassen wegen Mangel an Lehrern oder aufgrund der Streuung der ausländischen Kinder nicht eingerichtet werden, so bleibt nur die unmittelbare Eingliederung in die Normalklassen, die vielerorts die Regel ist. Wie schwierig die sofortige Eingliederung der ausländischen Kinder mit zusätzlichem Deutschunterricht ist, der in Form von Förder- oder Stützunterricht erteilt wird, hat dankenswerterweise Hans-E. Piepho[2] dargestellt.

Die in die Praxis umgesetzte KMK-Empfehlung — hier tritt die der Integration eingeräumte Priorität deutlich zutage — sieht für die Klassen 2—4 der Grundschule danach so aus:

---

1 Georgios Savvidis, Zum Problem der Gastarbeiterkinder in der Bundesrepublik Deutschland. Dissertation München 1974
2 Piepho, Förderung und Integration von Kindern ausländischer Arbeitnehmer, 1972

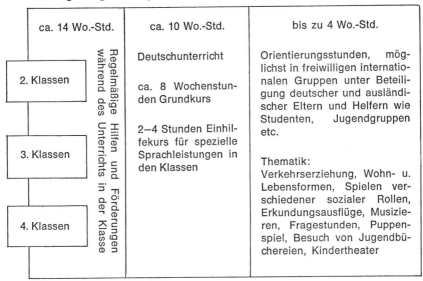

Differenzierter wird man bei der sofortigen Eingliederung in Klassen in der Hauptschule vorgehen müssen; so meint Piepho: „Man wird in bestimmten Fächern den Ausländern gestatten müssen, ihre Gedanken und Zusammenfassungen in eigener Gruppe oder im Heft muttersprachlich zu formulieren. Häufig ist es nötig, im Rechnen und in einigen Sachfächern, die im Ausgangsland nicht in dieser Form oder mit diesen Inhalten erteilt worden sind, Aufbauunterricht zu erteilen. Eine enge Zusammenarbeit mit dem regionalen (ausländischen) Schulinspektor oder dem Lehrer für den Nachmittagsunterricht (in der Muttersprache) kann hier zu einer gemeinsamen Arbeit an den Grundlagen führen, in dem die ausländischen Schüler z. B. regelmäßig ihrem muttersprachlichen Lehrer die Ausarbeitungen über den Vormittagsunterricht zur Durchsicht und zum Abzeichnen vorlegen."

Hier wurde der Versuch gemacht, ein hundertprozentiges Integrationsmodell in die Praxis umzusetzen, ein Modell, das — wie die Erfahrung gezeigt hat — nur in höchst unbefriedigendem Maße praktiziert werden konnte. Entweder verlernten die ausländischen Kinder ihre Muttersprache oder die Ergebnisse in der deutschen Sprache waren mangelhaft, oder im Rechnen oder in Sachfächern wurden keine Fortschritte erzielt. Eine effektive Förderung ausländischer Kinder aus fünf Nationen war in den deutschen Klassen kaum gegeben. Das Vorzeigen des in der Muttersprache geführten Heftes beim ausländischen Lehrer etwa, falls es ihn überhaupt gibt, Aufbauunterricht oder Nachmittagsunterricht komplizieren die Schulbildung ausländischer Kinder ungemein. Man fragt sich, warum dann nicht gleich muttersprachlicher Unterricht in den Hauptfächern und daneben Stützunterricht in der deutschen Sprache.

Wie der „Erfolg" des bisherigen Unterrichts in den „Regelklassen" aussah, und was Eltern und Pädagogen davon halten, soll an einigen Beispielen gezeigt werden. Dabei müssen wir von den Kindern absehen, die bereits im Vorschulalter in Deutschland waren, mit Deutschkenntnissen in die Grundschule eingeschult wurden, oder von den besonders sprachbegabten Kindern, die aufgrund ihres Kontaktes mit deutschen Familien relativ rasch ihre Zweitsprache erlernten. Es geht um die ausländischen Kinder an Grund- und Hauptschulen — und das ist die Mehrzahl —, die mit oder ohne Vorbereitungsklasse zwei oder drei Jahrgangsklassen niedriger eingestuft die deutsche Schule durchlaufen.

Olaf Graehl[1] beschreibt die Schullaufbahn eines kleinen Türken:„Ahmet geht in die erste Klasse. Er versteht fast nichts, also geht er auch im nächsten Schuljahr nochmals in die erste Klasse. Bis zum Abschluß der Volksschule bleibt er mindestens noch einmal hängen; an einen Besuch einer weiterführenden Schule ist nicht zu denken. Diese Möglichkeit ist für Ahmet vertan, ein für allemal." Ein Bericht aus der Frankfurter Rundschau[2]: „Sefik war einer der Besten einer Schule in Serajewo, er wollte dort das Polytechnikum besuchen. Psychisch angeknackst, hinter den Mauern der Sprache isoliert, bleibt ihm jetzt nach ein paar ebenso sinnlosen wie enttäuschenden Monaten in einer deutschen Schule nur ein Job als Hilfsarbeiter. Seine Schwester Sefika, 10 Jahre, sitzt in Klasse zwei ihre Zeit ab, unter Siegenjährigen. Irgendwie, so scheint man zu glauben, wird sie da schon Deutsch lernen."

Gregor Manousakis[3]: „Für diese Praxis gibt es nur eine Bezeichnung: sie ist brutal. Es müssen ganz besonders günstige Umstände gegeben sein, wenn das Kind in zwei Jahren so gut Deutsch lernt, daß es dann im dritten Schuljahr den Unterrichtsstoff einer deutschen Klasse bewältigen kann. Sind diese besonderen Umstände nicht vorhanden, wird das Kind ungeachtet seines geistigen Entwicklungsstandes dem System angepaßt: Zurückstufung, basta!"

Hans-E. Piepho (a. a. O.): „Im Zeugnis der ausländischen Schüler fehlen meist Zensuren in allen Sprach- und Sachfächern. Der tatsächliche Erfolg in der Zweitsprache wird weder gemessen noch bewertet, die muttersprachlichen Kenntnisse und Fähigkeiten werden überhaupt nicht honoriert ... Die hieraus erwachsende Schulverdrossenheit wird noch dadurch verstärkt, daß man zu einem Ausweg Zuflucht nimmt, der jeder pädagogischen und linguistischen Einsicht Hohn spricht: Man stuft ältere Kinder bis zu drei Jahre zurück, weil sie dann leichter der sprachlichen Kommunikation folgen könnten. Wer auch nur oberflächlich

---

1 „Zum Beispiel Ahmet", in: Süddeutsche Zeitung, 19. 5. 1973
2 10. 11. 1973
3 „Schulexperimente mit Ausländerkindern, die Folgen eines verfehlten Unterrichtssystems. In: Rheinischer Merkur, 8. 2. 1974

über Fragen der kindlichen Sprachentwicklung gelesen hat und nur andeutungsweise weiß, welcher Art sprachliche Kommunikation im Klassenzimmer sind, der müßte sich angesichts dieser völlig unbegründeten Hoffnung an den Kopf fassen."
„In der Grundschule macht sich vor allem die dort übliche Leistungshysterie für ausländische Kinder nachteilig bemerkbar. In der Hauptschule treten neben den aus der Grundschule überkommenden Problemen der Verdrossenheit und der Überalterung nun spezial psychologische Folgen der hoffnungslosen Position im Kampf um Plätze in der Rollen- und Rangordnung auf. Nur selten erhalten die Jugendlichen Zeugnisse, die neben guten Rechen- und Sportzensuren mehr ausweisen, als daß sie ‚trotz großer Sprachschwierigkeiten' am Unterricht mit Erfolg teilgenommen haben."
In Sonderschulen sind die Kinder ausländischer Arbeitnehmer — wie die Statistik zeigt (siehe S. 54 und S. 182) — unterpräsentiert. Dies liegt vor allem an den fehlenden Überweisungsverfahren. Die Entwicklung geeigneter, sprachfreier Tests für ausländische Schüler ist erforderlich. Gegenwärtig werden vorhandene Tests auf ihre Abweichungen bei ausländischen Kindern untersucht.

Zur beruflichen Schulbildung ausländischer Jugendlicher

Die schulische Förderung ausländischer Jugendlicher im berufsschulpflichtigen Alter ist bei weitem am unbefriedigendsten. Die Deutschkenntnisse ausländischer Jugendlicher wie die erforderlichen Sachkenntnisse reichen für eine erfolgreiche Berufsschulbildung nur selten aus. Viele Jugendliche kommen ohne Deutschkenntnisse in einem Alter nach Deutschland, in dem sie sofort Arbeit annehmen und damit Geld verdienen können, aber aus Mangel an Deutschkenntnissen kein Ausbildungsverhältnis einzugehen vermögen und praktisch für alle Zeit nur Hilfsarbeiter bleiben. Andere haben während ihres Volksschulbesuchs aus den dargestellten Gründen, oder weil sie erst in die letzten Klassen der Hauptschule eingetreten sind, keinen Hauptschulabschluß erreicht, und damit nicht die erforderlichen Grundlagen für eine fachliche Weiterbildung in der Berufsschule erhalten.
Nach Angaben der Handwerkskammer Stuttgart betrug der Ausländeranteil unter den Auszubildenden im Kammerbezirk im Jahr 1971 6,6% gegenüber 4,5% 1970. Dreiviertel davon entfielen auf die drei Berufe des Kraftfahrzeugtechnikers, des Elektroinstallateurs und des Friseurs (Mädchen).
In Nordrhein-Westfalen besuchten im Schuljahr 1973/74 rund 11 300 ausländische Jugendliche berufsbildende Schulen, davon 10 250 Berufsschulen, 950 berufliche Vollzeitschulen und 120 sog. Eingliederungs- oder Berufsförderungskurse.
Voraussetzung für eine berufliche Ausbildung mit allen damit verbundenen Weiterbildungsmöglichkeiten ist bei den jugendlichen Ausländern in erster Linie die

Beherrschung der deutschen Sprache. Man hat daher Intensivkurse am Ende der Hauptschule oder im ersten Berufsschuljahr angeboten, um die Deutschkenntnisse dieser Schüler zu verbessern. Solche Kurse fanden aber nur in einem geringen Umfang statt: Entweder wurde die hierfür erforderliche Mindestzahl der Schüler nicht erreicht oder das Interesse der Jugendlichen selbst war zu gering, da sie die Bedeutung der Sprachbeherrschung nicht abzuschätzen wußten.
Aus diesem Grunde blieben auch die Forderungen unerfüllt, die jugendliche Ausländer ohne Deutschkenntnisse verpflichten sollten, vor Beginn eines Ausbildungsverhältnisses ein Berufsgrundschuljahr zu absolvieren, das auf die Berufschulpflicht angerechnet werden sollte. Hier sollten die Kinder die deutsche Sprache — auch fachspezifische Ausdrücke — lernen, gleichzeitig aber auch in Stützkursen fachliche Grundlagen erhalten. Die besten Erfahrungen hat man, etwa in München, gemacht, wenn diese Grundlagen über die Muttersprache der Schüler vermittelt wurden. „Es ist durchaus zu bedenken, daß es für viele Berufsschüler aus dem Ausland wichtig sein kann, die muttersprachliche Kompetenz zu erhalten und vor allem die sachspezifischen Register zu erweitern"[1]. Nur eine solche zweispurige Ausbildung (deutscher Sprachunterricht und fachlicher Nachholunterricht, wenn möglich in der Muttersprache) schaffen die Gewähr, daß die ausländischen Jugendlichen im Arbeitsprozeß einen Platz finden, der nicht wie der ihrer Eltern am Rande liegt.
Die KMK-Empfehlung sagt über die berufliche Bildung ausländischer Jugendlicher — mit Ausnahme eines Hinweises auf intensive Kurse in der deutschen Sprache — im Vergleich zu den Empfehlungen im übrigen Schulbereich sehr wenig
Nordrhein-Westfalen beabsichtigt, für den Unterricht berufsschulpflichtiger ausländischer Jugendlicher neben deutschen Lehrern auch ausländische Lehrer einzusetzen[2]. Im Februar 1973 hat der Internationale Bund für Sozialarbeit (Jugendsozialwerk Frankfurt/M.) zur beruflichen Ausbildung der ausländischen Jugendlichen einen Modellvorschlag erstellt, der nach Angaben der Verfasser zwar nicht „idealtypischer Natur" sei, jedoch das Notwendige mit dem Machbaren so zu verbinden versuche, daß eine wirksame Ausbildungsförderung der betreffenden Jugendlichen realisiert werden könne. Das Modell richtet sich an drei Personenkreise:

1. Jugendliche Ausländer, die nach Beendigung ihrer allgemeinen Schulpflicht mangels Lehrstellenreife eine ungelernte Arbeit ausüben oder aufnehmen wollen.

2. Jugendliche Ausländer von 16 Jahren, die nach der Schulentlassung noch ohne Arbeit sind, oder die Hauptschule verlassen, ohne eine Berufsausbildung anzutreten.

---

1 Piepho, Förderung und Integration von Kindern ausländischer Arbeitnehmer, 1972
2 Pressemitteilung der Landesregierung Nordrhein-Westfalen vom 25. 10. 1973

3. Jugendliche Ausländer, die sich in einem Ausbildungsverhältnis befinden, dessen erfolgreicher Abschluß aber wegen sprachlicher oder schulischer Schwierigkeiten gefährdet erscheint.

Das für die Jugendlichen unter Ziffer 1 entwickelte Modell beruht auf einer Kombination von Teilzeitbeschäftigung als Jungarbeiter in einem Betrieb und einem außerbetrieblich angebotenen Förderunterricht. Diese Ausbildung überstreckt sich auf ein Jahr und sieht drei Varianten vor:

a) Teilzeitbeschäftigung des Jungarbeiters mit drei Arbeitstagen im Betrieb, zwei Tage Förderunterricht, davon ein Tag an Stelle des Berufsschultages,

b) wie a) mit zusätzlicher Werkstattunterweisung (Fachdeutsch) am Samstagvormittag,

c) Teilzeitbeschäftigung mit drei Arbeitstagen im Betrieb, ein Tag Berufsschulunterricht, Förderunterricht an einem Wochentag, am Samstagvormittag oder an einem Abend der Woche.

Das unter Ziffer 2 entwickelte Modell sieht einen halbjährigen Vollzeit-Förderunterricht an fünf Wochentagen vor, nach Möglichkeit ergänzt durch Werkstattunterweisung am Samstagvormittag.

Das unter Ziffer 3 entwickelte Modell sieht einen ausbildungsbegleitenden Förderunterricht am Samstagvormittag und an einem oder zwei Abenden in der Woche vor.

Ein Modellversuch des Bundesministers für Arbeit und Sozialordnung erprobt 1974/75 das Modell 1 b, der Förderunterricht erfolgt mit Hilfe von Arbeitsmaterialien des Goethe-Instituts. Die Jugendlichen sollen voll entlohnt werden. Die ausländischen Eltern werden über die Sozialbetreuer informiert.

2.4.3 Die Bedeutung der Muttersprache

Wenn davon die Rede ist, daß die Regelungen bisher den Bedürfnissen der Kinder ausländischer Arbeitnehmer nicht gerecht geworden sind, dann gilt das vor allem für den Unterricht in der Muttersprache der ausländischen Schüler.

Von den ausländischen Kindern aus den Entsendestaaten an Grund- und Hauptschulen wurden in Bayern 1972 nur ein Drittel, 1973 40% in der Muttersprache gefördert (siehe Seite 184).

Kein Wunder, daß die Heimatstaaten bei diesen Zahlen Bedenken bekommen, wenn diese Kinder wieder in ihr Land zurückkehren.

Verbindung zur Muttersprache

„Wir bürden in der Frage der Integration den Kindern ausländischer Arbeitnehmer", so Sitki Bilmen, „eine zusätzliche Last auf, da sie zugleich mit ihrer Muttersprache und der heimischen Kultur in Verbindung bleiben und neben ihren normalen Pflichten in den Schulen des Gastlandes Unterricht in der Ausgangssprache erhalten. Das mag so aussehen, als würde plötzlich die Bremse gezogen, während die Kinder mit voller Kraft auf die Eingliederung zusteuern. Da aber kein Land bereit ist, auf dieses Recht in bezug auf seine kleinen Bürger zu verzichten, müssen wir uns vernünftigerweise damit abfinden und können sogar versuchen, diese Tatsache als positives Element für unsere längerfristigen Absichten zu nutzen."

Dazu der deutsche Gewerkschaftsbund: „Der Unterricht in der Muttersprache soll der Kommunikation innerhalb der Familie des ausländischen Arbeitnehmers und der Erhaltung der muttersprachlichen Ausdrucksfähigkeit dienen."
Das ist jedoch zu wenig. Nach dem KMK-Beschluß von 1971 stehen für den muttersprachlichen Unterricht 5 Wochenstunden zur Verfügung, die in der Regel zusätzlich zum übrigen Unterricht erteilt werden, unter Umständen in der 5. und 6. Stunde oder am Nachmittag, abgesehen davon, daß er in vielen Fällen überhaupt nicht stattfindet. Organisatorische Schwierigkeiten, das unterschiedliche Angebot an ausländischen Lehrern, die Streuung der Schüler führt in allen Ländern der Bundesrepublik dazu, daß das Angebot, das den ausländischen Eltern hier gemacht worden war, nicht immer angenommen werden konnte. Bereits zwei Monate nach der Veröffentlichung des KMK-Beschlusses wurde daher in der Theodor-Heuss-Akademie in einem Seminar in Gummersbach 1972 die Forderung erhoben: „Die Soll-Bestimmung, daß ausländischen Kindern die Möglichkeit an der Teilnahme am muttersprachlichen Unterricht gegeben wird, ist im Sinne einer Verpflichtung zu interpretieren."

Daß ein Mangel erkannt worden war, bewies auch die Erhöhung der Unterrichtszeit für muttersprachlichen Unterricht von 5 auf 10 Wochenstunden, die in einzelnen Ländern vorgenommen werden konnte, wenn die Schulträger oder die Konsulate die Personalkosten für die zusätzlichen Stunden zu übernehmen bereit waren. Damit erhöhte sich jedoch die Gesamtzahl aller Unterrichtsstunden des ausländischen Kindes, das ja auch vom deutschsprachigen Unterricht nichts versäumen sollte. Da außerdem dieser Unterricht nicht auf den Unterricht der deutschen Klassen abgestimmt ist, bedeutete eine solche Erhöhung für die Kinder eine zusätzliche Belastung, die wiederum ihr Fortkommen erschwerte.

„Die doppelte Schulbelastung und die in beiden Fällen nicht ausreichende Anforderung und Förderung gemeinsam mit der Ziellosigkeit des Elternhauses verhindert, daß die Kinder in der Ausgangssprache oder der Zielsprache genügend sicher werden, um ihre Umwelt, sich selbst und die fachlichen Inhalte ihrem Alter und ihrer Intelligenz entsprechend verstehen zu lernen. Es gibt heute zahlreiche Kinder, die mit ihren Eltern nicht oder kaum mehr in der Muttersprache reden können, zumindest nicht in allen Registern"[1].

---

1 Piepho, Förderung und Integration von Kindern ausländischer Arbeitnehmer, 1972

Nun geht es aber nicht ausschließlich um diese Verbindung zur Familie zum Heimatland oder um die Reintegrationsfähigkeit des ausländischen Kindes. Sie ist keinesfalls der einzige Grund für die Gewichtigkeit, die der muttersprachlichen Bildung zukommt. Ein weiterer entscheidender Gesichtspunkt, der bisher nicht oder kaum beachtet worden ist, ist die Bedeutung der Muttersprache des ausländischen Kindes für seine schulische Integration und seine Bildung allgemein.

Unterrichtsmedium Muttersprache

Die bisherige Auffassung wird etwa in folgender Formulierung deutlich: „Das ausländische Kind soll seine Situation mit den Mitteln der deutschen Sprache bewältigen lernen."
Nun ist aber die Verständigungsmöglichkeit durch die Sprache die grundlegende Voraussetzung jeder Vermittlung von Bildung. Dieser Gedankengang hat weitgehende Konsequenzen: Das ausländische Kind muß seinen Lehrer verstehen, der Lehrer muß den ausländischen Schüler verstehen. Jemand hat einmal gesagt: „Lehrer, die der Heimatsprache der Gastarbeiterkinder nicht mächtig sind, überfordern diese Kinder ständig." Nun, daß unsere Lehrer die Muttersprache der ausländischen Kinder in den meisten Fällen nicht beherrschen, ist nicht zu ändern. Ausländische Lehrer können dieses Manko jedoch sofort ausgleichen. Wer ausländische Kinder in einem in Griechisch, Italienisch oder Türkisch geführten Unterrichtsgespräch mit ihren Lehrern einmal erlebt hat, wird dies bestätigen. Eine spanische Lehrerin: „Meine deutschen Kollegen klagen über die Passivität mancher spanischer Kinder — und ich kann sie im Spanischunterricht kaum bändigen."
In seinem Werk „Frühe Zweisprachigkeit" zitiert W. Wieczerkowski 1965 hinsichtlich der Problematik einer zweisprachigen Bildung L. Weisgerber: „Kinder, die von Grund auf zweisprachig sind, werden in ihrer geistigen Entwicklung nicht etwa gefördert, sondern geschädigt. Diese Schäden wiegen besonders schwer, wenn die Schule zweisprachig ist in dem Sinn, daß das Kind, das vom ersten Schuljahr an eine fremde Sprache erlernen muß, sich auch tatsächlich dieser Sprache bedienen, in ihr denken und arbeiten soll. Unter solchen Umständen ist der Unterricht in fremden Sprachen keine Förderung der sprachlichen Bildung, sondern ein Eingriff in die Entwicklung des Kindes, der die allergrößten Bedenken weckt."
Engelbert Onnen, Leiter der Zentralstelle für das Auslandsschulwesen, kennzeichnet die Aufgabe, die hier erwächst, folgendermaßen[1]:
„Für die geistig-seelische Entwicklung eines Kindes sind die ersten Lebensjahre von ausschlaggebender Bedeutung, alle späteren Maßnahmen haben nur additive

---
1 Vortrag über „Muttersprachlichen und fremdsprachlichen Unterricht in der Primarstufe der deutschen Auslandsschule"

Wirkung. Diese Entwicklung geschieht im Medium und durch das Medium Sprache. Es liegt daher auf der Hand, daß auch der Erziehung und dem Unterricht in der Muttersprache in der Schule eine hervorragende und sicherlich vorrangige Bedeutung zukommen ... Es ist daher ein bedenkliches Unterfangen, den weitaus überwiegenden Teil des Unterrichts der fremden Sprache zuzuweisen." „Die Durchmischung von fremdsprachigen Kindern, die das Deutsche nur in schulischen Verhaltensbereichen und undifferenziert sprechen, mit deutschen Kindern, die von zu Hause mehr oder weniger den ganzen Lebensbereich der Sprache zur Verfügung haben, ist etwa ebenso sinnvoll wie ein gemeinsamer Kurs von Biologie-Universitätsprofessoren mit Obertertianern. (Nur daß sich diese den Unsinn vermutlich nicht gefallen lassen würden.)" „Geradezu absurd wird die Situation im Fachunterricht, wo der Unterrichtsfortschritt einen Grad der Sprachbeherrschung voraussetzen müßte, der einfach noch nicht da sein kann."
Und Onnen gelangt zu der Schlußfolgerung: „Erst wenn einerseits die Muttersprache im dominierenden Unterricht genügend verfügbar gemacht wurde, wenn der Stoff der Altersstufe beherrscht wird, wenn die Fremdsprache (Deutsch) im begleitenden, systematischen Unterricht genügend beherrscht wird, ist die Integration von ausländischen Kindern verschiedener Muttersprachen in die deutsche Schule (und damit in die deutsche Sprache) zunehmend sinnvoll."
Hans-E. Piepho[1] sieht die Zusammenhänge ähnlich, plädiert aber für die Gleichzeitigkeit von deutscher Sprache und Muttersprache, wobei letztere einen weit geringeren Anteil am Unterricht hat: „Schulpflichtige ausländische Kinder sollten vor der Einschulung in eine Regelklasse zunächst ausführlich in der Zielsprache unterrichtet werden. Sogleich ist aber dringend notwendig, daß sie zu einem Teil in ihrer Ausgangssprache weiter in den Sach- und Fachgebieten gefördert werden, die den Anforderungen in Klassen ihrer Leistungsgruppe entsprechen. Darüber hinaus ist zu wünschen, daß die ausländischen Kinder frühzeitig in gewissen Stunden mit ihren deutschen Altersgenossen Kontakt haben und gemeinsame Erlebnisse erfahren."

Etwas anderes kommt hinzu:
„Bildet man ein Kind nicht in seiner Muttersprache und zwingt man es, sich in einem fremden Idiom auszudrücken, bevor es die eigene Sprache beherrscht, so raubt man ihm ein Stück seiner Persönlichkeit und verstößt gegen Artikel 2 unseres Grundgesetzes... Es widerspricht Grundgesetz und Menschenrecht, wenn man die Kinder in einen Unterricht zwingt, der so stark von deutscher Sprache und Kultur ausgeprägt ist, daß für einen Unterricht in Sprache und Kultur des Heimatlandes nur 5 konservierende Wochenstunden übrigbleiben. Auch die heimatliche Sprache und Kultur muß von einer Schule, zumal wenn sie eine Pflichtschule ist, aufbauend gepflegt werden. Zeigt man sich nur an einem deutschen

---

[1] Piepho, Förderung und Integration von Kindern ausländischer Arbeitnehmer, 1972

Unterricht interessiert, gerät man allzuschnell in die Rolle eines Sklavenhalters, der hinter den Nützlichkeitserwartungen den Menschen vergißt"[1]

Schon 1972 hatte die UNESCO empfohlen, konkrete Maßnahmen zu ergreifen, „um die Bildungschancen der Gastarbeiterkinder zu verbessern". Diese Verbesserungen werden an einen möglichst weitgehenden Gebrauch der Muttersprache geknüpft.[2]

Auf der ad hoc-Konferenz der Vertreter der europäischen Erziehungsminister zum Thema „Bildung und Erziehung von Wanderarbeitern und ihrer Familien" im November 1974 in Straßburg wurde die Bedeutung des Unterrichts in der Muttersprache besonders gewürdigt. Es sei für die Kinder von Wanderarbeitnehmern wichtig, die Beherrschung ihrer Muttersprache zu erhalten und zu vervollkommnen. Diese Beherrschung böte — unabhängig von der entscheidenden Rolle, die sie beim Aufbau und der Entwicklung der Persönlichkeit des Kindes spielt — bessere Chancen für eine eventuelle Reintegration in das Herkunftsland und für gute Beziehungen innerhalb der Familien, sie sei in jedem Falle eine bessere Grundlage für das Studium der Sprache des Gastlandes. Der muttersprachliche Unterricht sei vorzugsweise in den normalen Stundenplan mit einzubeziehen. Die Anerkennung dieses Erwägungsgrundes bedeutet sowohl theoretisch wie praktisch einen starken Durchbruch in Richtung auf Zweisprachigkeit als schulisches Bildungsziel[3].

Auf dieser Konferenz betonte der finnische Delegationsleiter, die Stellung der Muttersprache sei das Schlüsselproblem des Bildungskonzeptes für den Unterricht ausländischer Schüler. Die Sprache des Gastlandes dürfe man nicht in den Mittelpunkt des Ausländerunterrichts stellen. Die den Kindern fremde Sprache müsse in sinnvoller Weise für den Bedarf im Gastland vermittelt werden. Es sei aber immer leichter, die zweite, als die erste Million zu verdienen; ebenso sei es leichter, eine zweite Sprache zu lernen, wenn man erst einmal seine erste Sprache gründlich gelernt hat. Der schwedische Generalberichterstatter führte aus: Große Anstrengungen sollten unternommen werden, um sicherzustellen, daß zugewanderte Kinder und Erwachsene ihre eigene Muttersprache richtig gebrauchen können, gerade um „zweisprachig" und nicht „halbsprachig" zu werden. Das Gastland sollte daher dem Zuwanderer helfen, seine Muttersprache, die Denksprache, zu vervollkommnen. Dies gelte nicht nur für Wanderarbeit-

---

1 Ernst Holzmann in „Stimmen der Zeit", Juni 1973. Vgl. auch S. 155 den Abschnitt „Zweisprachigkeit".
2 Empfehlungen der UNESCO-Konferenz vom 17. 10. 1972. In Umsetzung dieser Empfehlungen hat sich die Deutsche UNESCO-Kommission dafür ausgesprochen, im Schulbereich besondere Stützpunkte in der Form bikultureller Schulmodelle zu schaffen. (Seminarbericht, Pullach/München 1974)
3 Nach einer Mitteilung des Sekretariats der KMK 5/74. Ein ausführlicher Bericht über die Konferenz ist in Heft 1/1975 der Zeitschrift „Bildung und Erziehung", Stuttgart, erschienen.

nehmer auf Zeit, die früher oder später zurückkehren, sondern auch für die endgültig im Land verbleibenden Einwanderer.

2.4.4 Das Elternrecht

In einer Frankfurter Schule[1] gibt es homogene Vorbereitungsklassen, in denen nur türkische Kinder sitzen. „Ein Türke will sein Kind anmelden. Der Rektor läßt einen kleinen Dolmetscher holen, er erfährt, wie alt das Kind ist und daß es in eine türkische Vorbereitungsklasse soll, weil es nicht Deutsch spricht. Der Rektor sagt: ‚Nein, deutsche Klasse!' Der Türke redet wild auf ihn ein, der kleine Dolmetscher übersetzt: ‚Er sagt, Vorbereitungsklasse, sonst findet sich sein Kind später nicht mehr zurecht in der Türkei.' Der Rektor: ‚Nein, deutsche Klasse.' Er schlägt einen Test vor, der beweisen soll, daß das Kind ein paar Brocken Deutsch spricht, daß man ihm deutschen Unterricht zumuten kann. Der Vater überlegt und sagt: ‚Morgen'. Am anderen Tag läßt sein Kind stumm den Test über sich ergehen. Der Rektor sagt: ‚Die stellen sich einfach dumm, sie führen uns hinters Licht.' Notgedrungen sagt er jetzt: ‚Ja, Vorbereitungsklasse.' Das Kind geht in die türkische Vorbereitungsklasse."
Hier wird der Elternwille deutlich: Keineswegs Integration um jeden Preis und kein Aufgeben der Muttersprache. Nach einem Bericht der Neuen Zürcher Zeitung fehlt auch bei italienischen Arbeitnehmern in der Schweiz „vielfach der Wille zur Assimilation seitens der Eltern". Eine nicht unerhebliche Zahl der ausländischen Eltern sehe durch den Zwang zum Übertritt in Schweizer Schulen keine andere Möglichkeit, als sich vom Kinde zu trennen und es nach Italien zurück zu Verwandten oder Bekannten zu schicken, damit es dort die italienische Schule besuchen könne und später Weiterbildungsmöglichkeiten habe.
Oder Gregor Manousakis[2]: „Die meisten ausländischen Eltern wissen, daß weder ihre eigene noch ihrer Kinder Zukunft in Deutschland liegt. Ihr Wunsch, ihre Kinder sollten für diesen Augenblick gut vorbereitet sein, ist wohl nur den Erfindern des unmenschlichen Schulsystems für Ausländerkinder unverständlich. Sich effektiv dagegen wehren können die ausländischen Eltern nicht. Selbst wenn sie ihr Recht kennen, sind sie nicht in der Lage, ihm den nötigen Nachdruck zu verleihen. Ihre schriftlichen Proteste bei Schulämtern und Ministerien sind dem Papierkorb geweiht, die Presse können sie nicht mobilisieren."
In diesem Zusammenhang ist die vor Jahren aufgestellte These von Belang, die aufgrund der Art. 12 und 26 der Allgemeinen Erklärung der Menschenrechte durch die Vereinten Nationen (1948) und des Art. 8 der Straßburger Konvention zum Schutze der Menschenrechte (1950) die erzwungene Umstellung der Kinder ausländischer Arbeitnehmer auf die deutsche Unterrichts- und Denkspra-

---

[1] Aus einem Bericht von Peter Schille, Zeitschrift nicht mehr bekannt.
[2] „Schulexperimente mit Ausländerkindern; das Recht auf die Muttersprache. In: Rheinischer Merkur, 8. 2. 1974

che als ungerechtfertigten Eingriff in die Privatsphäre der auf Einbürgerung nicht bedachten Ausländer ansieht, zumindest die Rechtmäßigkeit in Frage stellt. In Art. 26 Abs. 3 heißt es: „In erster Linie haben die Eltern das Recht, die Art der ihren Kindern zuteil werdenden Bildung zu bestimmen."
1971 fragte Kultusminister Professor Dr. Hahn, Baden-Württemberg: „Erscheint es nicht gerecht, dem einzelnen die Wahl zu lassen, ob er sein Kind in der nationalen oder aber in der deutschen Sprache und Kultur erziehen möchte? Zumindest wird man versuchen müssen, mehr als bisher den Erwartungen und Interessen der Minoritäten im kulturellen Bereich entgegenzukommen. Hier wird es sich entscheiden, ob wir die Fähigkeiten besitzen, mit den ausländischen Minoritäten in unserem Lande zu leben und deren Kultur zu achten."
Und bereits 1969 empfiehlt in einer von der „Aktion 365" herausgegebenen Denkschrift[1] die Verfasserin, Else Görgl, den Eltern das Recht zu lassen, „den Vorrang der einen oder anderen Sprache selbst zu bestimmen" und beruft sich darauf, daß Elternrecht und Recht auf Bildung gleichermaßen zum Kern der Menschenrechte zählen. Recht der Eltern solle bleiben, die Denksprache zu wählen. Wenn es die Muttersprache sei, dann solle der gesamte Unterricht, in dem die schwierigen Denkschritte verlangt würden, auch in der Muttersprache erteilt werden. Deutschunterricht sei zusätzlich zu erteilen, ergänzt durch Teilnahme am deutschsprachigen Unterricht in Nebenfächern.
Hier finden wir eine Grundauffassung.
Das Recht der Eltern, über die Bildung ihrer Kinder zu bestimmen, wird in Zukunft mehr berücksichtigt werden müssen. „Die Schulbildung der ausländischen Kinder ist nicht ohne oder gegen den Willen der Eltern möglich"[2].
Es wird daher auch notwendig sein, stärker als bisher und wiederholt den ausländischen Eltern klarzumachen, welche Bedeutung regelmäßiger Schulbesuch für ihre Kinder hat und welche Chancen sich ihnen in den deutschen Schulen und durch eine berufliche Ausbildung bieten. In Zürich stellte eine Expertenkommission für „Assimilierungsfragen" fest: „Eine gesunde Assimilierung der Kinder setzt eine gesunde Assimilierung der Eltern voraus. Erforderlich ist die Einrichtung neutraler Beratungsstellen, die Schaffung eines möglichst permanenten und koordinierten Informationsflusses zwischen Lehrern, Schulbehörden, ausländischen und Schweizer Eltern, Mütterberatung, fremdsprachige Weiterbildungskurse für Eltern, Berufsberatung, Gesprächsmöglichkeiten für ausländische Eltern und Elternvertretungen in Schulbelangen, um die ausländischen Eltern unmittelbar an der Schule und damit an der Ausbildung ihrer Kinder zu beteiligen und sie so durch Mitarbeit und durch Mittragen von Verantwortung aus ihrer eventuellen Isolation herauszuführen."

---

1 vom 8. 9. 1969
2 Gutachten zur Schul- und Berufsbildung und zur sozialen Integration ausländischer Kinder in der Bundesrepublik, herausgegeben vom Kommissariat der deutschen Bischöfe, Bonn 1973

Die in Nordrhein-Westfalen seit längerem, in Bayern seit 1973 in Großstädten regelmäßig durchgeführten Sprechtage für ausländische Eltern in ihrer Heimatsprache, zusammen mit den Vertretern der Schulbehörden, mit deutschen und ausländischen Lehrern, mit den Sozialbetreuern und deutschen Fachleitern für den Unterricht der Kinder ausländischer Arbeitnehmer haben in erheblichem Maße dazu beigetragen, das Informationsdefizit zu verringern und Mißverständnisse aus dem Weg zu räumen. In Ballungsgebieten beteiligen sich vereinzelt ausländische Elternvertreter mit Erfolg in Elternbeiräten.

2.4.5 Zusammenfassung

Halten wir fest:

— Die in den letzten Jahren ergriffenen Maßnahmen hatten vorwiegend defensiven Charakter.

— Die Barrieren auf dem Weg, den ausländischen Kindern ihren Bedürfnissen entsprechende Bildungschancen einzuräumen, sind durch die bisherigen Empfehlungen der Kultusminister nicht beseitigt.

— Den Bemühungen, die Kinder voll zu integrieren, wie sie die Empfehlung vor allem in Form der Vorbereitungsklassen vorsieht, kommt die ihnen eingeräumte Priorität nicht zu. Vorbereitungsklassen sind nicht die einzige Unterrichtseinrichtung, einen Übertritt in deutsche Klassen zu ermöglichen.

— Die Doppelaufgabe, die sich die Kultusministerkonferenz gestellt hat, ist nicht genügend zur Geltung gekommen. In der etwas euphorischen Annahme, daß die Schulbildung der Kinder ausländischer Arbeitnehmer aufgrund detaillierter Empfehlungen nun endlich in vollziehbaren Regelungen vorgegeben war, hatte man die unterschiedliche Gewichtigkeit der beiden Aufgaben nicht weiter beachtet. Möglicherweise war auch die Gewißheit, daß man nicht in beiden Bereichen zugleich zu voll befriedigenden Ergebnissen gelangen würde, der Grund, warum Maßnahmen zur Integration in das deutsche Schulwesen stärker betont wurden, zumal zu erwarten war, daß diese Maßnahmen innerhalb der deutschen Schulorganisation mit mehr Aussicht auf Erfolg durchgeführt werden konnten. Doch auch diese Erwartung trog. „Alle Bemühungen und Maßnahmen zur Schul- und Berufsbildung ausländischer Kinder und Jugendlicher haben sich bisher als wenig wirksam erwiesen. Das Ausmaß des Übels wird durch den Hinweis auf die wenigen Ausnahmefälle gelungener Integration verdrängt."[1]

— Die Bedeutung der Muttersprache wurde unterschätzt, einmal was die Notwendigkeit betrifft, den Kindern auch eine Reintegration ins heimatliche Schulwesen zu ermöglichen, zum andern was den Lernfortschritt in den einzelnen Unterrichtsfächern betrifft.

---

[1] Prof. Dr. Hermann Müller in der Einleitung zum Gutachten zur Schul- und Berufsbildung und zur sozialen Integration ausländischer Kinder in der Bundesrepublik, herausgegeben vom Kommissariat der deutschen Bischöfe, Bonn 1973

Wegen der Ungewißheit der Situation der ausländischen Arbeitnehmer hinsichtlich der ausländerpolitischen und wirtschaftlichen Entwicklung in Deutschland wie in seinem Heimatland, die sich auch auf seine Kinder überträgt, muß dem Ausländer Offenheit nach beiden Seiten gewährt werden. Für die Schule bedeutet dies, ausländischen Schülern einen Bildungsweg zu eröffnen, der so gestaltet ist, daß jede mögliche Einrichtung darin Platz findet, ohne Schaden für die davon betroffenen Kinder. Gleichwertige Bildungschancen sind für die ausländischen Schüler bei einer zu frühen Integration in deutsche Klassen nicht gegeben. Der KMK-Beschluß ist zu überprüfen, ob er in seiner Ausschließlichkeit weiter haltbar ist, ob er durch flexiblere Lösungen ergänzt und auf Grund neuer Erkenntnisse im muttersprachlichen Bereich neu zu fassen ist[1].

Konsequenzen müssen gezogen werden.

Katalog der Forderungen

Auf internationaler Ebene wurden in einer Mitteilung der Kommission der Europäischen Gemeinschaft vom 11. 3. 1974 zur Integration der ausländischen Kinder in ihre neue schulische Umgebung unter gleichzeitiger Achtung ihrer eigenen kulturellen Identität den Mitgliedsstaaten folgende Maßnahmen empfohlen:
a) Vorkehrungen für die Aufnahme der Kinder und ihre Anpassung an das neue Ausbildungssystem;
b) Maßnahmen zur weiteren Unterrichtung der Kinder in ihrer Muttersprache und in der Kultur ihres Heimatlandes;
c) Maßnahmen zur Förderung der Wiedereingliederung in das Bildungssystem ihres Heimatlandes mit entsprechender Anrechnung ihrer Ausbildungszeit im Ausland;
d) Ausbildung von Lehrern, die mit den Problemen der Unterrichtung von Gastarbeiterkindern besonders vertraut sind, Einstellung von ausländischen Lehrkräften, die mit der Muttersprache der Kinder vertraut sind;
e) Maßnahmen zur finanziellen Unterstützung, um Schülern, die Kinder von Wanderarbeitnehmern sind, in der gleichen Weise wie Einheimischen den Zugang zu den Bildungseinrichtungen aller Stufen zu ermöglichen.

An der ad hoc-Konferenz vom 5. bis 8. Nov. 1974 in Straßburg unter der Schirmherrschaft des Europarates (vgl. S. 105) haben Vertreter der europäischen Erziehungsminister aus 18 Signatarstaaten teilgenommen. Im Mittelpunkt standen den Beratungen zu den Themen

---

1 Seit Herbst 1974 ist die Arbeitsgruppe der KMK „Unterricht für ausländische Kinder und Jugendliche" mit der Verbesserung der geltenden Empfehlungen befaßt. Dabei wird unter anderem der Beschluß aus dem Jahre 1971 insbesondere aufgrund der Erkenntnisse über die Bedeutung des Unterrichts in der Denksprache durch flexiblere Unterrichtseinrichtungen ergänzt.

1. Verbesserung der Stellung des Wanderarbeiters und seiner Familie bei der Ankunft im Gastland;
2. Sicherstellung zufriedenstellender Ausbildungsmöglichkeiten vor und während der Pflichtschulzeit im Gastland;
3. Ausbildungs- und Bildungschancen für Erwachsene und Jugendliche im Gastland.

Die Konferenz formulierte Empfehlungen (Wortlaut der Resolution Nr. 2 siehe S. 210), die folgende Probleme behandelten:

Zu 1: Probleme beim Einfügen ins Gastland, wo sich die Wanderarbeitnehmer aktiv am Leben ihrer neuen sozialen Umgebung beteiligen wollen: Einwirken auf die öffentliche Meinung und Schärfung des Bewußtseins der Öffentlichkeit für diese Angelegenheiten, Information der Wanderarbeitnehmer über das Gastland, Familienzusammenführung, Forderung der Kontakte zum besseren gegenseitigen Verständnis, Abbau der Diskriminierung, Einsetzen lokaler Beratungsstellen.

Zu 2 und 3: Maßnahmen zur Sicherung gleicher Bildungschancen für Wanderarbeitnehmer und ihrer Kinder. Angemessene Kenntnis der Sprache des Gastlandes, gleichzeitig Kentnisse der Sprache und Kultur des Herkunftslandes als Grundlage der geistigen Entwicklung der Kinder. Erhalt und Verbesserung der Muttersprache im Hinblick auf eine Rückkehr in das Herkunftsland.

An dieser Stelle ist interessant, zusammenzufassen, was in Kreisen der deutschen Öffentlichkeit an den bisherigen Konzepten hinsichtlich der Schulbildung der Kinder ausländischer Arbeitnehmer kritisiert wurde und welche Forderungen aus verschiedenen Richtungen innerhalb eines Jahres zur Verbesserung der Situation aufgestellt wurden. Die Durchsicht vermittelt einen Eindruck von der Bandbreite der Problematik:

— An den pädagogischen Hochschulen sind für Volksschullehrer Kurse einzurichten, die von Dozenten abgehalten werden, die speziell mit der Problematik der Kinder ausländischer Arbeitnehmer vertraut sind.
— An der Universität sind Veranstaltungen einzurichten, in denen, ausgehend von der besonderen Situation der ausländischen Kinder, die Erkenntnisse der modernen Linguistik für das Erlernen der deutschen Sprache als Fremdsprache vermittelt werden.
— Innerhalb des Vorlesungsprogramms der Universität ist das Fach „Unterricht ausländischer Schüler an deutschen Schulen" einzubauen.
— An den Universitäten ist ein interdisziplinäres Curriculum zum Verständnis der Lage der ausländischen Arbeitnehmer in der Bundesrepublik Deutschland, in Europa und in den Ursprungsländern einzurichten.
— An den Universitäten muß ein Studium ermöglicht werden, das zum Schwerpunkt entweder die Didaktik der deutschen Sprache als Fremdsprache oder die Didaktik einer der Sprachen der ausländischen Arbeitnehmer hat.
— Die in berufsbegleitenden planmäßigen Veranstaltungen erzielten Fortbildungsabschlüsse der Lehrer sind als Statuskriterien anzuerkennen, das heißt auch finanziell zu honorieren.

- Wissenschaftliche Untersuchungen zur Problematik „Kinder ausländischer Arbeitnehmer" sind durch staatliche Stellen finanziell und durch Amtshilfe zu unterstützen.
- Bei allen Schulbehörden sind Planstellen für hauptamtliche Mitarbeiter zu schaffen, die sich dem Arbeitsgebiet „ausländische Kinder" widmen.
- In den Kindergärten sind Plätze für ausländische Kinder zu reservieren, deren Zahl dem Prozentanteil der ausländischen Kinder in der Gemeinde entspricht.
- Zur Einrichtung von zusätzlichen Kindergärten für ausländische Kinder haben die Träger, die Bundesanstalt für Arbeit und die Unternehmen, die ausländische Arbeiter beschäftigen, Zuschüsse zu leisten.
- In Kindergärten mit mehr als 10 ausländischen Kindern sind spezielle Förderungsmaßnahmen durchzuführen.
- Ausländische Kinder dürfen bei der Aufnahme in Vorschulklassen nicht benachteiligt werden. Hier sind sie vor ihrem Eintritt in die deutsche Schule in die deutsche Sprache einzuführen.
- Die ausländischen Kinder müssen vor ihrem Eintritt in deutsche Schulen einen gründlichen Deutschunterricht erhalten, dazu sind Gruppen aus dem gleichen Sprachraum zu bilden, möglichst nach Jahrgängen unterteilt.
- Alle berufschulpflichtigen ausländischen Jugendlichen sind durch Koordination zwischen Meldebehörden, Ausländerbehörde, Arbeitsamt, Gewerbeaufsichtsamt und Arbeitgebern zu erfassen.
- Jedes ausländische Kind hat die Möglichkeit zu erhalten, sich beruflich fortzubilden und sich in seinem Beruf zu qualifizieren.
- Die ausländischen Jugendlichen sind zu verpflichten, vor Erhalt der Arbeitserlaubnis und vor der Arbeitsaufnahme ein Jahr Vollzeitunterricht zu absolvieren. Dieses Jahr wird auf die Berufschulpflicht angerechnet. Als Nachweis der Sprachkenntnisse wird ein „Sprachpaß" ausgestellt, der zum Erhalt der Arbeitserlaubnis erforderlich ist.
- Bei der Überprüfung von Wohnungen durch die Wohnungsaufsicht sind die Kinder in die Erhebungsbögen einzutragen, diese Angaben sind den Schulbehörden weiterzuleiten.
- Die Sozialbetreuer sollen bei den ausländischen Familien feststellen, ob Kinder vorhanden sind und dies den Schulbehörden mitteilen.
- In der Bildungsplanung und in den Haushalten der Kultusministerien muß die Zahl der ausländischen Kinder beim Bedarf von Räumen, Lehrmitteln, Lehrern gleichberechtigt mit den Ansprüchen deutscher Schüler berücksichtigt werden.
- Trotz des Lehrermangels sind besondere Lehrerplanstellen bereitzustellen.
- In den Gemeinden sind für die erforderliche Bildung von Kursen und Klassen für ausländische Schüler die erforderlichen Lehrer und zusätzliche Gelder zuzuteilen.
- In den Vorbereitungsklassen sollen die Schüler in Jahrgangsklassen zusammengefaßt werden.
- Können an einer Schule keine Sonderkurse eingerichtet werden, ist sicherzustellen, daß ein Mindestmaß an zusätzlichen Förderstunden (Deutsch) erteilt wird.
- Für Kinder, die die lateinische Schreibschrift nicht beherrschen, sind eigene Förderkurse einzurichten.
- An jeder Schule sind besondere Maßnahmen zur Förderung jener Kinder durchzuführen, die während des Schuljahres in die Klasse eintreten.
- Im Deutschunterricht darf die Schülerzahl von 10 bis 12 Kindern nicht überschritten werden.

- Gruppen, in denen ausländische Kinder unterrichtet werden, dürfen nicht mehr als 20 Schüler umfassen.
- In Normalklassen mit ausländischen Kindern ist die Klassenstärke zu reduzieren, dabei zählt jedes ausländische Kind doppelt.
- Eigene Lehrbücher für die ausländischen Kinder in den verschiedenen Altersstufen sind zu entwickeln, da die im Fachunterricht verwendeten Lehrbücher für sie ungeeignet sind, denn sie sind auf deutsche Verhältnisse abgestimmt und setzen ein Sprachverständnis voraus.
- Das ausländische Kind soll Einsicht in die grammatischen Strukturen der deutschen Sprache gewinnen.
- Die Kinder sind so auszubilden, daß sie am Ende der Schulzeit auch ihre Muttersprache in Wort und Schrift beherrschen.
- Klassen mit ausländischen Schülern sind finanziell zu unterstützen. Bei Anschaffungen sind die Lehrer verantwortlich. Die Ausgaben sind zu überprüfen, ob sie nicht zweckentfremdet verwendet werden.
- Sprachlabors, Tonbänder und Kassettengeräte sind an den Schulen anzuschaffen.
- Haftelemente, Dias, Handpuppen, Arbeitsbücher, Folien für Overhead-Projektor, Wortkarten sind für den Deutsch-Unterricht der ausländischen Kinder dringend erforderlich.
- Unterrichtsprogramme für den Unterricht der ausländischen Kinder sind zu entwickeln.
- 8 mm- und 16 mm-Filme sind für den Deutschunterricht ausländischer Kinder anzuschaffen.
- Der Lernzuwachs im Deutschunterricht ist durch qualitative oder Kriteriumstests zu überprüfen.
- Um Intelligenzbeurteilungen bei ausländischen Kindern vornehmen zu können, sind eigene Testverfahren zu entwickeln.
- Die Teilnahme am Englischunterricht muß auch ausländischen Kindern ermöglicht werden, damit sie einen Schulabschluß erreichen können.
- Das ausländische Kind soll durch eigene Lehrer und Volksgruppenveranstaltungen seiner heimatlichen Sprache und Gesellschaft nicht entfremdet werden.
- Die ausländischen Kinder sind auch außerhalb der Schule bei der Fertigung ihrer Hausarbeiten zu unterstützen.
- Alle nationalen Schulen, in welcher Form sie auch immer auftreten, sind abzuschaffen.
- Der muttersprachliche Zusatzunterricht ist nur sinnvoll, wenn er mindestens 15 Wochenstunden umfaßt.
- Eine gemeinsame Erziehung ausländischer und deutscher Kinder in der Bundesrepublik kann nur akzeptiert werden, wenn hierfür gute Lehrer und einwandfreie Lehrmittel zur Verfügung stehen.
- Ausländische Kinder im ländlichen Bereich müssen stärker berücksichtigt und die sie betreffenden offenkundigen Benachteiligungen aufgehoben werden. Erforderlich sind alternative Programme.
- Sprachzüge in den Heimatsprachen der ausländischen Kinder sollen auch deutschen Schülern in freier Wahl zugänglich sein, so daß jede Sonderstellung oder Diskriminierung vermieden wird.
- Für den Unterricht der ausländischen Kinder an deutschen Schulen sind eigene Lehrpläne zu erstellen.
- Für alle europäischen Länder ist ein einheitliches Geschichtsbuch zu erarbeiten, das unter Vermeidung nationalistischer Tendenzen ein Geschichtsbild vermittelt, das die Gemeinsamkeit in der europäischen Geschichtsentwicklung betont.

- Die Einführung eines internationalen Schulpasses soll den Lehrer in die Lage versetzen, den Leistungsstand des zu ihm kommenden Schülers sofort abzulesen.
- Bei Abschlußprüfungen sind für die ausländischen Kinder hinsichtlich des Fremdsprachenunterrichts eigene Regelungen zu treffen.
- Die Benotung der ausländischen Schüler in deutschen Klassen hat nach einem Maßstab zu erfolgen, der auf ihre besondere Situation Rücksicht nimmt.
- Ausländischen Kindern muß wie deutschen Kindern der Übergang zu weiterführenden Schulen ermöglicht werden.
- Für ausländische Schüler müssen zur Aufnahme in eine weiterführende Schule hinsichtlich von Prüfungen besondere Bestimmungen erlassen werden.
- An den Realschulen und Gymnasien sind Eingangsklassen für Kinder ausländischer Arbeitnehmer einzurichten.
- Der Deutschunterricht für ausländische Schüler hat differenziert zu erfolgen.
- Lehrer, die ausländische Schüler unterrichten, benötigen eine Stundenermäßigung von zwei Wochenstunden.
- Der muttersprachliche Unterricht ist als Kern- und Kursunterricht in Gruppen zu erteilen.
- Deutschen und ausländischen Lehrern ist für die „Koordination des Unterrichts" und für die Vorbereitungsarbeiten eine angemessene Stundenermäßigung zu erteilen.
- **Ausländische Lehrer in der Bundesrepublik Deutschland sollen eine gesicherte Stellung in rechtlicher, finanzieller und ausbildungsmäßiger Hinsicht erhalten.**
- Die Bezahlung ausländischer Lehrer hat in der gleichen Höhe wie die der deutschen Lehrer zu erfolgen.
- Für die Erlernung der deutschen Sprache in besonderen Kursen sind die ausländischen Lehrer vom Unterricht zu befreien.
- Die Zeugnisformulare sind in der deutschen Sprache und in der jeweiligen Heimatsprache der Kinder auszudrucken und auszufüllen.
- Die deutschen Schulzeugnisse und die Zeugnisse der Entsendestaaten sind gegenseitig anzuerkennen.
- Die deutsche Schulaufsicht hat besonders auf den Unterricht der ausländischen Lehrer zu achten.
- Für die ausländischen Eltern sind regelmäßig gesonderte Elternabende mit Dolmetschern und Sozialbetreuern vorzusehen.
- Die ausländischen Arbeitnehmer sind intensiv über die deutsche Schulgesetzgebung und das deutsche Schulwesen **zu informieren.**
- Die Gemeinden haben für zusätzliche Unterrichtsmaßnahmen für ausländische Kinder Räume zur Verfügung zu stellen, auch außerhalb der regulären Schulzeit.
- Wenn die Räume für die ausländischen Kinder nicht vorhanden sind, muß verstärkter Schichtunterricht auch für die deutschen Schüler in Kauf genommen werden.
- Die Beförderung der ausländischen Schüler auf dem Schulweg ist kostenlos.
- Langfristig müssen die Schulen mit einem Kern- und Kurssystem für ausländische Kinder zu Tagesheimschulen umgebaut werden.
- Für ausländische Jugendliche sind zusätzliche Freizeitheime zu errichten.
- Stätten, in denen ausländische Familien gemeinsam Ferien verbringen, sind zu schaffen.

Hier wird deutlich, wie man auf der einen Seite der Gefahr erlegen ist, das Augenmaß zu verlieren, finanzielle Folgerungen gar nicht erst in Erwägung zu ziehen. Man müßte sich einmal die Mühe machen, sie alle nachzurechnen. Auf der anderen Seite gibt es eine Reihe von Vorschlägen, die praktikabel, zumindest bedenkenswert sind, insbesondere wenn sie von Leuten eingebracht werden, die bereit sind, selbst an der Verwirklichung mitzuarbeiten. Eines aber bleibt zu bedenken: Sind die ausländischen Kinder und Jugendlichen einmal in ihre Heimat zurückgekehrt, so werden sie kaum davon berichten, was man in Deutschland für sie *tun wollte,* sondern von dem erzählen, was sie erfahren und erlebt haben, was man für sie *getan hat.*

2.5 Die Frage der privaten Schulen mit nichtdeutscher Unterrichtssprache

Noch ein Wort zur Diskussion um ausländische Privatschulen. Das grundlegende Mißverständnis auf diesem Gebiet beruht auf der unterschiedlichen Terminologie. Die Bezeichnungen Nationalschulen oder Nationalklassen etwa für Unterrichtseinrichtungen, in denen ein Teil des Unterrichts in der Muttersprache erteilt wird, ist falsch. Die in Bayern und Baden-Württemberg genehmigten Privatschulen mit griechischer Unterrichtssprache sind etwas anderes als z. B. die nationalen Schulen der Nato-Streitkräfte in der Bundesrepublik.

Grundsätzlich ist zu unterscheiden:

1. Ausländische Schulen sind solche Schulen, deren Errichtung und Betrieb nicht den deutschen Schulgesetzen unterliegen und die nicht der deutschen Schulaufsicht unterstehen (z. B. Schulen für Kinder von ausländischen Stationierungsstreitkräften).
2. Schulen nach deutschen Schulgesetzen sind
    a) öffentliche Schulen,
    b) Privatschulen.
    Diese unterliegen der deutschen Schulaufsicht. Die Voraussetzungen für die Genehmigung privater Schulen sind in Art. 7 des Grundgesetzes vorgegeben. Danach ist die Genehmigung zu erteilen, wenn unter anderem die Bildungsziele „nicht hinter den öffentlichen Schulen zurückstehen". Bei privaten Volksschulen ist zusätzlich ein besonderes Interesse erforderlich.

Nun gibt es in der Bundesrepublik eine Reihe von Schulen, in denen in der Muttersprache der Schüler unterrichtet wird:
In Schleswig-Holstein 66 Grund- und Hauptschulen, 3 Realschulen, 1 Gymnasium der dänischen Minderheit,
im Saarland ein Deutsch-Französisches Gymnasium mit angegliederter französischer Volksschule,
in Berlin neben einem Deutsch-Französischen Gymnasium die John-F.-Kennedy-Schule, eine deutsch-amerikanische Gemeinschaftsschule,

in Nordrhein-Westfalen eine italienische Schule in Stommeln und in Düsseldorf je eine amerikanische, eine französische, eine englische und eine japanische Schule.

In Baden-Württemberg wurde 1973 eine private griechische Schule eröffnet, die zur Zeit 400 griechische Schüler besuchen.

In Bayern wurden in den 60er Jahren drei „griechische" Schulen genehmigt: 1965 die private griechische Volksschule (Träger ist die Erziehungsgesellschaft „König Otto von Griechenland")[1], 1966 in Nürnberg eine Privatschule (Träger ist das griechische Konsulat in Nürnberg)[2] und 1970 eine zweite Schule in München, deren Träger das griechische Generalkonsulat ist[3].

Diese unter bestimmten Auflagen genehmigten Privatschulen unterliegen der Schulaufsicht der zuständigen Bezirksregierung.

Meinungsunterschiede bestehen in der Diskussion jedoch in zweifacher Hinsicht. Einmal darüber, ob man nicht die gesamte Beschulung der ausländischen Kinder den betreffenden Ländern, d. h. ihren Vertretungen in der Bundesrepublik, überlassen sollte. Dies war in der Vergangenheit immer wieder in Erwägung gezogen worden, vor allem in den ersten Jahren, als das Problem der ausländischen Kinder begann, größeren Umfang anzunehmen.

Zum anderen wird — auch heute noch — die Frage erörtert, ob sich die Schulbildung der Kinder ausländischer Arbeitnehmer nicht überhaupt besser in ausländischen Privatschulen vollziehen sollte. Abgesehen davon, daß dies letztlich für alle Schüler aus finanziellen Gründen gar nicht ermöglicht werden kann — Anträge und Vorhaben in dieser Richtung scheiterten bisher meist daran —, darf man so einer damit verbundenen Ghettoisierung ausländischer Kinder nicht Vorschub leisten.

Aus diesem Grunde gelangte der heute umstrittene und rechtlich kaum mehr haltbare Satz in die Empfehlung der Kultusminister vom 3. 12. 1971[4]: „Da die Schulpflicht in deutschen Schulen erfüllt werden muß, ist eine Rechtsgrundlage für die Errichtung nationaler Schulen als Ersatzschulen im Bereich der Grund- und Hauptschule nicht gegeben."

Abgesehen von der unterschiedlichen Interpretation der Bezeichnung „Nationale Schulen" ist auch die „Rechtsgrundlage" durchaus nicht klar.

Nach Auffassung vieler Fachjuristen kann grundsätzlich die Anerkennung eines besonderen pädagogischen Interesses für die Genehmigung von Privatschulen auch für Kinder ausländischer Arbeitnehmer nicht ausgeschlossen werden. Dieses in Art. 7, Abs. 5 des Grundgesetzes als Voraussetzung für die Errichtung privater Schulen geforderte besondere pädagogische Interesse ist für solche Kinder

---

1 Schülerzahl 1973 496, 1974 446
2 Schülerzahl 1973 1033, 1974 1191
3 Schülerzahl 1973 2370, 1974 2144
4 Siehe Anhang Seite 189

ausländischer Arbeitnehmer zu bejahen, deren Eltern ihren Aufenthalt in der Bundesrepublik nur als vorübergehend ansehen und die Rückgliederung ihrer Kinder in das heimatliche Schulwesen systematisch vorbereitet wissen wollen, zumal diese Kinder gegenwärtig im Rahmen des deutschen Schulsystems noch keine Möglichkeit haben, in Klassen oder Kursen im Hinblick auf einen reibungslosen Übergang in das Schulsystem ihres Heimatlandes unterrichtet zu werden. Die Zulassung und Behandlung solcher privater Volksschulen würde den gleichen Voraussetzungen wie sonstige private Schulen unterliegen, ohne Rücksicht auf Trägerschaft und Nationalität.

Erhebliche Bedeutung ist daher dem UNESCO-Beschluß von 1960 beizumessen[1]. Hier heißt es in Artikel 5c: „Die Vertragsstaaten kommen überein, daß es wesentlich ist, den Angehörigen nationaler Minderheiten das Recht zuzuerkennen, ihre eigene Erziehungsarbeit zu leisten, hierbei Schulen zu unterhalten und im Einklang mit der innerstaatlichen Politik in Erziehungsfragen ihre eigene Sprache zu gebrauchen und zu lehren, jedoch mit der Maßgabe, daß dieses Recht nicht in einer Weise ausgeübt werden darf, welche die Angehörigen der Minderheiten daran hindert, die Kultursprache der Gesamtgemeinschaft zu verstehen und an ihren Tätigkeiten teilzunehmen, oder in einer Weise, die der staatlichen Souveränität Abbruch tut; daß das Niveau des Unterrichts an diesen Schulen nicht niedriger sein darf als das allgemeine Niveau, das die zuständigen Behörden festgelegt oder genehmigt haben; und daß kein Zwang zum Besuch dieser Schulen ausgeübt werden darf."

2.6 Schulbildung der Kinder ausländischer Arbeitnehmer in anderen europäischen Aufnahmeländern

Frankreich: Hier wurde bisher die unmittelbare Integration bevorzugt. Inzwischen ist der muttersprachliche Unterricht als zusätzliche Unterrichtsveranstaltung im Rahmen der Verfügungsstunden des dreiteiligen Schultages ermöglicht. Er hat die Doppelaufgabe, über die Muttersprache als Unterrichtssprache die Integration in die französische Sprach- und Kulturgesellschaft zu fördern und zugleich die Voraussetzungen für die Reintegration in die Sprach- und Kulturgesellschaft des Heimatlandes zu erhalten.
Belgien: Nach dem Besuch von Übergangsklassen von unterschiedlicher Dauer erfolgt der Übergang in eine Normalklasse, in der ergänzender Unterricht in der Muttersprache der Schüler erteilt wird.
England: Der muttersprachliche Unterricht wird außerhalb des Pflichtunterrichts ermöglicht. Es gibt jedoch keine offiziellen Empfehlungen zum muttersprachlichen Unterricht, zumal davon ausgegangen wird, daß die meisten Aus-

---

1 Konvention betreffend die Bekämpfung der Diskriminierung auf dem Gebiet des Unterrichts.

länder dauernd in Großbritannien bleiben wollen und daher dem Englischunterricht Priorität zu geben ist.

Schweden: Hier wird „eine elastische Integration" erprobt: Die Kinder werden sobald als möglich in diejenigen Fächer einer schwedischen Klasse aufgenommen, in denen sie dem Unterricht auch bei schwacher Kenntnis der schwedischen Sprache folgen können (Zeichnen, Mathematik, Leibeserziehung). Die Schulbehörde überläßt die Dauer dieser Periode der örtlichen Schulaufsicht. Diese Gruppen umfassen nur drei bis fünf Kinder, Lehrkräfte aus dem Ursprungsland assistieren. Daneben erhalten die Kinder Unterricht in Schwedisch. In anderen allgemeinbildenden Schulen wird neben Schwedisch auch die Muttersprache gelehrt, teilweise auch der übrige Unterricht in ihr erteilt. Ziel aller Unterrichtsmaßnahmen ist, die Kinder und Jugendlichen in möglichst hohem Maße zur Zweisprachigkeit zu erziehen. Auf muttersprachlichen Unterricht besteht Rechtsanspruch.

Schweiz: Verständlicherweise machen hier italienische Staatsbürger den Hauptteil der ausländischen Arbeitnehmer, in der Schweiz als „Fremdarbeiter" bezeichnet, aus. Lange Jahre stellten sie 60% der „Fremdarbeiterkontingente". Der geographischen Lage Schweiz-Italien entsprechend war die Rotation sehr groß, so kamen und gingen zwischen 1964 und 1968 70,4% der italienischen Fremdarbeiter. Seither hat sich die Rotation verlangsamt. Dagegen nimmt unter dem Druck von „Überfremdungsinitiativen" und der auch in der Schweiz entstandenen Rezession der Trend zur Rückkehr eher zu. Da außerdem die meisten Fremdarbeiter aus Süditalien kommen, schließt man zu Recht, daß die italienischen Fremdarbeiter nur geringes Interesse an einer Integration haben. 1970 wurde Kindern italienischer Arbeitnehmer der Besuch von Schulen mit vorwiegend italienischer Unterrichtssprache untersagt: Wer länger als zwei Jahre ununterbrochen in der Schweiz geweilt hatte, mußte in die öffentlichen Schulen integriert werden. Das bedeutete: Wer bereits zwei Jahre eine Schule mit italienischer Unterrichtssprache besucht hatte, mußte nun in eine öffentliche Schweizer Schule übertreten. Betroffen davon waren insbesondere die katholischen Missionsschulen, die sich der italienischen Kinder besonders angenommen hatten.

Neben der Förderung des Assimilierungsprozesses der ausländischen Kinder (in sog. Einführungsklassen für neu zugewanderte Kinder, in „Aufholkursen" in Deutsch oder Französisch, danach Zuteilung der Kinder in die ihrem Alter entsprechende Klasse[1]), wollte man gleichzeitig durch angemessenen Unterricht in Sprache und Kultur des Heimatlandes eine gewisse Flexibilität wahren.

---

[1] Nähere Angaben finden sich in den Mitteilungen der Schweizerischen Dokumentationsstelle für Schul- und Bildungsfragen, 1973/48. — 1972/73 befanden sich 30 000 Kinder ausländischer Arbeitnehmer in Schweizer Vorschulen, 104 000 Kinder in Vollzeit-Pflichtschulen.

Da Italienerkinder auch in die Heimat zurückkehrten, um dort weiterführende Schulen zu besuchen, da außerdem früher oder später ganze Familien die Schweiz wieder verlassen, sollte zumindest bei der Integration in unseren öffentlichen Schulen dafür gesorgt werden, daß diese Kinder ihrer Heimat nicht völlig entfremdet werden. Daher sollten Kurse in der Muttersprache, allenfalls kulturelle Lektionen wie Geschichte, Geographie usw. erteilt werden (insgesamt 2 Wochenstunden).
Diese muttersprachlichen Kurse hatten sich jedoch als wenig wirkungsvoll erwiesen und wurden in einem Bericht über die Reorganisation der italienischen Privatschulen in der Schweiz als ungenügend bezeichnet. Sie berücksichtigten die Zweisprachigkeit der Schüler zu wenig und würden — da freiwillig — nur von einem Fünftel der Kinder besucht.
Da auch in der Schweiz die Ausländerzahlen zugenommen haben — die Erziehungsdirektion des Kantons Zürich rechnet für das Schuljahr 1977/78 mit einem Anteil von 30% ausländischer Kinder — fragen die „Zürcher Nachrichten":[1] „Für die Kantone entstehen nicht nur finanzielle, sondern auch personelle Probleme, das sind die einen, die lösbar sind. Die anderen, die menschlichen, lassen sich nicht leicht lösen. Warum sollen Kinder von Fremdarbeitern, die eines Tages nach Italien zurückkehren wollen, schweizerische Schulen besuchen? Welches Recht wird den Eltern eingeräumt? Können sie entscheiden über den Schulbesuch ihres Kindes? Welche Schulen können sie besuchen? ... Das Ausländerkind soll auf eine Alternative vorbereitet werden, nach einigen Jahren in die Heimat zurückzukehren und dort problemlos weiter Schulen besuchen, oder in der Schweiz zu bleiben, und die dortige Schulbildung genießen. Die Entscheidungsfreiheit der Eltern in Fragen der Schulung ihrer Kinder muß gefördert werden. In einem Protokoll des Europarates lesen wir, daß die Schweiz zur Schulflucht des Fremdarbeiterkindes beiträgt."
1971—1974 haben Gespräche mit den Erziehungsdirektoren mehrerer Kantone stattgefunden, in denen nach Lösungen zur Eingliederung fremdsprachiger Kinder in öffentlichen Schulen gesucht wurde. 1972 beschloß die Konferenz der kantonalen Erziehungsdirektoren: „Die Konferenz hat Verständnis dafür, daß die Eltern der Kinder und die ausländischen Behörden, insbesondere im Hinblick auf eine allfällige Rückkehr ins Ursprungsland Maßnahmen zur Verhinderung einer Entwurzelung zu treffen wünschen. Sie erachtet es nicht als Aufgabe der Kantone, die entsprechenden Vorkehrungen selbst in die Hand zu nehmen, lädt aber jene ein, jede Möglichkeit der Erleichterung in dieser Beziehung zu gewähren. Sie empfiehlt den Kantonen Zusatzunterricht in der heimatlichen Sprache und Kultur im obligatorischen Schulprogramm, und für eine gewisse Zeit Besuch von privaten Ausländerschulen für Rückkehrer zu erlauben."

---

1 Ausgabe vom 3. 8. 1973

Die Anerkennung von Privatschulen für italienische Kinder wird weiter diskutiert. Unter den Maßnahmen „im Hinblick auf eine allfällige Rückkehr ins Ursprungsland und zur Verhinderung einer Entwurzelung" fand die sog. „Drehscheibenschule" (Scuola a due uscite) lebhaftes Interesse. Mit dem Bild der Drehscheibe soll dargestellt werden, daß die Schweiz für die meisten italienischen Fremdarbeiter ein Ort des Durchgangs ist. Das Modell, das im nächsten Abschnitt näher erläutert wird, wird seit Oktober 1972 mit den Klassen 1—5 der Primarschule erprobt. Die Neue Zürcher Zeitung[1] schreibt: „Die Drehscheibenschule hätte heute, wo die Tendenz zur Rückkehr gegenüber Bestrebungen zur endgültigen Niederlassung in der Schweiz zunimmt, eine den wirklichen Bedürfnissen angepaßte Funktion, auch im Hinblick auf ihre Zweisprachigkeit."
In ähnlicher Form äußerte sich im Oktober 1974 ein Arbeitsausschuß des Schweizerischen Lehrervereins.

2.7 Lösungsvorschläge und Modellentwürfe

Die folgende Darstellung unterschiedlicher Vorschläge zur Bewältigung des Problems der Schulbildung von Kindern ausländischer Arbeitnehmer soll einen Überblick über den gegenwärtigen Stand der Diskussion vermitteln.

2.7.1 Auffangklassen

Ich beginne mit der Darstellung von Auffangklassen, wie sie Herbert R. Koch 1970[2] veröffentlicht hat, ein Modell, das auf den Vorstellungen des Europarates von 1969 beruht und in den Vorbereitungsklassen der KMK-Empfehlung[3] eine Bestätigung gefunden hat.
Koch kommt aufgrund von Erfahrungen in der Auslandsschularbeit und aufgrund „sozialpädagogischer und lernpsychologischer Überlegungen" zu dem Ergebnis, daß „international zusammengesetzte Auffangklassen von begrenzter Dauer" den besten Weg „mit optimalen Erfolgsaussichten für den leichten Erwerb des unauswechselbaren Schlüssels zur pfleglichen und raschen Akklimatisierung und Integration der Gastarbeiterkinder in ein Schulsystem darstellen, das ihnen quantitativ und qualitativ die besten Chancen bietet. Alle Kinder ausländischer Arbeitnehmer werden nach ihrer Ankunft an ihrem neuen Wohnort ohne

---

1 Ausgabe vom 31. 10. 1972
2 Koch, Gastarbeiterkinder in deutschen Schulen, 1970
3 In diese Darstellung von Lösungsvorschlägen müßten auch die Empfehlungen der Kultusministerkonferenz mit aufgenommen werden. Sie sind jedoch mehrfach erläutert worden, so daß sich eine erneute Darstellung dieses Modells erübrigt. Im übrigen wird auf den Text im Anhang Seite 196 verwiesen.

Rücksicht auf ihre Nationalität in Auffangklassen gesammelt, getrennt nach ihrem Alter (Grund- und Hauptschüler: Minimalzahl 15, Maximalzahl 25. Hierbei sollten wir nicht kleinlich verfahren). In diesen Auffangklassen erhalten die ausländischen Schüler von Lehrkräften, die in der Fachdidaktik ‚Deutsch als Fremdsprache' ausgebildet sind, in der Grundschulgruppe täglich drei Stunden intensiven Deutschunterricht nach den gleichen modernen Methoden der Sprachpädagogik, wie wir sie auch im Englischunterricht anwenden. Mittels dieser modernen Methoden können in einer Stunde ohne Überlastung anfangs fünf, später mehr deutsche Vokabeln eingeführt und gesichert werden, wenn Spiel, Musik und werkliche Betätigung das Learning by doing beleben. Der Spracherwerb beträgt dann in fünf Unterrichtstagen rund 70 Vokabeln mit den gebräuchlichsten Satzstrukturen der deutschen Sprache. In einer vierten täglichen Stunde nehmen die Jungen und Mädchen der Auffangklassen in einer ihrem Alter entsprechenden Normalklasse am Unterricht in einem der ‚schönen Fächer' teil, d. h. am Singen, Sport oder Werken, wo sie auch schon bei ‚geringen Deutschkenntnissen' mitmachen können. Jeweils samstags gehören sie ganz in diese deutschen Klassen, am besten in eine, deren Lehrer versteht, den Wochenendschultag in freier Form zu gestalten. Die deutschen Normalklassen sollten immer dieselben sein, damit die ‚Neuen' auch dort heimisch werden."

„Für die Hauptschüler erhöht sich die Zahl der täglichen Deutschstunden auf 4, die in den ‚schönen' Fächern auf 2. So kann von den Grundschülern in einem solchen Intensivkurs von 10 bis 12 Wochen ein Grundwortschatz von mehr als 650 gebräuchlichen deutschen Vokabeln mit den elementaren Satzstrukturen erworben werden, das sind für Zehnjährige im Durchschnitt 6—7. Für die Hauptschüler erhöht sich der Grundwortschatz auf mehr als 700, womit sich ein Mensch, Erwachsener oder Schüler, in seinem vitalen Umkreis ohne frustrierende Schwierigkeiten sprachlich bewegen kann. Ungezählte Erwachsene kommen mit einem geringeren Sprachmaterial aus."

Der „unauswechselbare Schlüssel" dieses typischen Integrationsmodells öffnet dem ausländischen Kind allerdings nur diese eine Tür, alle übrigen Bildungszugänge bleiben ihm verschlossen. Daß der angegebene Grundwortschatz nicht ausreicht, „die quantitativ und qualitativ besten Chancen" zu eröffnen, dürfte sich inzwischen allgemein erwiesen haben. Seit der Veröffentlichung des Modells sind mehr als drei Jahre vergangen und viele Überlegungen der ersten Stunde, die ebenfalls nur das eine Ziel hatten, dem Ausländerkind zu helfen, in Deutschland zurechtkommen, sind aufgrund der Entwicklung heute nicht mehr nachzuvollziehen.

2.7.2 Einzelvorschläge

Aus der Vielzahl einzelner Lösungsvorschläge seien vier *typische Beispiele* herausgegriffen.

Allgemein gehaltene Vorschläge gibt es viele. Als Beispiel mag die Vorlage für die *Synode* der katholischen Bistümer vom Juli 1973 gelten, in der es heißt: „Alle Bildungsangebote müssen so ausgerichtet sein, daß das Kind sowohl in der Lage ist, in Deutschland zu bleiben, hier Anschluß an weiterführende Schulen bzw. eine Berufsschule zu finden, als auch in das Heimatland zurückzukehren, um dort ebenfalls den entsprechenden Anschluß zu erreichen ... Die Arbeitsgruppe spricht sich gegen Schulen nur für ausländische Kinder aus, sieht entscheidende Ziele der Schulbildung in der intensiven sprachlichen Förderung im Deutschen durch Einbeziehung der Muttersprache und die Ermöglichung weiterführender Bildung in der Bundesrepublik und in den Heimatländern, wenn die Kinder und Jugendlichen dahin zurückkehren."[1]

Konkreter äußerte sich Herbert *Enderwitz*[2] in der Darstellung des folgenden Modells:

„Kinder von zwei oder drei ausländischen Nationen sollten zusammen mit deutschen Kindern in *einer* Schule unterrichtet und erzogen werden. Jede Gruppe ist zahlenmäßig etwa gleich stark, der Unterricht wird für einen Teil der Fächer für jede Gruppe in ihrer Heimatsprache erteilt, der andere Teil in deutscher Sprache. Da die Fluktuation der Schüler nicht unbeträchtlich sein wird, müssen für die ausländischen Kinder und Jugendlichen Förder- und Stützkurse eingerichtet werden, die den individuellen Anschluß an den Stoff der Altersgruppe sichern. Die Schule sollte als Ganztagsschule organisiert werden. Das Kollegium setzt sich aus den Lehrern der Herkunftsländer und deutschen Kollegen zusammen."

Enderwitz sieht in seinem Modell folgende Vorzüge:

„1. Die Pflege der Heimatsprache und der Kultur gibt sich zwanglos.

2. Das Hineinwachsen in die neue Umgebung kann sich reibungsloser als bisher vollziehen.

3. Die Bildungsmöglichkeiten für die ausländischen Schüler werden wesentlich erweitert und verbessert, die das ausländische Kind irritierende und frustrierende Vereinzelung in den deutschen Klassen wird vermieden. Es kann sich als Glied einer Gruppe fühlen, die ihm vertraut ist, ihm Halt gibt, ohne daß es in ein schulisches Ghetto gedrängt wird."

1973 hat ein *„Arbeitskreis für ausländische Mitbürger"* in Baden-Württemberg folgende Vorschläge der Öffentlichkeit unterbreitet:
Anstelle der bisherigen Regelungen sollte ein zweigleisiges Schulsystem geschaffen werden: „Für solche ausländische Kinder, die nicht lange in Deutschland bleiben wollen oder kein Motiv besitzen, Deutsch zu lernen" sollen Ausländerschulen von den jeweiligen Konsulaten errichtet werden, die von deutscher Seite mitfinanziert werden ..."

---

1 Pressemitteilung der Katholischen Nachrichtenagenturen vom 28. 11. 1973
2 In „Gesamtschule", 1971/1

„Begründung: Auf diese Weise können solche Kinder, die nur kurze Zeit hier bleiben, den angefangenen Bildungsweg fortsetzen und verlieren auch bei der Rückkehr keine Zeit. Ohne diese Regelung haben solche Kinder, meist sind es ältere, weder in Deutschland noch in ihrem Heimatland einen Schulabschluß.. Die übrigen Ausländerkinder sollen in Deutsch unterrichtet werden, erste Fremdsprache soll ihre Muttersprache sein."
„Ausländerkinder, die in ihrem Heimatland die Schulpflicht schon erfüllt haben oder die älter als zwölf Jahre sind, sollen ihrer Schulpflicht ausschließlich in diesen Ausländerschulen genügen. Die Schulabschlüsse sollen zwischenstaatlich anerkannt werden."
Das ist *ein* Extrem.
In anderer Richtung bewegen sich die Vorschläge der *Jungsozialisten* aus dem gleichen Jahr in Nürnberg:
„Schulanfänger" — wobei nicht ganz klar ist, ob es sich um Schüler der ersten Jahrgangsstufe oder um neu nach Deutschland gekommene ausländische Schüler handelt — „werden sofort in gemischte deutsche Klassen eingewiesen, in denen mindestens die Hälfte (!) aus deutschen Schülern bestehen soll. Sie erhalten die Möglichkeit, bereits auf dieser Stufe unterrichtsbegleitende Deutschkurse besuchen zu können... Später ankommende Schüler besuchen kontinuierliche Deutschkurse... Alle ausländischen Schüler erhalten die Möglichkeit zum Erlernen der Muttersprache, für 6 Stunden können sie freigestellt werden, aber nicht in den Hauptfächern."

2.7.3 *Drehscheibenschule*

„Das Italienerkind wurde ein Opfer der Assimilationspolitik", meint die Zürcher Zeitung[1] und sieht ein ideales Modell in der bereits erwähnten Drehscheibenschule, in der neben Italienisch auch Deutsch gelehrt wird und nach deren Besuch „die Kinder sowohl in den heimatlichen wie in den Schweizer Schulen Anschluß finden können, also in beiden Fahrtrichtungen weiterfahren können. Die Drehscheibenschule baut auf einem freiheitlichen Entscheidungsprinzip der Eltern auf, nimmt somit den Assimilationsdruck, läßt aber jederzeit dank der durchgehenden Zweisprachigkeit und der Durchlässigkeit den Weg zur Assimilation offen. Die Drehscheibenschule ist wegweisend"[2].
Das von Dr. Michael Jungo, Einsiedeln, 1971—1972 entwickelte Modell „will dem Kind ersparen, entweder im Auswanderungsland zeitweilig aus der Gesellschaft seiner gleichaltrigen Schulkameraden oder in seiner Heimat endgültig ausgeschlossen zu sein. Es möchte aber auch der inneren Entfremdung von der Familie vorbeugen, indem sie dem Kind beide Wege, denjenigen zur Rückkehr wie auch den zur Integration ebnet. Insbesondere zur Zeit, da die Tendenz zur

---

[1] Ausgabe vom 31. 10. 1972
[2] Zuger Nachrichten vom 3. 8. 1973

Rückkehr gegenüber dem Entschluß zur endgültigen Niederlassung zunimmt, hat das Modell eine Aufgabe zu erfüllen, die echten Bedürfnissen entspricht."
Die Drehscheibenschule stellt sich folgende Ziele:
— Eingliederung in die italienische oder schweizerische Gesellschaft,
— freie Entfaltung der Persönlichkeit ohne einseitige Bindung an das Heimatland oder das Gastland,
— Anpassungsfähigkeit an die neue Umgebung im Gastland oder bei Rückkehr im Heimatland,
— Fähigkeit mit anderen zusammenzuarbeiten,
— Schulziel: Sekundarstufenreife.

„Die angestrebte Flexibilität kann nur erreicht werden, wenn eine maximale horizontale und vertikale Durchlässigkeit gewährleistet ist, indem die Schule eine durch die ganze Schulzeit durchzuhaltende Zweigsprachigkeit schafft, und dies mit Methoden, die den Übertritt in jede Richtung ermöglichen. Darüber hinaus wollen speziell Abschlußklassen den Anschluß an die Gewerbeschule ermöglichen. Solche Klassen haben sich bereits bewährt."
Didaktische Überlegungen werden zur Zeit angestellt. Zunächst ging man von Erfahrungen in Südtiroler Schulen und in Rudolf-Steiner-Schulen aus, in denen früh eine Fremdsprache eingeführt wurde. „Der Unterrichtsstoff soll sich auf Wesentliches beschränken, um sowohl dem Herkunftsmilieu und dem Bildungsniveau als auch der Zweisprachigkeit Rechnung zu tragen." Die Drehscheibenschulen, zunächst gibt es nur einzelne Versuche, sollen nach den Wünschen der bisherigen Träger als Privatschulen geführt werden, die der Staat unterstützt. Die Finanzierung sollte ermöglicht werden aus Beiträgen der Eltern, des italienischen Staates oder der Gemeinden.
Inzwischen sind am 1. Januar 1974 im Kanton St. Gallen Bestimmungen in Kraft getreten, die den Besuch italienischer Kinder in der Privatschule der Missione Cattolica Italiana in St. Gallen regeln. Der Kanton St. Gallen hat damit als erster Kanton in der Schweiz eine sogenannte „Drehscheibenschule" erprobt, wobei die Behörden das Modell dahingehend ergänzt haben, daß sie der Schule eine „Zulassungskommission" vorangestellt haben. Dadurch sollen Kinder ferngehalten werden, die mutmaßlich doch in der Schweiz bleiben wollen. Die Schule wird vom Kindergarten an zweisprachig (50% Unterricht in deutscher Sprache, 50% in italienischer Sprache) geführt. Hinsichtlich der Zulassung wurde festgelegt:

1. Zum Unterricht werden jene Italienerkinder zugelassen,
    a) deren Eltern die feste Absicht bekunden, sich nur vorübergehend in der Schweiz aufzuhalten und entsprechende Schritte unternehmen,
    b) oder die in einem Alter in das deutsche Sprachgebiet gekommen sind, in welchem die Eingliederung in die deutschsprachige Schule nicht mehr sinnvoll ist.

2. Die Zulassungskommission kann in begründeten Einzelfällen Ausnahmen bewilligen.
3. Die Zulassung setzt ein schriftliches Gesuch des Inhabers der elterlichen Gewalt voraus. Dieses ist der Zulassungskommission einzureichen.
4. Der Erziehungsrat bestellt eine gemischte Kommission für die Beurteilung der Aufnahmegesuche (Zulassungskommission). Ihr gehören ein Vertreter des Bezirksschulrates St. Gallen, zwei Vertreter der städtischen Schulverwaltung St. Gallen, ein Vertreter der Arbeitsgemeinschaft für Ausländerfragen sowie je ein Vertreter der Schule, des Italienischen Konsulates in St. Gallen und der Elternschaft an. Den Vorsitz führt der Vertreter des Bezirksschulrates.

5. Die Zulassungskommission hat folgende Aufgaben zu erfüllen:
   a) Sie informiert die Eltern über ihre Rechte und Pflichten bezüglich der Schulung ihrer Kinder und berät sie über die Vorteile und Nachteile des Besuches der öffentlichen Schule und der Privatschule.
   b) Sie beurteilt jedes einzelne Aunahmegesuch nach dem Grundsatz von Ziffer 1 dieses Reglementes.
   c) Sie trifft den Zulassungsentscheid und teilt diesen sowohl dem Ortsschulrat als auch der Schule mit.
   d) Sie ermahnt die Eltern, ihr weiteres Verhalten dem getroffenen Entscheid anzupassen.

2.7.4 Modell GEW Berlin

1972 entwickelte der Landesverband Berlin der Gewerkschaft Erziehung und Wissenschaft neue Lösungsvorschläge, die einen Gegenentwurf zum Berliner „Integrationsmodell" zum Ziele hatten und von Jörg Lehmann vom Pädagogischen Zentrum Berlin vorformuliert wurden. Die Vorschläge gehen weitgehend zurück auf Vorstellungen türkischer und griechischer Lehrer in Berlin[1].
„Die Mehrzahl der ausländischen Kinder erlernen weder die deutsche Sprache noch erwerben sie fachliche Qualifikationen, die eine Berufsausbildung ermöglichen. Da auch der Unterricht in der Heimatsprache nicht systematisch erteilt wird, geraten sie in die Gefahr, völlig disqualifiziert zu werden. Die Realität weist auf eine „caritative" Konzeption, in der die Härtefälle gemildert werden, insgesamt aber eine zunehmende Lernbehinderung durch Lernhemmungen und Verhaltensschwierigkeiten durch die überdurchschnittliche Belastung der ausländischen Kinder zu verzeichnen ist.

---

[1] Veröffentlicht in „AV-Information des Instituts für Film und Bild in Wissenschaft und Unterricht", 1972/1

Grundsätze

1. Die Integration der ausländischen Kinder darf nicht bedeuten, daß diese Kinder ihrer Muttersprache und ihrer kulturellen Tradition entfremdet werden. Nicht nur die ausländischen Kinder müssen in die Berliner Schule integriert werden, sondern auch die betroffenen Berliner Schulen müssen sich auf diese Kinder einstellen.
2. Die Integration der ausländischen Kinder muß davon ausgehen, daß sich viele von ihnen nur für einige Zeit in Deutschland aufhalten und daß sie danach nach Hause zurückkehren werden. Sie müssen deshalb dafür vorbereitet werden, ihre weitere Ausbildung zu Hause fortzusetzen.
3. Der Unterricht in der deutschen Sprache muß von deutschen Lehrern nach fremdsprachendidaktischen Gesichtspunkten und unter Verwendung geeigneter Unterrichtsmittel erteilt werden. Ausländische Lehrer dürfen das Fach Deutsch nicht unterrichten, wenn sie nicht eine gleichwertige Ausbildung für dieses Fach erworben haben.

Konzeption

1. Grundschule: Die Klassen 1—4
   a) Die ersten zwei Stufen der Grundschule (1.—4. Klasse) sollen dazu dienen, einerseits den Kindern in ihrer Heimatsprache durch Heimatlehrer nach den Rahmenplänen des Senators für Schulwesen „ein bestimmtes Maß an gemeinsamen sozialen Einstellungen, an Kenntnissen, Erkenntnissen, Fertigkeiten, Gewohnheiten, aber auch an gemeinsamen Erlebnissen zu vermitteln, andererseits sie durch ein graduelles Erlernen der deutschen Sprache für eine spätere Eingliederung vorzubereiten."
   b) Der Deutschunterricht sollte in den Klassen 1 und 2 in der Regel vier Stunden, in den Klassen 3 und 4 in der Regel sechs Stunden wöchentlich betragen.
2. Grundschule: Die Klassen 5 und 6
   a) In den Klassen 5 und 6 soll der Unterricht in deutscher Sprache intensiviert werden durch Unterrichtsangebote in den Sachfächern in deutscher Sprache. Für den muttersprachlichen Unterricht wird die gleiche Stundenzahl angesetzt wie für den Deutschunterricht deutscher Kinder. Der eigentliche Deutschunterricht sollte mit fünf Wochenstunden angesetzt werden, der Unterricht in Englisch entfällt.
   b) In dieser dritten Stufe kann die Integration nicht nur durch gemeinsame Veranstaltungen, sondern auch durch gemischte Klassen in einzelnen Fächern gefördert werden.
   c) Der Sachunterricht erfolgt nach den Rahmenplänen des Senators des heimatlichen Schulwesens.

3. Die Sekundarstufe I
   a) Eine Integration der ausländischen Kinder erfolgt in den weiterführenden Schulen, wo sie in die Regelklassen aufgenommen werden.
   b) Dabei müssen jedoch Übergangsklassen für Kinder gebildet werden, die die Grundschule nach dem obigen Schema nicht durchlaufen haben. Für diese Klassen gelten die Rahmenpläne der entsprechenden Schulart unter angemessener Berücksichtigung der Bildungspläne des Heimatlandes.

Folgerungen

1. Folge dieses Konzepts ist, daß man die ausländischen Kinder in der Grundschule in einigen Schulen zusammenfaßt, wie es zur Zeit der Fall ist, und sie nicht über verschiedene Schulen verteilt. Die Verteilung dient nicht ihrer Integration, sondern fördert im Gegenteil ihre Isolierung.
2. Die Schulpflicht ist für alle ausländischen Kinder wirksam. Die deutschen Zeugnisse müssen ohne Einschränkung von den Heimatländern anerkannt werden.
3. Damit solch ein System funktionsfähig ist, müssen die ausländischen Lehrer ihren deutschen Kollegen sozial und rechtlich gleichgestellt werden. Dabei muß beachtet werden, daß nur solche Lehrer eingestellt werden, die in ihrem Heimatland oder im Gastland eine Ausbildung für eine Lehrtätigkeit abgeschlossen haben (Beschluß der KMK vom 3. 12. 1971)."

2.7.5 Antrag der CDU Berlin

Am 26. Juni 1973 stellte die CDU-Fraktion im Abgeordnetenhaus von Berlin einen Antrag, „Schul- und bildungspolitische Maßnahmen für ausländische Arbeitnehmer und deren Kinder an den Grundsätzen eines Systems parallellaufender Bildungsangebote zu orientieren, um den Bedürfnissen aller beteiligten Seiten gerecht zu werden." Der Antrag[1] lautet, soweit er die Maßnahmen für die Schulbildung der Kinder betrifft:

„1. Für Kinder ausländischer Arbeitnehmer wird — insbesondere in den sog. Ballungsgebieten — ein Angebot von Schulen errichtet, in denen in der Muttersprache der jeweils stärksten Ausländergruppen unterrichtet wird. Die deutsche Sprache sollte diesen Kindern nach den Methoden des modernen Fremdsprachenunterrichts gelehrt werden. Sobald das Kind die deutsche Sprache hinreichend beherrscht, können die Eltern entscheiden, ob eine Fortsetzung des Unterrichts in Klassen der Muttersprache oder der deutschen Sprache erfolgen soll.

---

[1] Drucksache 6/981

2. Unabhängig von heimatsprachlich ausgerichteten Schulen mit der Möglichkeit des Wechsels zum deutschsprachigen Unterricht, ist eingliederungsbereiten ausländischen Familien eine vollständige Eingliederung in das Regelschulsystem anzubieten. Die ausländischen Eltern sind hierüber ausreichend zu informieren. Für diesen Fall sollen die Bestimmungen über die Begrenzung des Anteils ausländischer Kinder von 20% einer Klassengemeinschaft bestehen bleiben.
3. Kinder ausländischer Arbeitnehmer, die nicht mit Beginn der Schulpflicht in Berlin ansässig sind, sollen im Regelfall zunächst in muttersprachlich ausgerichteten Schulen unterrichtet werden. Ihnen sind Intensivkurse zum Erlernen der deutschen Sprache anzubieten. Ihnen muß ermöglicht werden, nach der Schulzeit einen Lehrberuf in Deutschland zu ergreifen.
4. Beide Unterrichtsmodelle, mit der Berücksichtigung von Querverbindungen und Korrekturmöglichkeiten, unterstehen der deutschen Schulaufsicht. Bei der Organisation der beiden Modelle schulischer Bildung für Kinder ausländischer Arbeitnehmer sind die Möglichkeiten der Gründung von staatlich anerkannten Privatschulen zu prüfen. Das pädagogische Interesse an solchen Schulen ist aufgrund der besonderen Situation der Ausländer in Berlin und unter Berücksichtigung der Reintegrationsmöglichkeit grundsätzlich anzuerkennen.

Begründung:
Da grundsätzlich sowohl von der überwiegenden Rückkehrwilligkeit der ausländischen Arbeitnehmer in ihre Heimatländer, als auch von einer zunehmenden Dauer des Aufenthalts in Berlin auszugehen ist, ergibt sich die Notwendigkeit eines Systems parallellaufender Bildungsangebote für ausländische Arbeitnehmer und ihre Kinder. Die Konzeption der überwiegenden Eingliederung ausländischer Kinder in das deutsche Schulsystem ist in der Richtung zu verändern, daß eine Verbindung zum Heimatland und seinem Schulwesen möglich bleibt."

In der Begründung für die Ablehnung dieses Antrags wird das Berliner „Integrationsmodell" noch einmal präzisiert:
„Das vom Planungsteam ‚Eingliederung der ausländischen Arbeitnehmer und ihrer Familien' als Grundlage weiterer Planung entwickelte und vom Senat akzeptierte ‚Bedarfsorientierte Integrationsmodell' spricht von einem ‚Prozeß der Auslese der integrationsfähigen und integrationswilligen ausländischen Arbeitnehmer aus der Masse der in der Rotation verharrenden Zuwanderer'. Es ist davon auszugehen, daß sich dieser Prozeß in den ersten zwei bis drei Jahren des Aufenthalts vollzieht.
Das Erreichen der verschiedenen Schulabschlüsse — und damit auch die Möglichkeit, einen Lehrberuf zu ergreifen — wird am besten durch die Eingliederung der Kinder ausländischer Arbeitnehmer in deutsche Regelklassen möglich.

Intensivkurse zum Erlernen der deutschen Sprache sind gemäß Schulentwicklungsplan II für zuziehende Jugendliche vorgesehen, die in der Heimat einen mittleren Schulabschluß erreicht oder eine Schulbildung erhalten haben, die über die der Berliner Grundschule hinausgeht.
Die Möglichkeit der Gründung von staatlich anerkannten Privatschulen ergibt sich aus dem ‚Gesetz über die Privatschulen und den Privatunterricht (Privatschulgesetz)' vom 27. 2. 1971. Voraussetzung ist jedoch, daß an diesen Schulen nach den Rahmenplänen der Berliner Schule unterrichtet wird und Lehrer eine pädagogische Ausbildung und Prüfungen nachweisen müssen, die denen der Lehrer an entsprechenden öffentlichen Schulen im Werte gleich kommen."

2.7.6 Berücksichtigung der Zweisprachigkeit

Zweisprachigkeit im deutschen Erziehungssystem zu berücksichtigen, fordert ein Gutachten der Arbeitsgruppe „Schulprobleme ausländischer Kinder in der Bundesrepublik"[1]. Das Gutachten macht u. a. Aussagen über die Gefahr der Segregation der Kinder ausländischer Arbeitnehmer, über die Notwendigkeit einer Zusammenarbeit mit den ausländischen Eltern, über die unterschiedlichen Schulsituationen, über Religionsunterricht, außerschulische Hilfen für ausländische Kinder, über die Aus- und Fortbildung ausländischer Lehrer, die Berufsbildung jugendlicher Ausländer und die Erweiterung der Sozialarbeit.
Zur Verbesserung des Schulerfolgs wird von der Schule erwartet, „daß sie die gegenwärtige Situation kritisch analysiert, Wege zur Verbesserung sucht und . . . zu grundsätzlichen organisatorischen und inhaltlichen Veränderungen bereit ist."
„Mit Rücksicht auf ihre familiären Bezüge und ihre kulturelle Sozialisation sowie im Hinblick auf eine wahrscheinliche oder mögliche Rückkehr in die Heimat muß die Zweisprachigkeit der ausländischen Kinder erhalten bleiben. Die Förderung in der Heimatsprache kann nicht in einem isolierten und eingeschränkten Sonderunterricht erfolgen. Sie sollte im Kontext des allgemeinen Unterrichts geschehen. An den allgemeinbildenden deutschen Schulen sollten nach Bedarf Sprachzüge in den Heimatsprachen der ausländischen Kinder eingerichtet werden, die diesen Kindern als erste Fremdsprache anzurechnen sind."
„Der Deutschunterricht für ausländische Kinder hat zu berücksichtigen, daß es sich nicht um das Erlernen einer Fremdsprache im üblichen Sinn handelt. Bei der geringen Entwicklung der Heimatsprache hat die Zweitsprache auch entscheidende Prozesse der Sozialisation, der Identitäts- und Persönlichkeitsentwicklung zu tragen[2]. Sowohl von der Heimatsprache als auch von der deutschen Sprache

---

[1] Thesen und Forderungen, Gutachten zur Schul- und Berufsbildung und zur sozialen Integration ausländischer Kinder in der Bundesrepublik, herausgegeben vom Kommissariat der deutschen Bischöfe, veröffentlicht in der Reihe „Bildung und Wissenschaft", Mülheim 1973
[2] Vgl. auch Seite 154 ff.

drohen den ausländischen Kindern Sprachlosigkeit als soziale Gefährdung. Deshalb müssen beide Sprachen in engem Zusammenhang gesehen werden."
„Sprachprogramme (Deutsch) müssen altersspezifisch entwickelt werden und geeignet sein, ausländische Kinder auf den Unterricht in deutschen Klassen vorzubereiten, die Sozialisation in der neuen gesellschaftlichen Umwelt kommunikativ zu tragen und eine kontrastive Rückkoppelung mit der Heimatsprache zu ermöglichen." „Sprachprogramme für den Unterricht in der Heimatsprache sollen in Zusammenarbeit mit den Heimatländern entwickelt werden. Die heimatlichen Sprachkurse sollen in gegenseitiger Übereinkunft und Hilfe so entwickelt werden, daß der Übergang in die Fächer, Inhalte und Methoden der deutschen Schule erleichtert wird. Zugleich sollen aber auch die fachlichen und inhaltlichen Voraussetzungen geschaffen werden, die bei einer Rückkehr in die Heimat eine Verfremdung gegenüber dem dortigen Schulsystem ausschließen."
„Eine Zusammenarbeit der Schul- und Erziehungsbehörden aller Länder ist nötig, um in der Schulorganisation (Anerkennung von Schulabschlüssen) und bei der Auswahl der Lerninhalte eine gewisse Verzahnung zu erreichen (Entwicklung gemeinsamer Rahmenpläne und Lernmittel)."
In dem vorgestellten Konzept scheint im Vordergrund — wie häufig in der gegenwärtigen Diskussion — die Sozialisation der ausländischen Kinder zu stehen, nicht so sehr deren Leistungsförderung und Schulbildung. Allein mit dem Erwerb einer gewissen zweisprachigen Kommunikationsfähigkeit ist es nicht getan. Die Vermittlung von Lerninhalten außerhalb des eigentlichen Spracherwerbs dürfte für die Anerkennung eines Schulabschlusses, sei es in Deutschland oder im Heimatland, von wesentlicher, ja von vordringlicher Bedeutung sein.

2.7.7 Zweisprachige Schulen

Zweisprachige Schulen, in denen mindestens die Hälfte des Unterrichts in der Denksprache der Kinder, das ist in der Regel ihre Muttersprache, erteilt werden soll, forderte 1973 der Nürnberger Stadtschuldirektor Kurt Gemählich[1]:
„Nomalerweise denkt der Mensch in seiner Muttersprache. Wenn Denkprobleme zu bewältigen sind, wenn logische Denkschritte gemacht werden, dann geschieht dies mit Hilfe der Sprache. Es kann nicht Aufgabe der deutschen Schule sein, dem ausländischen Kind seine Muttersprache zu nehmen und ihm eine fremde Denksprache aufzuzwingen. Hochbegabten und gut geförderten Kindern wird es möglich sein, in zwei Sprachen zu denken. Im Normalfall wird nur eine Denksprache erreicht. Über die Denksprache des Kindes und damit über seine Zukunft zu bestimmen, kann nur der Entscheidung der Eltern vorbehalten bleiben. Entscheidung setzt aber auch eine Wahlmöglichkeit voraus. Sie muß angeboten werden, wenn Elternrecht und Chancengleichheit gewahrt werden

---
1 In „Schulreport", 1973/3

sollen. Um das Bildungsangebot für ausländische Kinder zu verbessern, ist eine Zusammenfassung der Kinder der einzelnen Nationalitäten anzustreben, und zwar in organisatorischer und unterrichtlicher Verbindung mit der deutschen Volksschule. Die Bildung von Mischklassen aus Kindern verschiedener Länder ist abzulehnen. Der Zugang eines Spaniers zur deutschen Sprache ist völlig anders als der eines Griechen oder Türken, schon vom Alphabet und der Schreibweise her. Aus diesen Überlegungen ergibt sich folgendes Organisationskonzept:

1. Die ausländischen Kinder werden grundsätzlich nach Nationalität oder Sprachgruppe in eigenen Klassen zusammengefaßt. Im 1. und 2. Schuljahr werden sie ausschließlich in ihrer Muttersprache unterrichtet. Die Sechs- und Siebenjährigen sind mit dem Lesen- und Schreiben-Lernen ihrer Muttersprache voll ausgelastet. Allenfalls kann ihnen Deutsch auf akustischer Grundlage, eben als Hören und Sprechen vermittelt werden.
2. Ab dem 3. Schuljahr wird in diesen Klassen mit dem systematischen Unterricht in Deutsch als Fremdsprache begonnen. Er sollte in der Woche mindestens 6 Stunden betragen und ausschließlich von deutschen Lehrern erteilt werden. Der übrige Unterricht wird in der jeweiligen Muttersprache erteilt. Man wird neue Lehrpläne schaffen müssen, die der Zweisprachigkeit Rechnung tragen. Sie bieten die Chance, daß in ihnen eine europäische Bildungskonzeption verfolgt werden kann.
3. In der Hauptschule tritt in den muttersprachlichen Klassen an die Stelle des obligatorischen Englischunterrichts die Fremdsprache ‚Deutsch', und zwar mit mindestens einer Stunde täglich, ebenfalls durch deutsche Lehrer erteilt.
4. Ausländische Kinder, die die deutsche Sprache in Wort und Schrift so weit beherrschen, daß sie dem Unterricht folgen können, werden auf Antrag der Eltern in die deutsche Klasse aufgenommen. Solange sie in Deutschland noch nicht eingebürgert sind, werden sie verpflichtet, an Stelle des Englischunterrichts am muttersprachlichen Unterricht des Heimatlandes teilzunehmen.

Die ausländischen Sprachklassen sollen, wenn es die Schülerzahl erlaubt, nach Jahrgängen, auf jeden Fall aber nach Jahrgangsgruppen, gegliedert werden. Sie unterstehen der Leitung der Volksschule, in deren Gebäude sie untergebracht sind.

Die Integration der ausländischen Kinder soll dadurch gefördert werden, daß der Unterricht in musisch-technischen Fächern oder in der Leibeserziehung in gemischten Klassen mit deutschen und ausländischen Kindern erteilt wird. Durch gemeinsames Spielen, durch Sport, besonders Neigungsgruppen, durch Musizieren, Ausflüge und Feste wird die Sozialisation weiter vorangetrieben, auf jeden Fall besser, als wenn das ausländische Kind allein in der deutschen Klasse sitzt. Dort wird es in der Regel nicht integriert, sondern isoliert.

Integration bedeutet nicht, Ausländer zu Deutschen zu machen, sie zu assimilieren oder zu germanisieren und sie von der Kultur und Lebensform ihres Heimatlandes abzunabeln, sie bedeutet auch keinen Verzicht auf deren eigene Substanz, sondern benötigt gerade deren Ergänzung. Die Verschiedenartigkeit der Kultur und Lebensformen der ausländischen Arbeitnehmer muß akzeptiert und berücksichtigt werden. Die Integrationshilfen, die wir ihnen anzubieten haben, sollen sie befähigen, als gleichberechtigte Partner in unserer Gesellschaft zu leben, mit der Entscheidungsfreiheit, hier zu bleiben, so lange sie wollen, aber auch bei der Rückkehr in das Heimatland ihren Kindern einen nahtlosen Anschluß in der Schule und der Ausbildung zu sichern."

2.7.8 Erklärung im Bundestag

Im Deutschen Bundestag stellte der SPD-Abgeordnete Zebisch die Frage: „Welche Maßnahmen beabsichtigt die Bundesregierung in Verwirklichung ihres Aktionsprogramms vom 6. Juni 1973 zur Verbesserung der Ausbildung der Kinder ausländischer Arbeitnehmer?"[1]

In der Antwort[2] des parlamentarischen Staatssekretärs Zander vom 4. Oktober 1973 wird wieder die bildungspolitische Doppelaufgabe, diesmal erstmals aber auch die Gleichrangigkeit der Ziele, ausdrücklich erwähnt: Die Bundesregierung geht davon aus, „daß sowohl die Eingliederung in das deutsche Schulsystem als auch die Förderung der Rückkehrfähigkeit durch muttersprachlichen Unterricht gleichrangige Ziele darstellen."

Eine optimistische Aussage über eine nicht näher erläuterte Verbesserung der Bildungschancen ausländischer Kinder schließt sich an: „Obwohl die Doppelnatur der bildungspolitischen Zielsetzung — Förderung der Eingliederung, aber auch Offenhalten der Rückkehr — große schulische und psychologische Probleme aufwirft, kann mit einer Verbesserung der Bildungschancen auch für ausländische Kinder gerechnet werden."

Dann jedoch wird das Integrationsprinzip wieder eindeutig in den Vordergrund gerückt, in dem man das Extrem einer ghettoartigen Isolierung als Alternative aufzeigt und die „in Familie und Nachbarschaft liegenden Kräfte nationaler Sprache, Kultur und Tradition" bemüht, durch die in Verbindung mit dem muttersprachlichen Unterricht der KMK-Empfehlungen „die Fähigkeit zur Wiedereingliederung über längere Zeit ohnehin erhalten wird".

Damit ist der Forderung nach Gleichrangigkeit von Maßnahmen zur Eingliederung durch deutschsprachigen Unterricht und zur Wiedereingliederung durch muttersprachlichen Unterricht jedoch nicht Genüge getan, abgesehen von der grundsätzlichen Bedeutung muttersprachlichen Unterrichts für jede Schulbildung. Immerhin wurde die Bedeutung von „Gleichrangigkeit" und „Rückkehrfähigkeit" zum erstenmal seit der KMK-Empfehlung offiziell festgestellt.

---

1 Drucksache 7/1044 Frage A 64
2 Siehe Anhang Seite 208

Inzwischen hat die Konferenz der Kultusminister am 9. 11. 1973 die bestehende Arbeitsgruppe beauftragt, die Empfehlung vom 3. 12. 1971 zum „Unterricht für Kinder ausländischer Arbeitnehmer" aufgrund der neuen Erfahrungen und der teilweise veränderten Gesamtsituation hinsichtlich der Beschäftigung ausländischer Arbeitnehmer zu überarbeiten und weiterzuentwickeln[1].

2.8 Das offene Modell Bayerns

Unter dem Eindruck der bisherigen Bemühungen, Forderungen und Lösungsvorschläge kann man H.-E. Piepho (a. a. O.) zustimmen: „Notmaßnahmen, Demonstrationen des guten Willens sind genauso wirkungslos wie zornige Anklagen. Jetzt muß die konkrete Arbeit an Modellen beginnen, an denen die Möglichkeiten und Erfordernisse abgelesen werden, die eine umfassende Verbesserung der Situation der ausländischen Kinder bewirken können."
Ende 1972 wurde in Bayern ein Konzept entwickelt, das seit August 1973 als Modellentwurf vorliegt. Das sogenannte „Offene Modell" wird gegenwärtig in den Ländern der Bundesrepublik[2] — aber auch in der Schweiz, in Schweden, in Finnland, in Frankreich, in Australien[3] und in den Heimatländern der ausländischen Kinder diskutiert. Die Modellform B der besonderen Klassen für ausländische Schüler wird in Bayern seit dem Schuljahr 1973/74 erprobt[4].

2.8.1 Vorüberlegungen

Rückblickend hat sich gezeigt, daß die derzeitigen Regelungen für die Schulbildung der Kinder ausländischer Arbeitnehmer in Theorie und Praxis fast ausschließlich auf die Integration in das deutsche Schulsystem und die deutsche Gesellschaft abgestellt sind.
Ein sinnvoller Unterricht für die ausländischen Kinder hat jedoch von deren tatsächlichen Bedürfnissen auszugehen. „Für Kinder ausländischer Arbeitnehmer kann Chancengleichheit im Bildungsbereich nur dann hergestellt werden,

---

1 Pressemitteilung des Sekretariats der KMK (Bonn) vom 13. 11. 1973
2 Nach Auffassung des Auswärtigen Amtes ziehen die bayerischen Vorschläge für eine bessere schulische Betreuung der Kinder ausländischer Arbeitnehmer „die pädagogischen Konsequenzen aus der Erkenntnis, daß die Kinder zunächst in einer Denksprache unterrichtet werden und ihre Integration in die deutsche Schule, aber auch die Rückkehr in Schulen des Heimatlandes ermöglicht werden muß." Das Auswärtige Amt hat sein Interesse an Erfahrungen und Erkenntnissen der bayerischen Bemühungen zur Verwirklichung entsprechender Modelle bekundet. (Pressemitteilung des Bayerischen Staatsministeriums für Unterricht und Kultus Nr. 120 vom 8. 8. 1973).
3 In Australien ergeben sich schon seit einiger Zeit ähnliche Probleme, seitdem eine Reihe Arbeitnehmer nach Australien nicht mehr einwandern, sondern nur vorübergehend tätig sein sollen.
4 In Nürnberg liefen Versuche mit sogenannten muttersprachlichen Klassen schon im Schuljahr 1972/73.

wenn diesen Kindern ein Anrecht auf zusätzlichen, ihrer besonderen Situation gerechtwerdenden Förderung zugestanden wird"[1].

Oder wie es H.-E. Piepho (a. a. O.) ausdrückt: „Alle Maßnahmen der Ausbildung sind sowohl im Hinblick auf die Eingliederung in der Bundesrepublik wie im Hinblick auf eine Reintegration in der Heimat zu planen und sollten aus einem tiefen Respekt vor den Bedingungen und den Möglichkeiten eines Lebens und Denkens aus zwei Sprachen und zwei Kulturbereichen resultieren." Die zuständigen Behörden des Bundes und der Länder gehen von einer zeitlichen Befristung des Aufenthals ausländischer Arbeitnehmer in der Bundesrepublik aus. Nach dem bekundeten Willen der Entsendeländer ist der Regelfall die Rückkehr. Auch die Mehrzahl der ausländischen Arbeitnehmer selbst bekunden den Willen, wieder in die Heimat zurückzukehren. Integrierenden Maßnahmen kommt daher eine Priorität nicht zu. Andererseits nimmt die Zahl der Ausländer und ihrer Kinder, die sich seit längerer Zeit in der Bundesrepublik aufhalten, im Durchschnitt faktisch zu.

Das Bildungsangebot an die in der Bundesrepublik schulpflichtigen Kinder der ausländischen Arbeitnehmer muß der arbeitspolitischen und rechtlichen Situation Rechnung tragen. Ziel der Schulbildung ausländischer Kinder muß eine Ausbildung sein, die bei dem Unsicherheitsfaktor, in welchem Land das Kind künftig leben wird, die für das Kind optimale Beschulung ermöglicht und ihm dadurch die gleichen Bildungschancen sichert, die den deutschen Kindern geboten werden.

Das bedeutet: Es müssen Maßnahmen getroffen werden, die sowohl die Eingliederung in das deutsche Schulsystem (Unterrichtssprache Deutsch) als auch den Anschluß an das heimatliche Bildungssystem (Unterrichtssprache ist die jeweilige Mutterprache) ermöglicht.

Daraus folgt:

1. Ausländische Kinder, die bereits längere Zeit in der Bundesrepublik leben und deren Eltern mit ihren Kindern künftig in Deutschland bleiben, sind, falls sie die deutsche Sprache beherrschen und ihre Eltern dies wünschen, in das deutsche Schulwesen einzugliedern, damit sie die ohnehin nicht aufzuhebende Benachteiligung durch die Sprachbarriere möglichst bald überwinden und Anschluß an die deutschen Mitschüler, denen sie nicht nachstehen sollen, finden (Modellform A).
2. Es muß ein Ausgleich geschaffen werden, der auch die Interessen der rückkehrwilligen Eltern berücksichtigt. Kinder, deren Eltern ihren Aufenthalt nur zeitlich beschränkt ansehen und das Bestreben haben, die Verbindung zum heimatlichen Schulwesen wieder herzustellen, müssen befähigt werden, ihre Ausbildung zu Hause fortzusetzen. Mit dürftigen Sprachresten ist jede Reintegration in die sozio-kulturellen Verhältnisse der Heimat kaum mehr mög-

---

[1] Deutscher Gewerkschaftsbund

lich. Maßnahmen in den Entsendestaaten, die erst nach der Rückkehr der Kinder anlaufen, beginnen zu spät und können nach längerer Aufenthaltsdauer in der Bundesrepublik Versäumtes nicht mehr nachholen (Modellform B).

Zum andern hat sich gezeigt, daß die Bedeutung der Muttersprache der Kinder im Unterricht bisher unterschätzt wurde, man hatte praktisch gefordert, daß sich die geistig-seelische Entwicklung des Kindes über ein sprachliches Medium vollzieht, das es sowohl in seinen Strukturen wie in seinen Bedeutungen erst mühsam zu erlernen im Begriff ist. Engelbert Onnen, Leiter der Zentralstelle für das Auslandsschulwesen, spricht in diesem Zusammenhang von einem Spracherwerb, bei dem man bei den Kindern gleichzeitig eine Art Kaspar-Hauser-Effekt erzeugt, insofern sie sprachlich arm und in ihrer geistigen Entwicklung behindert bleiben.

Man hatte bisher geglaubt, alle Probleme, die die Schulbildung der ausländischen Kinder aufwarfen, seien gelöst, sobald diese am Unterricht in den deutschen Klassen teilnehmen. Dieses Schulkonzept stellte an die ausländischen Kinder jedoch unverhältnismäßig hohe und nicht erfüllbare Leistungsanforderungen. Der Schulerfolg dieser Kinder war im deutschsprachigen Unterricht nur in wenigen Fällen gewährleistet. Die Kinder hätten hier einer individuellen Förderung bedurft. Eine solche zusätzliche Betreuung, die die Lehrer überfordert hätte, war nicht möglich. So blieben die Kinder in ihren Bildungsleistungen hinter denen der deutschen Kinder in erheblichem Maße zurück: Kinder ausländischer Arbeitnehmer besuchten kaum weiterführende Schulen, überdurchschnittlich häufig wiederholen ausländische Kinder die Klasse, ein hoher Prozentsatz verließ nach Beendigung der Schulpflicht die Volksschule ohne Abschluß der Hauptschule.

Daraus folgt:

3. Das ausländische Kind kann nicht die deutsche Sprache erlernen und gleichzeitig ohne Zeitverlust in den übrigen Fächern in der deutschen Unterrichtssprache weitergebildet werden. Zusätzlich angebotener muttersprachlicher Unterricht bedeutete für ausländische Kinder in der bisherigen Form eine Doppelbelastung, der sie nicht gewachsen waren. Das ausländische Kind kann nicht zwei Sprachen gleichzeitig bewältigen, es muß sich für eine Denksprache entscheiden, und in der muß es unterrichtet werden. Die Denksprache ist fast immer die jeweilige Muttersprache eines Menschen, mit Sicherheit bei Kindern, die in die Bundesrepublik kommen und die deutsche Sprache nicht beherrschen, erst recht, wenn die Kinder in der Muttersprache bereits in ihrem Heimatland unterrichtet worden sind (Modellform B 1).

Erst wenn einerseits die Muttersprache im wesentlichen Teil des Unterrichts genügend verfügbar gemacht worden ist und sich die Schüler dadurch Lerninhalte über die Muttersprache und nicht über die ihnen fremde Sprache angeeignet haben und erst, wenn die Zweitsprache Deutsch im begleitenden systematischen Unterricht genügend verfügbar gemacht worden ist und sich die Schüler dadurch Lerninhalte über die Muttersprache und nicht über die ihnen fremde Sprache angeeignet haben und erst, wenn die Zweitsprache Deutsch im begleitenden systematischen Unterricht genügend beherrscht wird, ist eine Integration von ausländischen Kindern verschiedener Muttersprache in Klassen mit deutscher Unterrichtssprache sinnvoll.

Daraus folgt:

4. Sobald das Kind die Zweitsprache Deutsch hinreichend beherrscht, können die Eltern entscheiden, ob es in Klassen mit deutscher Unterrichtssprache übertreten soll oder seine Schulbildung in Klassen mit muttersprachlicher Unterrichtssprache fortsetzen will. Ein zusätzliches Angebot an muttersprachlichem Unterricht kommt auch in deutschsprachigen Klassen hinzu; die heimatliche Sprache der Kinder gerät sonst in Gefahr, völlig zu verkümmern. Die Kinder würden ihren Eltern entfremdet.

5. Für Jugendliche in der Hauptschule, die vor dem Eintritt ins Berufsleben stehen, sind gesonderte Maßnahmen erforderlich (Modellform B 2).

Die Wahl der Eltern, sich in der Bundesrepublik niederzulassen, nimmt erzwungenermaßen die Entscheidung des Kindes über seine endgültige Heimat vorweg. Das Kind soll durch diese Modellformen aufgrund seiner gründlichen Ausbildung auch noch im Jugend- und Erwachsenenalter sowohl in seine ursprüngliche Heimat zurückkehren können als auch in der Bundesrepublik gegebenenfalls eingebürgert werden.

Die weite Fächerung der verschiedenen Nationalitäten und die Wohnlage der Kinder in Gebieten mit geringer Siedlungsdichte setzt der vollen Durchführung des Modells Grenzen.

Daraus folgt:

6. Für die Schüler, die aufgrund ihrer Wohnlage nicht in zentrale Klassen mit muttersprachlichem Unterricht gehen können, sind Sonderregelungen zu schaffen, die auch ihnen eine anspruchsvolle Schulbildung gewährleisten (Modellform C).

2.8.2 Der Modellentwurf

I.

A. Deutschsprachiger Unterricht und Unterricht in der Muttersprache in der öffentlichen Volksschule

Kinder ausländischer Arbeitnehmer, die dem deutschsprachigen Unterricht in einer Normalklasse ohne Schwierigkeiten zu folgen vermögen, werden auf Antrag der Eltern in die entsprechenden Klassen der deutschen öffentlichen Volksschule aufgenommen.

An den öffentlichen Volksschulen werden in der Muttersprache dem ausländischen Schüler bis zu acht Wochenstunden Unterrricht angeboten, wenn mindestens 15 Schüler mit der betreffenden Muttersprache vorhanden sind. Dieser Unterricht erstreckt sich auf die Pflege der Muttersprache und die für die Landeskunde wichtigen Fächer. Hierfür wird Unterrichtsbefreiung gewährt.

B. Klassen für ausländische Schüler in der öffentlichen Volksschule

1. Kinder ausländischer Arbeitnehmer, die dem Unterricht in deutscher Sprache nicht zu folgen vermögen oder deren Eltern sich für einen Unterricht in der Muttersprache entscheiden, werden an öffentlichen Volksschulen in eigenen Klassen zusammengefaßt, wenn mindestens 25 Schüler mit der betreffenden Muttersprache vorhanden sind.

In diesen Klassen werden mindestens zwei Drittel des Unterrichts nach besonderen Lehrplanrichtlinien und Stundentafeln in der Muttersprache erteilt. Durch die Angleichung an heimatliche Lehrpläne findet das Kind leichter Anschluß in den seinem Alter entsprechenden Klassen, so daß auch während des Schuljahres eintretende Schüler ihre Schulbildung fortsetzen können, ohne in niedrige Klassen absteigen zu müssen.

Die deutsche Sprache wird in den muttersprachlichen Klassen als Zweitsprache in grundsätzlich acht Wochenstunden nach der Methode fremdsprachlichen Unterrichts gelehrt. Dieser Unterricht erstreckt sich auf das Lernen, später ggf. auch auf die Weiterpflege der deutschen Sprache. Dieser Deutschunterricht ist Pflichtfach für alle Schüler.

In Unterrichtsbereichen mit nicht sprachrelevantem Unterricht (technisch-musische Fächer) können die ausländischen Schüler mit deutschen Schülern gemeinsam unterrichtet werden.

Wenn der Kenntnisstand in der deutschen Sprache eine Teilnahme am Unterricht einer deutschsprachigen Klasse ermöglicht, kann das Kind auf Wunsch der Eltern in eine solche Klasse übertreten.

2. In den 8. und 9. Jahrgangsstufen der Hauptschulen kann in Klassen für ausländische Schüler oder in Übergangsklassen, falls die Schüler über keine für die berufliche Bildung ausreichenden Deutschkenntnisse verfügen, nach einer Stundentafel unterrichtet werden, die durch verstärkten Deutschunterricht sprachlich und durch Unterricht in der Muttersprache stofflich den Anschluß an die berufliche Bildung ermöglicht.

C. Förderunterricht in öffentlichen Volksschulen in der deutschen Sprache

1. Kinder ausländischer Arbeitnehmer in öffentlichen Volksschulen, in denen die Bildung einer Klasse für ausländische Schüler wegen zu geringer Schülerzahl nicht möglich ist, etwa weil der Weg in die nächste Schule, in der Unterricht in der Muttersprache erteilt wird, nicht zumutbar ist, erhalten, wenn die

Schülerzahl (mindestens 25 Schüler) dazu ausreicht, Unterricht in Übergangsklassen (Vorbereitungsklassen), in denen Schüler verschiedener Nationalität zusammengefaßt sind.

2. Kommt auch eine solche Klasse nicht zustande, erhalten ausländische Schüler zusätzlichen Unterricht in der deutschen Sprache bis zu acht Wochenstunden mit entsprechender Unterrichtsbefreiung in den übrigen Fächern (Mindestschülerzahl 12). Ein Teil der Unterrichtsstunden ist für Unterricht in Mathematik zu verwenden.

Der gesamte Unterricht für ausländische Schüler, sowohl im deutschsprachigen wie im muttersprachlichen Bereich, untersteht der deutschen Schulaufsicht, die sich auf die Einstellung der ausländischen Lehrer, den Unterricht, die Lehrmittel und die Lehrpläne erstreckt.

II.

Die Erteilung des muttersprachlichen Unterrichts an Schulen mit deutscher Unterrichtssprache sowie der Betrieb von Schulen mit der Muttersprache als Unterrichtssprache ist auch in Form der privaten Unterrichtseinrichtung zulässig. Hierfür wird das besondere pädagogische Interesse im Sinne von Art. 7 Abs. 5 Grundgesetz (GG) anerkannt. Die gemäß Art. 7 Abs. 1 GG erforderliche staatliche deutsche Schulaufsicht hat sich auch auf die Genehmigung der Lehrer, der Schulbücher, der Lehrpläne zu erstrecken. Sie hat außerdem ein entsprechendes, der deutschen Schule gleichwertiges Leistungsniveau und die Respektierung der verfassungsmäßigen Ordnung der Bundesrepublik zu gewährleisten.

III.

Die folgende Grafik verdeutlicht die Durchlässigkeit der neuen Unterrichtsmodelle.

Die Durchlässigkeit der Unterrichtsmodelle

In den nachfolgenden *Übersichten* werden die Maßnahmen zur Schulbildung der Kinder ausländischer Arbeitnehmer im volksschulpflichtigen Alter den im Modellentwurf vorgesehenen Unterrichtsformen gegenübergestellt:

Schulbildung der Kinder ausländischer Arbeitnehmer im volksschulpflichtigen Alter in Bayern seit 1971 (Übersicht 1)

	Unterrichts-einrichtung	ausländische Schüler	Mindest-schüler-zahl	Dauer des Besuchs	Wochen-stunden	Rechtsstellung	Träger	Lehrer[1]
1.	Öffentliche Volksschule	Schüler, die dem deutschsprachigen Unterricht folgen können	entsprechend den bestehenden Gesetzen, Verordnungen, Richtlinien und Lehrplänen			öffentliche Volksschulen	Staat	deutsche
2.	Grundschul-klasse	mit oder ohne Deutschkenntnissen; unmittelbare Aufnahme in die 1. Jahrgangsstufe einer öffentlichen Grundschule	keine	ein Schuljahr	—	an öffentlichen Volksschulen	Staat	deutsche
3.	Vorberei-tungsklassen	ohne oder mit geringen Deutschkenntnissen; aus den Jahrgangsstufen 2—9, in der Regel gegliedert nach Grund- und Hauptschülern	25	in der Regel ein Jahr, längstens bis zum Ende des 2. Jahres	22 davon 12 für Deutsch-unterricht	an öffentlichen Volksschulen oder als private Unterrichtsein-richtung	Staat / Privatschul-träger (i. d. Regel ausl. Konsulat)	deutsche / auslän-dische

	Unterrichts-einrichtung	ausländische Schüler	Mindest-schüler-zahl	Dauer des Besuchs	Wochen-stunden	Rechtsstellung	Träger	Lehrer[1]
4.	Förderkurse in Deutsch	ohne oder mit geringen Deutschkenntnissen; aus den Jahrgangsstufen 2–9, wenn die Bildung von Vorbereitungsklassen nicht möglich ist	15	ein bis zwei Schuljahre	12	an öffentlichen Volksschulen	Staat	deutsche
5.	Förderunter-richt in Deutsch	mit Deutschkenntnissen nach dem Besuch von Vorbereitungsklassen oder Förderkursen	15	ein bis zwei Schuljahre	3	an öffentlichen Volksschulen	Staat	deutsche
6.	Mutter-sprachlicher Unterricht	alle ausländischen Schüler aus den Jahr-gangsstufen 1–9 und aus Vorbereitungs-klassen	15	während des ge-samten Volks-schulbesuchs mit oder ohne ent-sprechender Un-terrichtsbefrei-ung in deutsch-sprachigen Fä-chern	5[2]	private Unter-richtseinrichtung	Privatschul-träger (i. d. Regel aus-länd. Kon-sulat)	aus-ländische

1) Personalkosten für die Erteilung der vorgesehenen Unterrichtsstunden trägt der Staat
2) Erhöhung bis zu 10 Stunden möglich, die Personalkosten für die zusätzlichen Stunden trägt der Privatschulträger

Unterrichtsmodelle 1973/74 (Übersicht 2)

	Unterrichts-einrichtung	ausländische Schüler	Mindest-schüler-zahl	Dauer des Besuchs	Wochenstunden	Rechts-stellung	Träger	Lehrer[1]
A	Öffentliche Volksschule	Schüler, die die deutsche Sprache hinreichend beherrschen, falls die Eltern die Aufnahme in die öffentliche Volksschule wünschen		entsprechend den bestehenden Gesetzen, Verordnungen, Richtlinien und Lehrplänen		öffentliche Volksschulen	Staat	deutsche
	Muttersprach-licher Unterricht	ausländische Schüler in deutschsprechenden Klassen	15	Während des gesamten Volksschulbesuchs mit oder ohne entsprechende Unterrichtsbefreiung in deutschsprachigen Fächern	Jahrgangsstufen 1—2: 5 3—9: 8	an öffentlichen Volksschulen oder als private Unterrichtseinrichtung	Staat Privat-schul-träger	aus-ländische
B 1	*Klassen für ausländische Schüler* (mut-tersprachliche Klassen)	a) Schüler ohne oder mit geringen Deutschkenntnissen b) Schüler mit ausreichenden Deutschkenntnissen auf Wunsch der Eltern	25	Während der gesamten Volksschulpflichtzeit Bei Beherrschung der deutschen Sprache auf Antrag der Eltern Übertritt in Klassen mit deutscher Unterrichtssprache möglich	Jahrgangsstufen 1—2: 27; davon 5 für Deutschunterricht Jahrgangsstufen 3—4: 30; davon 8 für Deutschunterricht Jahrgangsstufen 5—9: 32; davon 8 für Deutschunterricht	an öffentlichen Volksschulen	Staat	ausländische und deutsche

	ausländische Schüler zur Vorbereitung auf die berufliche Bildung	Schulbesuchsjahr ohne oder mit geringen Deutschkenntnissen	25	zwei Schuljahre	davon 12 für Deutschunterricht, 8 für deutschsprachigen Fachunterricht	an öffentlichen Volksschulen	Staat	ausländische und deutsche
C 1	Übergangsklassen (Vorbereitungsklassen)	Schüler verschiedener Nationalität ohne oder mit geringen Deutschkenntnissen, wenn die Bildung muttersprachlicher Klassen nicht möglich ist	25	in der Regel ein Jahr, längstens bis zum Ende des 2. Jahres	22 davon 12 für Deutschunterricht	an öffentlichen Volksschulen	Staat	deutsche
C 2	Förderunterricht in deutscher Sprache	Schüler verschiedener Nationalität ohne oder mit geringen Deutschkenntnissen, wenn die Bildung muttersprachlicher Klassen oder Übergangsklassen nicht möglich ist	12	bis zu drei Schuljahre mit entsprechender Unterrichtsbefreiung in den übrigen Fächern	5—8	an öffentlichen Volksschulen	Staat	deutsche

1) Personalkosten für die Erteilung der vorgesehenen Unterrichtsstunden trägt der Staat
2) Soweit möglich in allen Jahrgangsstufen gemeinsamer Unterricht mit deutschen Schülern in nicht sprachrelevanten Fächern

2.8.3 Die Erprobung des Modells

Die Erprobungsphase umfaßte im Schuljahr 1973/74 81 Klassen für 2590 ausländische Schüler, darunter 21 Klassen für griechische, 21 Klassen für italienische, 7 Klassen für jugoslawische, 4 Klassen für spanische und 28 Klassen für türkische Schüler. Im Schuljahr 1974/75 stieg die Zahl der Klassen auf 215. Der Andrang der ausländischen Eltern, ihre Kinder in solche Klassen zu schicken, hatte zu einer Ausweitung der Erprobungsphase geführt (47 Klassen für griechische, 41 für italienische, 20 für jugoslawische, 1 für portugiesische, 4 für spanische, 102 für türkische Schüler, insgesamt für rund 7000 ausländische Schüler).

Orte mit verschiedener Struktur wurden ausgewählt: Großstädte wie München, Nürnberg und Augsburg, Städte wie Ingolstadt, Würzburg, Aschaffenburg, Hof, Kempten und Neu-Ulm, kleinere Orte wie Mainburg, Großostheim, Memmingen, Bobingen.

Beratungs- und Betreuungslehrer mit Kenntnissen in der Sprache der Kinder wurden beauftragt, die Schulämter zu unterstützen, ausländische und deutsche Lehrer zu beraten und zu betreuen, Kontakt zu den ausländischen Vertretungen zu halten, ausländische Eltern zu informieren.

Lehrbücher in der Muttersprache der Kinder wurden begutachtet und bei positivem Ergebnis[1] lernmittelfrei zugelassen. Lehrplanentwürfe für Fächer, die in der Muttersprache unterrichtet werden, liegen inzwischen vor. Die Entwicklung von Testverfahren für den Übertritt in deutschsprachige Klassen ist vorgesehen.

Für die ausländischen Lehrer, die den Unterricht in der Muttersprache erteilen, wurden 1973 Sprachkurse zur Erlernung der deutschen Sprache eingerichtet, die in Form von Fernstudienlehrgängen in Zusammenarbeit mit dem Goethe-Institut durchgeführt werden. Kursleiter sind deutsche Lehrer.[2]

Die Entwicklung eines gezielten Fortbildungsprogramms für deutsche Lehrer, die den Kindern die deutsche Sprache vermitteln, hat die Akademie für Lehrerfortbildung in Dillingen übernommen (siehe S. 151 f.). Multiplikatoren werden in regelmäßigen Abständen ausgebildet.

Die Schüler werden nach folgender Stundentafel unterrichtet:

---

[1] Lehrbücher für den Unterricht in der Muttersprache der Schüler werden zum lehrmittelfreien Gebrauch vom Kultusministerium zugelassen, wenn das Buch den Anforderungen, die an Schüler der betreffenden Jahrgangsstufen zu stellen sind, entspricht und keine verfassungsfeindlichen, gegen die freiheitlich-demokratische Grundordnung unseres Staates gerichteten Inhalte enthält.

[2] Hierzu: Hertkorn, Fernstudienkurs Deutsch für ausländische Lehrer, ein Beispiel für Lehrobjektivierung durch Medienverbund im Sprachbereich. Stuttgart 1975.

Stundentafel in Modellklassen *für griechische, italienische, jugoslawische, portugiesische, spanische und türkische Schüler an bayerischen Grund- und Hauptschulen*

Unterrichtsfächer	Modell B 1 Jahrgangsstufen							Modell B 2
	1.	2.	3.	4.	5.	6.	7.–9.	8/9
Religionslehre	2	2	2	2	2	2	2	} 4
Griechisch, Italienisch, Serbokroatisch, Portugiesisch, Spanisch oder Türkisch	7	7	5	5	5	5	3	
Deutsch (in zwei Leistungskursen)	5	5	8	8	8	8	8	12
Mathematik	5	5	5	5	4	4	4	4
Sachunterricht in der Grundschule	3	3	4	4	.	.	.	.
Geschichte und Sozialkunde	.	.	.	.	1	1	2	1
Erdkunde	.	.	.	.	2	2	1	} 1
Biologie	.	.	.	.	1	1	1	
Physik/Chemie	.	.	.	.	2	2	2	2
Musik*	1	1	1	1	1	1	1	} 2
Kunsterziehung*	1	1	1	1	2	2	2	
Sport*	2	2	2	2	2	2	2	2
Textiles Gestalten, Hauswirtschaft und Werken*	1	1	2	2	2	2	.	.
Praktische Arbeitslehre (Hauswirtschaft, Textiles Gestalten, Technisches Werken, Technisches Zeichnen)*, Allgemeine Arbeitslehre	.	.	.	.	.	.	4	4
Wochenstunden	27	27	30	30	32	32	32	32
davon Pflichtunterricht in der Muttersprache durch ausländische Lehrer[1]	17	17	16	16	17	17	15	12
* Unterricht gemeinsam mit deutschen Kindern durch ausländische Lehrer und / oder deutsche Lehrer	5	5	6	6	7	7	9	8
Pflichtunterricht in Deutsch durch deutsche Lehrer	5	5	8	8	8	8	8	12

---

1 Im Zuge der Auswertung der Erprobungsphase werden Überlegungen angestellt, das Modell zu modifizieren. So ist beabsichtigt, für Schüler, die seit der ersten oder zweiten Jahrgangsstufe in Klassen für ausländische Schüler unterrichtet wurden, den Anteil des Unterrichts in der Muttersprache sukzessive zu verringern, den Anteil des deutschsprachigen Unterrichts entsprechend zu erhöhen. Das würde dazu führen, daß in den 5. und 6. Jahrgangsstufen anstatt 17 Stunden muttersprachlichen Unterrichts 11 Stunden, anstatt 8 Stunden Unterricht in deutscher Sprache 14 Stunden erteilt werden. In den Jahrgangsstufen 7 bis 9 kämen 2 Stunden Arbeitslehre hinzu. Die Gesamtstundenzahl würde in diesen Klassen dann 34 betragen, 9 Stunden davon in der Muttersprache, 16 Stunden in der deutschen Sprache.

Erläuterungen zur Stundentafel:

Beim Deutschunterricht in den ersten und zweiten Jahrgangsstufen ist die tägliche Deutschstunde anzustreben. Von der dritten Jahrgangsstufe an wird die deutsche Sprache systematisch unterrichtet mit dem Ziel, gedrucktes und geschriebenes Deutsch lesen und die deutsche Sprache schriftlich gebrauchen zu können. Hier kann der Unterricht im Fach Deutsch in zwei Gruppen (Mindeststärke je Gruppe 12 Schüler) durchgeführt werden, die nach dem Stand der Deutschkenntnisse (Anfänger, Fortgeschrittene) oder nach dem Leistungsvermögen der Schüler differenziert sind.

Bei der Zusammenfassung von Jahrgangsstufen ist die für die Klasse verbindliche Stundentafel anhand der obigen Stundentafel von der Regierung festzusetzen.

Von der 3. Jahrgangsstufe an kommen wie bei den deutschen Schülern zu den Unterrichtsstunden in Sport zusätzlich zwei Stunden differenzierter Sportunterricht am Nachmittag.

Sofern es organisatorisch ohne größere Schwierigkeiten möglich ist, soll der Unterricht der ausländischen Schüler in den Fächern Musik, Kunsterziehung, Hauswirtschaft, Textiles Gestalten, Werken, Leibeserziehung, in den Spiel- und Sportstunden zumindest in einem Teil dieser Stunden mit deutschen Schülern gemeinsam durchgeführt werden. In diesen Fächern können die ausländischen Kinder von deutschen Lehrern unterrichtet werden, der ausländische Lehrer kann ebenfalls im Unterricht anwesend sein. Alle sonstigen Maßnahmen, die die Integration der ausländischen Kinder in das deutsche Schulleben ermöglichen, sind zu fördern (gemeinsame Ausflüge, Feste und Veranstaltungen in der Schule).

Die Schüler in Klassen für ausländische Schüler erhalten die gleichen Schulzeugnisse, wie sie für deutsche Schüler an öffentlichen Volksschulen vorgesehen sind. Die Note über die Leistungen in der Muttersprache wird zusätzlich in das Zeugnis mit aufgenommen. Dem Zeugnis wird eine Übersetzung in der Muttersprache des Schülers beigegeben.

Erfahrungsberichte über die ersten beiden Versuchsjahre werden Anfang 1976 erwartet. Zwischenberichten war bisher zu entnehmen:

— Die Beschaffung von Schulräumen für die Klassen erwies sich als schwierigste Aufgabe bei der Einrichtung der Modellklassen.
— Der Andrang ausländischer Schüler in diese Klassen ist sehr groß. Reine Jahrgangsklassen lassen sich dennoch nicht immer bilden. Dazu wohnen die Schüler von der zentralen Schule zu weit entfernt. Im Interesse der Schüler konnte den vielen Wünschen der Eltern auf Einrichtung zusätzlicher Klassen mit mehreren Jahrgangsstufen — wie sie auch im Heimatland üblich seien — nicht entsprochen werden.

— In den Städten hat die Einrichtung muttersprachlicher Klassen erheblich mehr ausländische Schüler in die Schule geführt als vorher. In Nürnberg hat sich der Beschulungsgrad ausländischer Kinder auf über 85% erhöht[1].
— Das Engagement der ausländischen Lehrer ist groß. Der Unterricht, insbesondere in Klassen mit ausländischen Schülern verschiedener Jahrgangsstufen, ist für sie nicht leicht. Ihre Weiterbildung wird zu den kommenden Hauptaufgaben bei der Weiterentwicklung des Modells gehören. (Wie viele Probleme mag es erst recht im sog. muttersprachlichen Ergänzungs- oder Zusatzunterricht für den ausländischen Lehrer geben?) Hospitation in deutschen Klassen und regelmäßige Konferenzen mit den Lehrern auf Schulamtsebene haben sich bisher sehr positiv auf den Unterricht der ausländischen Lehrer ausgewirkt.
— Die Kenntnisse der ausländischen Schüler in ihrer Muttersprache, insbesondere der schriftlichen Leistung, waren teilweise sehr mangelhaft. Lernpsychologische Schwierigkeiten aus der Zeit, als die Schüler in deutschsprachigen Klassen saßen, müssen systematisch überwunden werden. Das gleiche gilt für Verhaltensstörungen (Disziplinschwierigkeiten).
— Nach den bisherigen Erfahrungen reichen die zugelassenen Lehrbücher für den Unterricht in Fächern, die in der Muttersprache erteilt werden (z. B. Erdkunde, Naturkunde, Physik, Sachunterricht in der Grundschule) aus, daß Schüler beim Übertritt in deutschsprachige Klassen Anschluß finden können. Im Mathematikunterricht sind deutsche Lehrpläne in besonderem Maße zu berücksichtigen. Neben den Büchern aus dem Heimatland müssen hier auch deutsche Lehrbücher verwendet werden.
— Die Deutschkenntnisse der Schüler waren und sind sehr unterschiedlich. Erfolgreicher Sprachunterricht ist daher nur in Gruppen (bis 15 Schüler) möglich. Deutschunterricht ist lehrerintensiv.
— Der gemeinsame Unterricht ausländischer Schüler mit deutschen Schülern erfordert umfangreiche stundenplantechnische Vorarbeit, ist aber grundsätzlich zu verwirklichen. Auch dieser Unterricht ist lehrerintensiv.
— Die Integration der ausländischen Lehrer in deutsche Lehrerkollegien machte nach dem ersten Schuljahr sichtbare Fortschritte.

---

1 Schulbesuch der Kinder aus 5 Entsendestaaten in der Stadt Nürnberg (Stand Februar 1975):

	Ausländeranteil	darunter Kinder im schulpflichtigen Alter	davon besuchen eine Schule (Durchschnittswert 1972/73: 70%)
Griechen	18%	25%	98%
Italiener	15%	19%	86%
Jugoslawen	18%	9%	85%
Spanier	7%	9%	86%
Türken	24%	25%	79%

— Die Tätigkeit der Beratungs- und Betreuungslehrer im Schulaufsichtsdienst hat sich sehr gut bewährt.
— Die Differenzierung des Deutschunterrichts, die Fortbildung deutscher und ausländischer Lehrer, der Einsatz der Beratungs- und Betreuungslehrer, die Beschaffung zusätzlicher Lernmittel verursachen erhöhte Kosten.
— Hilfreich war auf vielen Gebieten der Einsatz von aus dem Ausland zurückgekehrten Auslandslehrern[1].

Nach einem Jahr Unterricht in den Modellversuchsklassen äußersten sich in Hof 144 türkische Eltern, im Regierungsbezirk Schwaben wurden 1140 ausländische Schüler befragt. In Hof sprachen sich 95% der Eltern dafür aus, daß sie ihre Kinder lieber in nationalhomogene Klassen schickten, in Schwaben wollten 88% der Schüler lieber in einer besonderen Klasse für ausländische Schüler als in einer deutschen Klasse unterrichtet werden.

Als Gründe hierfür wurden (in der Reihenfolge der Häufigkeit) angegeben:

1. Kann dem Unterricht in der Muttersprache besser folgen.
2. Fühle mich hier besser aufgehoben, habe dem Lehrer und den Mitschülern gegenüber weniger Hemmungen.
3. Will die Muttersprache nicht verlernen.
4. Erweiterung bereits vorhandener Kenntnisse der Muttersprache.
5. Möchte in der Heimat weiter auf eine Schule gehen können.
6. Wir kehren in absehbarer Zeit in die Heimat zurück.
7. Kann nicht genug Deutsch.
8. Wir Kinder lernen hier mehr.
9. Lerne auch hier Deutsch.
10. Erhalte islamischen Religionsunterricht.

Als Gründe für die Aussage, es habe ihnen in der deutschen Klasse besser gefallen — 12% der Schüler gingen lieber dort hin —, wurden (in der Reihenfolge der Häufigkeit) angegeben:

1. Mehr Fachunterricht (Werken, Maschinenschreiben, Schwimmen, Englisch) in den deutschen Klassen.
2. Möchte Beruf in Deutschland ergreifen.
3. Ungenügende Kenntnisse in der Muttersprache, kann besser Deutsch.

---

[1] In der Hauptversammlung 1975 hat der Verband deutscher Lehrer im Ausland darauf hingewiesen, das Potential der ins Inland zurückgekehrten Auslandslehrer besser zu nutzen: Der Auslandslehrer hat Erfahrung im Umgang mit Kindern anderer soziokultureller Voraussetzungen und anderer Muttersprache. Er kann seine im Ausland erworbenen Kenntnisse transferieren. Er hat in der Regel eine langjährige Erfahrung in „Deutsch als Fremdsprache" auf verschiedenen Stufen. Er könnte im Deutschunterricht lerneffektives Lehrverhalten trainieren. Er ist geeignet als Leiter von Arbeitsgemeinschaften in „Deutsch als Fremdsprache" an Schulen und Fortbildungsinstituten sowie als Berater in der Schulverwaltung. (Aus: Mitteilungen, Meinungen, Materialien des Verbandes deutscher Lehrer im Ausland. Hannover 1975/3)

4. Will immer in Deutschland bleiben und daher mehr Deutschunterricht.
5. Anforderung in den deutschen Klassen waren geringer.

2.8.4 Schwierigkeiten und Kritik

Zuerst sei eines festgestellt: Auch in den Klassen für ausländische Schüler wird den Kindern ausländischer Arbeitnehmer nichts geschenkt. Die zweisprachige Ausbildung verlangt diesen Kindern zweifelsohne ein hohes Maß an Leistungswillen und physisch-psychischer Leistungsfähigkeit ab, mehr als den deutschen Kindern und mehr als ihren Eltern. Das mag man einerseits als Tribut ansehen, der jedem Aufenthalt im Ausland zu zollen ist. Andererseits aber hat der Schüler in diesen Klassen alle Aussicht, daß sich seine Mühen und Anstrengungen eines Tages lohnen werden, sei es, daß er die im deutschen Schulsystem liegenden Chancen wahrzunehmen imstande ist, sei es, daß er im Unterricht, der ihm in seiner Muttersprache übermittelt wird, schulische Fortschritte erzielen kann.
Viel hängt von der Person des Lehrers ab. Ausländische Lehrer sind Teil des Lehrerkollegiums, sie unterrichten nicht neben, sondern mit den deutschen Lehrern. Die feste Verankerung des Deutschunterrichts in allen Modellformen verhindert ferner, daß Deutsch als Zweitsprache in den Hintergrund treten könnte. Man darf hier Zweisprachigkeit nicht mißverstehen. Die Denksprache ist für den Lernerfolg in den Unterrichtsfächern Voraussetzung. Denksprache kann eines Tages — bei vielen ausländischen Schülern ist sie es schon — aber auch die deutsche Sprache sein, eben als Zweitsprache. Hierfür aber muß — wie bei jedem Spracherwerb — ausreichend Zeit zur Verfügung stehen. Nur dann und nur durch systematischen Unterricht in der deutschen Sprache wie in der Muttersprache kann eine bilinguale „Halbbildung" vermieden werden.
Sowohl an die ausländischen wie an die deutschen Lehrer werden hohe Ansprüche gestellt. Die Beschäftigung voll ausgebildeter und für den Unterricht im Ausland geeigneter Lehrer aus den verschiedenen Heimatländern bereitete schon bisher Schwierigkeiten. Diese beginnen mit der Auswahl dieser Lehrer, mit der Unterkunft, mit ihrer Eingewöhnung in deutsche Schulverhältnisse. Sie wurden in der Vergangenheit durch eine pädagogisch unvernünftige Rotation unter den ausländischen Lehrern, die in relativ kurzen Abständen wieder von ihrem Heimatland zurückgerufen wurden, verstärkt. Herbert R. Koch (a. a. O.) schlägt deshalb vor: „Die Heimatstaaten der ausländischen Lehrer sollen deren Verträge in ihrer zeitlichen Bemessung nach dem Vorbild für Dienstverträge für deutsche Auslandslehrer abfassen und sie nicht nur von Jahr zu Jahr abschließen. In mehrjähriger Zusammenarbeit mit deutschen Kolleginnen und Kollegen gewinnen sie ein reales Deutschlandbild und gute Kenntnisse und Fertigkeiten in der deutschen Sprache. Sie lernen neuzeitliche Bildungsziele, wie die Deutschen sie sehen und zu verwirklichen suchen, aus der tagtäglichen Zusammenarbeit kennen." Dies und was der ausländische Lehrer an Methodik und

Didaktik Neues erfährt, mag seiner späteren Arbeit im heimatlichen Schulwesen mit Sicherheit dienlich sein. Das sollten auch die Schulbehörden der Entsendeländer erkennen[1]. Von der Qualifikation der ausländischen Lehrer — hierfür dürfte kein Zweifel bestehen — hängt eine Verbesserung der Schulbildung der Kinder ihrer Landsleute in hohem Maße ab.

Nicht leicht ist die Tätigkeit des Deutschlehrers in Klassen für ausländische Schüler. Er wird sich wie der Lehrer an Auslandsschulen mit der Schwierigkeit auseinanderzusetzen haben, als fremdsprachiger Lehrer vor einer geschlossenen anderssprachigen Gruppe zu unterrichten. Von seiner Unterrichtsmethode, von seinem pädagogischen Geschick hängt es ab, ob durch seinen Unterricht der Schüler die Zweitsprache Deutsch als eine aufgezwungene Sprache empfindet, die er nur widerwillig erlernt, oder ob er — wie das vielerorts zu beobachten war — eine die Lernbereitschaft fördernde Atmosphäre schafft, in der die ausländischen Kinder die angebotenen Hilfen zum Erwerb einer Zweitsprache dankbar aufnehmen, weil sie im Gegensatz zum bisherigen Unterricht in deutschsprachigen Klassen sich nun jemandem gegenüber befinden, der sie persönlich und unmittelbar anspricht, der sich für sie Zeit nimmt, der ihnen zu einer Erfolgsbestätigung verhilft, wenn Fortschritte in der Zweitsprache von Tag zu Tag zunehmend zu verzeichnen sind.

Kritik erfährt das Konzept hauptsächlich in zweifacher Hinsicht. Zum einen wird die im Modell enthaltene Entscheidungsfreiheit der ausländischen Eltern kritisiert: „Die Entscheidung, ob Unterricht in Klassen für ausländische Schüler oder in deutschsprachigen Klassen darf nicht den ausländischen Eltern überlassen bleiben. Es fehlt ihnen die Einsicht in die Notwendigkeit einer vernünftigen Zukunftsplanung und schulischen Weiterbildung." Abgesehen davon, daß die hier zum Ausdruck kommende Mißachtung des Elternwillens jeder Rechtsgrundlage entbehrt, und abgesehen davon, daß man eine solche pauschale Behauptung kaum aufrecht erhalten kann, fragt es sich, ob deutsche Eltern durchwegs diese Einsicht besitzen. Im übrigen entscheiden sich die Eltern nicht bei der Einreise ihrer Kinder für diesen oder jenen Unterricht. Diese Entscheidung treffen sie frühestens nach zwei Jahren, wenn die Kinder ausreichend Deutsch gelernt haben.

Zum anderen wird eine zunehmende Gettobildung — was immer man unter diesem Begriff verstehen mag — befürchtet. Nach den bisherigen Erfahrungen ist diese Sorge unbegründet. Die Mehrzahl der ausländischen Kinder, darunter auch solche, die sich bereits längere Zeit in Deutschland aufhielten, hatte nach eigenen Angaben bisher nur sehr wenig Kontakt mit deutschen Kinder gehabt. Die Schulleitungen sind bemüht, die Klassen für ausländische Schüler innerhalb der Schulgemeinschaft voll zu integrieren. Diese Integration ist zum großen Teil

---

1 Die Türkei hat inzwischen zugesagt, türkische Lehrer, die sich bewährt haben, über einen Zeitraum von drei Jahren hinaus bis zu 6 Jahren in der Bundesrepublik zu belassen.

bereits nach wenigen Monaten gelungen. Gemeinsame Veranstaltungen (Feiern, Sportwettkämpfe) finden in größerem Umfang statt. In der Klasse und im Schulhaus fühlen sich die Kinder nicht mehr an den Rand gedrängt, sie sondern sich auch von ihren deutschen Mitschülern nicht mehr ab. Eine Schulleiterin schreibt: „Seit sich ihre Leistungsbereitschaft erhöht hat, weil sich Erfolgserlebnisse in zunehmendem Maße eingestellt haben, sind sie im gemeinsamen Schulleben mit deutschen Kindern erheblich sicherer und selbstbewußter geworden. Eine ausgeglichene Entwicklung ihrer Persönlichkeit zeichnet sich ab, wie sie ihnen bisher in deutschen Klassen nicht ermöglicht werden konnte."

Inzwischen — 1975 — werden in den Ländern Baden-Württemberg und Nordrhein-Westfalen in Modellversuchen[1] ähnliche Formen des zweisprachigen Unterrichts für ausländische Schüler erprobt.

Wir haben mehrmals festgestellt, daß es sich bei der Schulbildung der ausländischen Kinder um ein Problem handelt, das letztlich nicht vollkommen zu lösen ist. Schwierigkeiten in organisatorischer und finanzieller Hinsicht, Erschwernisse, die in der Person des ausländischen Schülers wie des ausländischen und deut-

---

[1] In *Baden-Württemberg* sind homogene Ausländerklassen, in denen neben intensivem Deutschunterricht durch deutsche Lehrer überwiegend in der Muttersprache unterrichtet wird, zu Beginn des Schuljahres 1975/76 für Schüler der Grundschule eingerichtet worden. Die Maßnahme erfolgte auf Beschluß des Ministerrates der Landesregierung, in dem es heißt, eine Überforderung der Kinder ausländischer Arbeitnehmer durch eine Unterrichtssprache, die nicht ihre Denksprache (Muttersprache) ist, sollte in der Grundschule vermieden werden. In den musisch-technischen Fächern wird der Unterricht alternativ entweder durch deutsche oder durch ausländische Lehrer erteilt, in allen übrigen Fächern durch ausländische Lehrer, die im Dienst des Landes Baden-Württemberg stehen. In den ersten beiden Jahrgangsstufen sollen die Kinder je Woche 16 Stunden Deutschunterricht und 16 bzw. 18 Stunden in ihrer Muttersprache, erhalten, in den Klassen 3 und 4 jeweils 10 Stunden Deutsch und 20 Stunden muttersprachlichen Unterricht einschließlich des Unterrichts in den musisch-technischen Fächern. Nach der 4. Grundschulklasse sollen die Schüler in deutsche Regelklassen übergeführt werden.
In *Nordrhein-Westfalen* liegen Entwürfe für sogenannte bilinguale Klassen vor, in denen ausländische Kinder mit gleicher Ausgangssprache in den Klassen 1 bis 6 an öffentlichen Grund- und Hauptschulen gleichgewichtig in ihrer Heimatsprache wie in der deutschen Sprache unterrichtet werden. Das bedeutet gegenüber der bisherigen Praxis eine Intensivierung des Unterrichts im Deutschen als Zweitsprache und die Einbeziehung bestimmter Fächer in den Komplex des muttersprachlichen Unterrichts. Andere Fächer können in deutscher Sprache unterrichtet werden. In den ersten Grundschulklassen wird der Unterricht stets in gleichen Teilen in der Muttersprache und in der deutschen Sprache erteilt. Im Laufe der Schuljahre soll der Anteil des Deutschunterrichts zunehmen. Nach der 6. Klasse ist die Integration aller ausländischer Kinder in deutsche Regelklassen vorgesehen, eine Wahl- oder Entscheidungsmöglichkeit für die Eltern gibt es nicht. Dem Bereich der Muttersprache gehören an: Die Landeskunde in allen Klassen, der Einführungsunterricht im Lesen, Schreiben und Rechnen, noch nicht näher bestimmte Fächer in den einzelnen Klassen. In deutscher Sprache sollen unterrichtet werden: Das Fach Deutsch als Fremdsprache, vom 2. Schuljahr an Mathematik, vom 3. Schuljahr an Sachunterricht, vom 5. oder 6. Schuljahr an die naturwissenschaftlichen Fächer. In dieses sechsklassige System sollen zuziehende ausländische Schüler nur während der ersten drei Klassen neu aufgenommen werden, für ältere Schüler sind sogenannte Vorbereitungsklassen auf bilingualer Basis mit verstärktem muttersprachlichem Unterricht vorgesehen.

schen Lehrers begründet sind, werden auch in den neuen Unterrichtsmodellen auftreten.

Das ändert aber nichts an der Verpflichtung, das Richtige jetzt zu tun. Die Kinder ausländischer Arbeitnehmer können nicht mehr warten, bis man sich über ein ausländerpolitisches Konzept endgültig schlüssig geworden ist. Vernünftige Arbeit muß geleistet werden, will man den Ruf nach Chancengleichheit verwirklichen. Es ist Zeit, Halbheiten, die weder den ausländischen Kindern noch ihren Eltern helfen, die weder uns Deutsche noch die Heimatstaaten befriedigen können, endgültig auszuschließen.

Das bedeutet Fortsetzung der Erprobung spezieller schulischer Modelle.

Das bedeutet sorgfältige Vorbereitung der Lehrer auf ihre Arbeit, insbesondere auf die Vermittlung des Deutschen als Zweitsprache.

Das bedeutet die Weiterentwicklung von Richtlinien für Fächer, in denen in der Muttersprache unterrichtet wird. Man wird Abstriche machen müssen, nicht in qualitativer, sondern in quantitativer Hinsicht, um die Doppelbelastung, der die ausländischen Kinder ausgesetzt sind, zu vermindern.

Das bedeutet ferner die Erarbeitung von Stoffverteilungsplänen für den Deutschunterricht.

Das bedeutet eine intensivere Anteilnahme aller mit der Schulbildung der Kinder ausländischer Arbeitnehmer Befaßten. Auch die Hochschulen müssen dem Problem mehr Aufmerksamkeit schenken, als dies bisher der Fall war.

Das bedeutet schließlich eine gemeinsame Aufgabe von Entsendeland und Aufnahmeland. Hier bleibt noch viel zu tun. Maßnahmen können nicht nur den deutschen Behörden allein überlassen bleiben.

Niemand wird von der Verantwortung entbunden, nach Kräften beizutragen, die Situation der ausländischen Kinder während ihres Aufenthaltes in der Bundesrepublik ihren Bedürfnissen entsprechend zu verbessern — gleichgültig, ob ihre Bildung unserem Land zugute kommt, oder ob die Früchte in der Heimat des Ausländerkindes geerntet werden.

3. Zweitsprache Deutsch

In den folgenden Ausführungen kann die Gesamtproblematik „Deutsch als Fremdsprache" nur kurz dargestellt werden. Sprachinstitute, insbesondere das Goethe-Institut in München, die Zentralstelle für das Auslandsschulwesen, Arbeitsgruppen an Instituten und Universitäten befassen sich als kompetente Stellen seit Jahren mit den Aufgaben des Fremdsprachenunterrichts, in jüngster Zeit auch mit der Vermittlung der deutschen Sprache an ausländische Arbeitnehmer, an ausländische Lehrer und an ausländische Schüler. Das Literaturverzeichnis gibt zusätzliche Hinweise.

In der folgenden Darstellung will ich versuchen, mich auf das zu beschränken, was dem Lehrer, der Kindern ausländischer Arbeitnehmer Deutsch als Zweitsprache vermittelt, Hilfe und Anregungen zu geben vermag.

Wenn im Zusammenhang mit dem Deutschen als Fremdsprache von ausländischen Kindern die Rede ist, muß zwischen den ausländischen Schülern an deutschen Auslandsschulen und dem ausländischen Schüler in der Bundesrepublik unterschieden werden. Motivation und Aktualität des Spracherwerbs sind hier anders. Das Kind ausländischer Arbeitnehmer in Deutschland *muß* Deutsch lernen, gleichgültig ob es das will oder nicht, ob es sprachlich besonders begabt oder unbegabt ist, oder als unbegabbar gilt. Vorkenntnisse unterschiedlicher Qualität können vorhanden sein. In der deutschen Umgebung erfährt es ferner eine laufende Verstärkung und eine Bestätigung seiner Sprachkenntnisse.

Die deutsche Sprache soll zur Zweitsprache des Schülers werden. Allein dadurch unterscheidet sich der Unterricht vom üblichen Fremdsprachenunterricht unserer deutschen Schulen. Das ist auch für den deutschen Lehrer von Bedeutung. Er kann nicht nur ausländischen Kindern die deutsche Sprache vermitteln, weil er perfekt Deutsch spricht. Daß man eine Sprache selbst beherrscht, heißt noch nicht, daß man diese Sprache als Fremdsprache lehren kann. Zweifellos sind unterrichtliche Erfahrungen deutscher Lehrer, die Englisch unterrichten, auch für die Vermittlung der deutschen Sprache an ausländische Kinder von Vorteil. Im allgemeinen aber kann der deutsche Lehrer in der Regel nicht auf unterrichtspraktische Erfahrungen bei der Vermittlung des Deutschen als Fremdsprache zurückgreifen, wenn man von den methodischen Erfahrungen der wenigen Auslandslehrer absieht.

Die Akademie für Lehrerfortbildung in Dillingen hat deshalb begonnen, ein Fortbildungsmodell systematisch zu erarbeiten und unterrichtlich zu erproben, das vorwiegend Lehrer der Grund- und Hauptschulen sowie der Berufsschulen mit der Didaktik und Methodik des Deutschunterrichts für ausländische Kinder so vertraut machen soll, daß das bisherige Defizit der Lehrer auf diesem Gebiet verringert wird. Die inhaltliche und methodische Planung einer Reihe von

Grund- und Aufbaulehrgängen über zwei Jahre hinweg liegt in den Händen eines Begleitausschusses, der gleichzeitig eine kritische Reflexion und Validierung der Lehrgangsarbeit zu leisten hat. Ausgangspunkt sind die Unterrichtserfahrungen an Auslandsschulen und in der bisherigen Arbeit mit Kindern ausländischer Arbeitnehmer in der Bundesrepublik sowie vorhandene didaktischmethodische Modelle, Lehrbücher und Sprachkurse. Das Feed-back für die wissenschaftliche Begleituntersuchung besteht aus den Berichten der Teilnehmer über die Verwertbarkeit des übermittelten theoretischen Wissens nach dem Maßstab des in der Praxis abgeforderten Könnens, aus kritischen Stellungnahmen zu den Methoden der Vermittlung, aus der Bereitstellung weiterer Arbeitsunterlagen und dem Aufzeigen von Lösungsalternativen. Ziel ist ein Lehrerfortbildungscurriculum, das die Akademie in die Lage versetzt, Lehrer für den Deutschunterricht der Kinder ausländischer Arbeitnehmer voll zu qualifizieren.

Dazu mußten Überlegungen zu den Lerninhalten und damit zu einem Lehrplan in die Modellarbeit mit aufgenommen werden. Dem Hauptgebiet, Didaktik und Methodik des Deutschen als Fremdsprache, wurden weitere Bereiche zugeordnet: Hintergrundwissen zur Lernsituation der Ausländerkinder, Problematik einer Fehlerstatistik, Konzeption von Sprachtests, Funktion von Unterrichtsbeispiel und Medien. Breiten Raum nahm die kritische Auseinandersetzung mit Lehrwerken des Deutschen als Fremdsprache ein. Ein ausführlicher Schlußbericht ist in Vorbereitung. Er enthält neben einem Lehrplan für den Deutschunterricht (in curricularer Form) folgende — inhaltlich ausgearbeitete — Programmvorschläge für Lehrgangsveranstaltungen:

1. Schulrechtliche und schulorganisatorische Fragen: Einführung und Überblick über schulrechtliche und schulorganisatorische Probleme; die Schulsituation; Unterrichtseinrichtungen (Versuche, Modelle).

2. Die Lernsituation und ihre Bestimmungsfaktoren: Die soziale, schulische und kulturelle Situation in den Herkunftsländern. Die besonderen sprachlichen Schwierigkeiten ausländischer (türkischer, spanischer, jugoslawischer, italienischer, griechischer) Schüler. Fragen der schulischen und außerschulischen Sozialisation ausländischer Kinder.

3. Didaktik und Methodik des Deutschen als Fremdsprache: Deutsch als Fremdsprache, als Zweitsprache. Prinzipien zur Didaktik und Methodik. Lehrwerke. Didaktische und methodische Konsequenzen; Unterrichtsbeispiele.

4. Spezielle Probleme des Deutschunterrichts für Kinder ausländischer Arbeitnehmer; Binnendifferenzierung; Leistungsmessung; Medien.

In Neuß befaßt sich die Forschungsstelle ALFA[1] mit der Lehrerausbildung und

---

[1] Ausbildung von Lehrern für Ausländerkinder an der Pädagogischen Hochschule Rheinland

der Lehrerfortbildung für den Unterricht an ausländische Kinder. Erste Forschungsergebnisse liegen inzwischen vor.
Grundsätzlich sollte die Fort- und Weiterbildung der Lehrer enthalten:
Aus dem Bereich der Linguistik: Deutsch als Fremdsprache; Fremdsprachendidaktik; Methodik des Fremdsprachenunterrichts; Hinweise zu dem bestehenden Lehrmittelangebot; Kenntnisse über die Muttersprachen der Schüler.
Aus dem Bereich der Pädagogik: Die sozial-psychologische Situation der ausländischen Schüler; differenzierter Sprachunterricht; Unterrichtsbeispiele (verschiedene Altersstufen, unterschiedlicher Kenntnisstand; Kenntnisse über die Herkunftsländer der Schüler (Vermittlerrolle des deutschen Lehrers); Ausbildung von Multiplikatoren.
Die folgenden Ausschnitte aus dem großen Bereich „Deutsch als Zielsprache" zeigen verschiedene Zielsetzungen und neue Überlegungen auf, zeigen, was auf linguistischem Gebiet bisher entwickelt wurde und welche Hilfen dem Lehrer derzeit an die Hand gegeben werden können.

3.1 Zielsprache — Zweitsprache — Fremdsprache

3.1.1 Zentralstelle für das Auslandsschulwesen

Die Zentralstelle im Bundesverwaltungsamt in Köln befaßt sich neben der Vermittlung deutscher Lehrer an deutsche Schulen im Ausland mit dem Fach Deutsch als Fremdsprache für die Arbeit an über hundert Auslandsschulen mit etwa 50 000 fremdsprachigen Schülern. Hauptaufgaben sind Beratung, Information und Diskussion über die Konzeption von Unterrichtsmitteln sowie die Durchführung von Fortbildungskursen für deutsche Lehrer.
Die Zentralstelle leistet hierdurch einen wertvollen Beitrag für den Deutschunterricht der ausländischen Kinder in der Bundesrepublik, der gar nicht hoch genug eingeschätzt werden kann.
Von besonderer Bedeutung sind die Ausführungen des 1974 verstorbenen Hubert *Klemp,* die sich mit dem Verhältnis des mutter- und deutschsprachigen Unterrichts befassen:
„Wird Deutschunterricht als fremdsprachlicher Unterricht begriffen, so wirkt sich dies zwangsläufig auf das Verhältnis des mutter- und fremdsprachlichen Unterrichts sowie des zweisprachigen Unterrichts zueinander und damit auf die Organisationsstruktur einer Schule aus.
An allen Schulen, an denen Deutsch als charakteristische Fremdsprache ohne besondere Einschränkungen unterrichtet werden kann, benötigt man für dieses Fach 6 bis 8 Wochenstunden. Entsprechend den Empfehlungen der Lernpsychologie sollten diese Stunden regelmäßig über die Woche verteilt sein, so daß man von der täglichen Deutschstunde sprechen kann. Wo schon ab der Vorschule Gelegenheit zum Unterricht in deutscher Sprache besteht, muß die Anfangs-

stufe bis ins 2. Schuljahr hinein audio-lingual konzipiert sein, damit der Lese- und Schreiblernprozeß in der Muttersprache ohne störende Beeinflussung durch das Erlernen der gleichen Fähigkeiten in der fremden Sprache verlaufen kann; hier kommt nur ein Nacheinander in Frage.
Schulen, die zweisprachigen Unterricht erteilen, müssen lernpsychologische Aspekte sehen. Lernpsychologisch wird davon ausgegangen, daß der Erlernungsprozeß der grundlegenden Fähigkeiten und Fertigkeiten sowie eines elementaren Fachwissens in der Muttersprache nicht durch verfrühten Fachunterricht in zwei Sprachen gestört werden darf.
Der volle zweisprachige Unterricht im Bereich der kombinierten Zweisprachigkeit (Verfügbarkeit gleicher Inhalte in zwei Sprachen) in Mathematik, Physik und Chemie sollte erst mit Beginn der Sekundarstufe, keinesfalls vor dem 5. Schuljahr, einsetzen. Das elementare Sach- und Fachverständnis in der Muttersprache dürfte dann hinreichend gefestigt sein. Eine Einführung in die jeweilige deutsche Fachsprache kann durchaus schon an ausgewählten Inhalten ab 3. oder 4. Schuljahr erfolgen.
Die koordinierte Zweisprachigkeit (Verfügbarkeit unterschiedlicher Inhalte in jeweils einer Sprache) in den Fächern Musik und Kunsterziehung kann schon früher beginnen, wenn gewährleistet ist, daß die Schüler nicht zu sprachlichen Aktionen gezwungen werden, die sie überfordern, d. h., daß sie nicht aus Fachaspekten gezwungen werden, die deutsche Sprache zu benutzen, ohne schon den entsprechenden Beherrschungsgrad erreicht zu haben."

3.1.2 Erstsprache Muttersprache — Zweitsprache Deutsch

„Deutsch darf für die Gastarbeiterkinder keine Fremdsprache werden." Unter dieses Motto stellt Professor Dr. Hermann *Müller,* Frankfurt, seine Ausführungen, in denen er Deutsch, hier speziell für die Kinder ausländischer Arbeitnehmer in der Bundesrepublik, als die Zweitsprache dieser Kinder sieht[1].
Müller betont das Übergewicht, das immer der Muttersprache der Kinder zukomme, in der das „eigentliche" Empfinden und Erleben, Denken und Sprechen stattfindet, während man eine Fremdsprache nie so gut lerne wie die Muttersprache, auch in dem Sinn, daß man die Fremdsprache um so leichter erlerne, je besser man seine eigene beherrsche.

„Kinder bilden ihre Identität im sozio-kulturellen Medium der Sprache. So haben sie, bevor die Gastarbeiterkinder nach Deutschland kamen, in ihrer Sprache und ihrer Umwelt eine Ich- und Persönlichkeitsentfaltung begonnen, die man nicht in eine Art Dornröschenschlaf zurücksinken lassen kann... Man kann die Persönlichkeitsentwicklung eines Kindes nicht auf Eis legen... Bei einer solchen

---

1 In „betrifft: Erziehung", Juni 1973

sprachlichen „Funkstille" muß es zu Sprachstörungen, Schädigungen und Identitätskrisen kommen, die zumindest vergleichbar sind mit dem Tatbestand von Körperverletzungen."

„Deutsch als Zweitsprache muß die soziale, geistige und kulturelle Entwicklung des Kindes fortsetzen, sie darf für das Kind nicht eine völlig andere „Wellenlänge", ein anderes Kommunikationssystem darstellen, es darf nicht zum Bruch, zur Negation oder zur Deformierung dessen kommen, was das Kind bisher lernte, womit es sich bisher identifizierte."

„Die Sprache ist zugleich auch der entscheidende Faktor der Integration. Das Erlernen der Zweitsprache Deutsch darf aber nicht gleichbedeutend mit einer „Eindeutschung" im Sinne der Assimilation sein. Der Vorwurf der Germanisierung wird von vielen Eltern aus der Befürchtung heraus erhoben, die Kinder würden eines Tages besser Deutsch sprechen als ihre Heimatsprache und diese ganz verlernen. Die Kinder sollen nichts verlernen oder aufgeben, was sie in ihrer Sprache gelernt haben, sie sollen nicht wieder vom Nullpunkt anfangen oder umlernen... Deutsch muß in dem Sinn Zweitsprache der ausländischen Kinder werden, daß sie bisher kulturelle und soziale Erfahrungen, Kenntnisse und Fertigkeiten, Motivationen und Interessen einbringen und weiterbringen können... Ein Sprachprogramm, das für ihre Ansprüche nicht sensibel ist, geht in der Tat auf ihre ‚Germanisierung' aus, d. h. auf die Unterdrückung der Kinder."

3.1.3 Zweisprachigkeit

Zur Zweisprachigkeit ausländischer Kinder hat Wilfried Stölting in einer ausgezeichneten Darstellung[1] ausführlich und konkret Stellung genommen. Stölting sieht die Gefahren, die mit der angestrebten Zweisprachigkeit verbunden sind, vor allem auf die Kinder der ausländischen Arbeitnehmer in der Bundesrepublik zukommen: „Die ausländischen Kinder, soweit sie deutsche Schulen besuchen, sind der Zersplitterung ihres Sprechens in mehrere Sprachformen am stärksten ausgesetzt: Heimatdialekt in der Familie, heimatliche Normsprache im muttersprachlichen Zusatzunterricht, deutscher Dialekt mit deutschen Kindern, Normdeutsch im Schulunterricht." Das ist eine dreifache Sprachbarriere. Stölting sieht eine Möglichkeit, bilinguales Sprachverhalten zu trainieren: „Die Existenz der jeweils ‚anderen' Sprache brauchte weder im Deutsch- noch im muttersprachlichen Unterricht verdrängt und verleugnet zu werden. Der Sprachunterricht könnte für das Deutsche und für die Erstsprache die jeweiligen sozialspezifischen Anwendungsbereiche akzentuieren, das schnelle Wechseln und Übersetzen zwischen den Sprachformen trainieren."

„Spezielle Eindeutschungsprogramme für ausländische Schüler könnten dazu

---

[1] In: Müller (Hrsg.), Ausländerkinder in deutschen Schulen, Stuttgart 1974

führen, daß das Deutsche auf Kosten der jeweiligen Muttersprache seine sozialen Funktionen in der Kommmunikation des Ausländers immer weiter ausdehnt ... Manche Politiker, Schulleute, Gewerkschaftler sehen in einer schnellen sprachlichen Germanisierung den besten Weg, um die Chancen der Ausländer in der Bundesrepublik Deutschland zu verbessern. Sie überbewerten dabei den Nutzeffekt des Sprachwechsels. Damit ist nichts gesagt gegen die Bemühungen um einen verbesserten Deutschunterricht, der die ‚Integration auf Zeit' erleichtert und auch die Grundlage für eine Verständigung der verschiedenen Nationen der ausländischen Arbeiter untereinander schafft. Dieser Deutschunterricht darf jedoch nicht auf Kosten der jeweiligen Nationalsprache gehen."
„Soziale Zweisprachigkeit ist für die deutsche Gesellschaft eine neue Erfahrung. Seit Jahrhunderten war sie daran gewöhnt, daß nur eine Sprache gesprochen wurde, sie ignorierte mit dieser Auffassung nicht übereinstimmende Tatsachen (Elbslawen, Wenden, Sorben). Dies war das Ergebnis der Nationwerdung und der Entstehung der deutschen Nationalsprache. Einwandererländer wie die USA oder Australien hielten an diesem Nationalmodell fest und forderten vom Einwanderer die Assimilation an Kultur und Sprache der Bevölkerungsmehrheit."
Dabei ist „Einsprachigkeit einer Gesellschaft in der Welt die Ausnahme, beschränkt auf die europäischen Nationalstaaten. Mehr als die Hälfte der Weltbevölkerung ist durch stabile Zwei- und Mehrsprachigkeit gekennzeichnet".
Nach Stölting vollzieht sich der Übergang von der Erst- zur Zweitsprache in Abhängigkeit von bestimmten gesellschaftlichen Voraussetzungen. „Einige Kombinationen von Faktoren des Sprachereignisses können sich als ressistenter gegen die Durchsetzung der Zweitsprache erweisen als andere. Die familiäre Situation, verbunden mit mündlichem Sprechen und einem sehr persönlichen Thema, wird meistens die Erstsprache am längsten bewahren." Institutionalisierte Sprachverwendungsbereiche bezeichnet Stölting als Sprachdomänen und den Prozeß des Sprachwechsels als ein langsames Verdrängen der Erstsprache aus sukzessiven Sprachdomänen. Die Realität des Sprachwechsels sieht dann so aus, „daß der Sprecher im Gespräch mit anderen Zweisprachigen immer häufiger zwischen den beiden Sprachen hin und her wechselt". Dabei gibt es durchaus stabile Sprachdomänen, die sich auch über die Generationen hinaus nicht verändern. So wird zum Beispiel unter den in Istanbul geborenen zweisprachigen Deutschstämmigen bei Gesprächen, die mit Handel zu tun haben, auf dem Markt oder bei ähnlichen Gelegenheiten die türkische Sprache, bei Gesprächen, in denen man sich auf geistiger Ebene auseinandersetzt, die deutsche Sprache benutzt. In Französisch-Westindien herrscht Französisch in der Schule, in der Verwaltung, in den Massenmedien; Créole im privaten Bereich, auf dem Lande, Latein in der Kirche. „Jemand, der auf Grund seiner guten Ausbildung Französisch auch im privaten Bereich im Gespräch mit Freunden verwenden wollte, würde auf Verwunderung und Ablehnung stoßen, obwohl ihn jedermann verstünde" (Stölting).

Stölting fordert nun, „die Zweisprachigkeit müsse zu einer koordinierten gemacht werden. Das heißt, den wichtigsten Nationalsprachen der Ausländer in der Bundesrepublik Deutschland ihren Gebrauch in allen relevanten Bereichen unseres Lebens zu sichern, auch in der Schule. Für das Deutsche heißt das, die sich abzeichnenden Einbruchstellen dieser Sprache in den Bereich der anderen Sprache wieder zu stopfen und gleichzeitig durch einen bilingual orientierten Sprachunterricht die Kenntnisse der ausländischen Kinder in Spielen ihnen bisher unbekannten Registern des Deutschen zu verbessern."

„Für die Schule folgt daraus die Notwendigkeit eines Systems, das Erst- und Zweitsprache gleichermaßen berücksichtigt, das Elemente des Unterrichts in der Heimat und in Deutschland miteinander verbindet. Dieser Unterricht hat unter deutscher Schulaufsicht zu erfolgen... Die Einrichtung bilingualer Schulen oder Klassen erfordert Investitionen wie andere vergleichbare Neuerungen im Schulbereich. Unter einer bilingualen Klasse ist eine Gruppe von Kindern identischer Erstsprache zu verstehen, die von erstsprachlichen und deutschen oder von zweisprachlichen Lehrern Sach- und Sprachunterricht in beiden Sprachen erhalten. Der Sachunterricht soll beide Sprachen als Medium umfassen, d. h. entweder nach Fächern (Domänenverteilung) oder nach Zeitblöcken (doublierend oder sukzessiv). Dabei ist darauf zu achten, daß in der Ausbildung des Herkunftslandes wichtige Fächer auch in der bilingualen Schule erstsprachlich oder parallel erstsprachlich/zweitsprachlich unterrichtet werden."

„Während in den ersten Jahren der Grundschule die Erstsprache den Sachunterricht beherrschen wird, ist die Zweitsprache von der ersten Klasse an Gegenstand eines speziellen Sprachunterrichts. Der bilingual orientierte Sprachunterricht (der Zweitsprache) wird sich in der Auswahl der Situationen, des Wortschatzes und der Strukturen zunächst auf die für die Kinder wichtigen Kommunikationsanlässe in der Zweitsprache konzentrieren. Das setzt intuitive oder deskriptive Kenntnisse des bilingualen Sprachverhaltens voraus. Für den bilingualen Unterricht sind daher Lehrer mit deutscher oder mit ausländischer Erstsprache an deutschen Hochschulen auszubilden."

Der Verfasser hat inzwischen die Leitung eines Forschungsteams übernommen, das seit Juni 1973 an einem Projekt „Der serbokratisch-deutsche Bilinguismus jugoslawischer Schüler" arbeitet mit dem Ziel, das tatsächliche Sprachverhalten ausländischer Schüler unter ständiger Berücksichtigung beider Sprachen zu untersuchen.[1] Die Untersuchungen an etwa 100 jugoslawischen Schulkindern mit

---

[1] Parallelen zu diesen Forschungen finden sich vor allem in den USA (Englisch für spanisch Sprechende) und in der Sowjetunion (Russisch für Angehörige nichtrussischer Völker). Forschungen zum sozialen Bilinguismus erwartet man außerdem aus der Schweiz, aus Luxemburg, Belgien, Kärnten.

serbischer oder kroatischer Muttersprache im Alter von 6 bis 18 Jahren an Grundschulen, Realschulen, Gymnasien sollen Antwort auf folgende Fragen geben: Werden die Kinder ausländischer Arbeitnehmer vollkommen germanisiert? Besteht die Gefahr der Festsetzung einer Art „Gastarbeiter-Deutsch" bei den Kindern? Unter welchen Bedingungen werden Kinder ausländischer Arbeitnehmer „Analphabeten"? Muß die Muttersprache bei den Kindern schlechter werden, damit ihr Deutsch besser wird (Schaukelmodell)?

3.1.4 Zur Methodik und Didaktik des Deutschunterrichts für ausländische Schüler

Die deutsche Sprache — wie jede Sprache — ist für unsere ausländischen Kinder zuerst und vor allem eine gesprochene Sprache. Sie kann nicht an Hand von Grammatikregeln oder -beispielen oder ausschließlich aus dem Lehrbuch erlernt werden. Man versucht heute allgemein, eine fremde Sprache durch Strukturen zu vermitteln, Sprechmustern, einmal zum Erwerb eines ausgewählten Wortschatzes, zum andern hinsichtlich des Sprachbaues. Beides, die Übertragung von Situationen in sprachlichen Ausdruck und die Darstellung der Grammatik in Strukturen, erfolgt mit Hilfe von Satzbaumustern, die intensiv geübt werden (pattern-drill) und organisch zu Dialogen weiter entwickelt werden.

Deutsch ist für den Ausländer zunächst ein unbekanntes System klangtragender Zeichen. Erst durch Anschauung, soweit sie ihm ermöglicht ist, oder durch Nachahmung wie beim Erlernen der Muttersprache, oder in der Bestätigung durch den Gesprächspartner oder auch über inhaltliche Informationen in Sinn erschließenden Situationen gewinnen Laute Bedeutung anzunehmen. Auditive Hilfsmittel (Schallplatte, Tonband, Sprachlabor), visuelle (Bild, Dia, Film, Skizze) und audiovisuelle (Film, Dia + Ton), helfen dabei.

Anstelle der alten Reihenfolge *Wort-Bedeutung* (= Übersetzung) wird die umgekehrte Reihenfolge aufgestellt: Bedeutung (Bild) — Wort (akustisch). „Diese umgekehrte Reihenfolge liegt eigentlich auf der Hand. Sie ist nicht wegen des pädagogischen Nutzeffekts aufgestellt, sondern weil sie der tatsächlichen Funktion der Sprache entspricht, Sprache ist immer eine Reaktion auf irgendeine Situation[1].

Im Idealfall sind es Satzbaumuster, wie sie dem deutschen Kind situationsbezogen einfallen, und eine sprachliche Reaktion ohne bewußtes Bemühen und Konstruieren ermöglichen: Was ist denn das? Das ist ... Warum? Weil ich ... Am raschesten gelingt uns allen die Übernahme von Satzbaumustern der Gruß-,

---

[1] Leisinger, Elemente des neusprachlichen Unterrichts, 1966

Dank- und anderer Höflichkeitsformen. Mit solchen Satzbaumustern, den Patterns, kann der Schüler eine unbegrenzte Reihe von Sätzen aus gleicher oder ähnlicher Situation selbst formen. Dabei gewinnt er einen Wortschatz, der nicht — wie früher — lediglich durch die Addition vieler Vokabeln erworben wurde. Bei der Auswahl des Wortschatzes sollten von Lehrbuchverfassern die Untersuchungen der Sprachwissenschaft berücksichtigt werden, die entsprechend dem Häufigkeitsgrad Wortranglisten aufzustellen versuchen. Allgemein soll der Wortschatz nicht nur vom Umkreis des Kindes, sondern mehr noch vom Interessenbereich des Schülers ausgehen. Mit der Zeit sind dem Alter der Kinder entsprechend Ausdrücke der Fachsprache in den einzelnen Unterrichtsgebieten mit einzubeziehen. Erfahrungen mit innerdeutschen Sprachbüchern an Auslandsschulen haben gezeigt, daß der innerdeutsche Sprachstoff in Fibeln, Lese- oder Sprachbüchern kaum Konzentration aufweist. Lesebücher etwa haben im Aufbau untereinander (innerhalb der einzelnen Bände der Altersstufen) wie auch mit anderen Deutschbüchern, etwa mit dem Sprachbuch oder dem Liederbuch keinen stofflichen Zusammenhang; das Wortschatzangebot ist weitgehend ungeplant und erschwert einen wirkungsvollen Unterricht für ausländische Kinder. Das sollte im Sprachunterricht für ausländische Schüler vermieden werden. (Das deutsche Kind lernt ja mit den Regeln der Sprachlehre und des Rechtschreibens auf eine ihm bekannte Sprache hin.) Das bedeutet: Sicherung des Wortschatzes durch Konzentration, durch planmäßiges Wiederholen im Text.

In diesem Zusammenhang noch ein Wort zur Verwendung der Muttersprache im Deutschunterricht. Wir wissen: Nicht alle Wörter erhalten ihre Bedeutung durch das Verschmelzen von bildlicher Darstellung und sprachlicher Benennung. Viele Wörter und Strukturen lassen sich nicht bildlich darstellen; audiovisuelle Hilfsmittel können nicht Mädchen für alles sein. Eine Menge Wörter erhält ihre Bedeutung erst in der kontrollierten Verwendung in Texten. Dabei ist die Muttersprache ausgeschaltet. Unseren Lehrern kann das nur recht sein, kein deutscher Lehrer in Deutschland wird die Muttersprache der Kinder verschiedener Nationen sprechen können. An Auslandsschulen half jedoch in manchen Situationen, in denen die Erläuterung des Begriffes nur ein Drum-herum-Reden ist, das dem Schüler eine klare Begriffsbildung verwehrt, die treffende Übersetzung. Das ist relevant für das Wörterverzeichnis eines Lehrbuches. Der Lehrer kann sich nicht den zeitraubenden Eintrag einer Übersetzung in ein Vokabelheft leisten. Bücher mit zweisprachigem Wortschatz haben sich anderen Lehrbüchern im Ausland immer als überlegen erwiesen.

Gleichzeitig mit der Wortschatzsicherung erfolgt die Darstellung von Sprachstrukturen der Grammatik. Durch *Strukturen* gelernt wird Grammatik spontan begriffen. Wenn der Schüler erst analysieren muß, was in der Fremdsprache gesagt wurde, kann er keiner Unterhaltung folgen. Niemand kann eine fremde Sprache sprechen, wenn er vorher über Konstruktion und Regeln nachdenken muß. Das bedeutet: Grammatikunterricht darf nicht isoliert erfolgen, also kein Herunterplappern von Regeln, Deklinationsformen und Konjugationen. Die Reihe „ich, du, er, sie, es, wir" usw. ist unnatürlich. Niemals springt man in einer Lebenssituation vom Ich über das Du zum Er oder Sie oder Es über, das Gespräch verläuft vom Ich zum Du oder Sie. Die grammatischen Formen müssen, wenn möglich mit Hilfe von Bildern oder Zeichnungen, in sinnvollen Zusammenhängen dargestellt werden, in denen die betreffende grammatische Eigenart notwendig ist und als selbstverständlich empfunden wird — oder wie es ein Sprachbuchautor ausgedrückt hat: Nicht die Ergänzung, sondern das Ergänzen, nicht das zusammengesetzte Wort, sondern das Zusammensetzen des Wortes, nicht der erweiterte Satz, sondern das Erweitern des Satzes ist zu üben.

Das bedeutet keinen völligen Verzicht auf Grammatik, sie wird nur erst im Laufe der Sprachgewöhnung aus der erfahrenen Sprache abgeleitet. Im fortgeschrittenen Stadium benötigt der Schüler als Hilfestellung und zur Stabilisation, zum Nachschlagen und Überprüfen ein Grammatikgerüst, das ihm in Zweifelsfällen auch wirklich Hilfe bietet. Unter dem Aspekt des möglichen Übertritts in weiterführende Schulen kann es nicht völlig ausgeschlossen werden.

Wenn Kinder ausländischer Arbeitnehmer in deutsche Klassen eintreten, sollen sie ausreichende Deutschkenntnisse besitzen, um am deutschsprachigen Unterricht in diesen Klassen mit Erfolg teilnehmen zu können.

Das bedeutet:

1. An Fertigkeiten:
   — gesprochenes Deutsch verstehen und
   — mündlich gebrauchen können,
   — gedrucktes Deutsch lesen können und
   — Deutsch schriftlich gebrauchen können.

2. Kenntnisse und Einsichten:
   — in das Leben der Deutschen, in das private und öffentliche Handeln,
   — in die sprachliche Struktur des Deutschen.

Im einzelnen beherrscht ein Kind die Sprache, wenn folgende Ziele erreicht sind:
— Lautreines und sinngemäßes Lesen altersgemäßer und sprachlich geeigneter Texte;
— mündliche und schriftliche Darstellung von Erlebnissen und Sachverhalten in einfacher Form;
— Teilnahme an einem Gespräch über behandelte Sachverhalte und Erarbeitung eines neuen Sachverhaltes unter Anwendung des bekannten Wortschatzes;
— weitgehende Beherrschung eines Grundwortschatzes, auch in der Recht-

schreibung, der etwa auf 2000 Wörter geschätzt werden kann; passiver Fachwortschatz;
— Kenntnis der wichtigsten Begriffe aus der deutschen Sprachlehre, Sicherheit im Umgang mit Wörterbüchern.

Es gibt keine Sprachmethode, die ein allgemein gültiges Verfahren abgrenzt. Dem komplizierten Wesen der Sprache entsprechend gibt es eine Gruppe von Verfahren, von denen das eine oder andere oder einige zusammen den Inhalt von Lehrplänen oder Richtlinien und den Aufbau von Lehrbüchern bestimmt haben.

Allgemein gilt heute:
Hören und Sprechen erfolgen vor dem Lesen und Schreiben, audiovisuelle Hilfsmittel werden verwendet. Das kann man als direkte oder natürliche Methode oder auch anders bezeichnen, es bedeutet nichts anderes, als daß der Schwerpunkt beim Erlernen der Sprache auf dem Sprechen liegt, und daß man etwa auf Übersetzungen aus der Muttersprache völlig verzichtet.

Folgende methodische Rang- und Reihenfolge ergibt sich:

1. Hören — Verstehen — Sprechen
   Lehrer und Schüler hören und sprechen, Kernstück für den Schüler ist der Patterndrill. Die Übungen muß das Kind als natürlich für sein fremdsprachliches Gefühl empfinden, sie sollen nicht nur die schematische Anwendung einer grammatikalischen Möglichkeit sein. Auch die Schulung der Aussprache erfolgt durch Übung mit Satzeinheiten und im Zusammenhang mit der Situation der betreffenden Lektion. Der Lehrer selbst muß im Unterricht bezüglich des Sprechtempos, der Lautreinheit und der einfachen Satzbildung Disziplin wahren und sich seines sprachlichen Vorbilds stets bewußt sein.
   Im übrigen: Viel singen, spielen und dem Schüler in den vielen Alltagssituationen des Schulbetriebs immer wieder die Möglichkeit geben, sich mündlich auszudrücken. Nur durch ständige Gewöhnung an das Sprechen fallen die bestehenden und mit fortschreitendem Alter meist größer werdenden Sprachhemmungen. Dabei sollte der Lehrer sich bemühen, dem Schüler zu Erfolgserlebnissen zu helfen, damit die Freude am Umgang mit der deutschen Sprache erhalten bleibt. Korrekturen am mündlichen Ausdruck sollen so angebracht werden, daß sie den Ausdruckswillen nicht bremsen.

2. Lesen, was gesprochen wurde
   Die Schüler erfassen nun die Sprachlaute durch das Schriftbild und geben es wieder. Der erste Übergang vom Hören — Sprechen zum Lesen — zum Sprechen wird anfangs nicht so rasch erfolgen. „Durch zu frühe Kenntnis des Schriftbildes können Ausdrucksfehler produziert werden: Ein Zwiespalt zwischen dem ersten Sprechen und dem Lesesprechen entsteht. Erst hatte man mühelos die einheitliche Klangwelle der Aussprache erreicht, jetzt wird trotz

allem Bemühen um ganzheitliches Erfassen das Lesen im Wortsinn ein Zusammenklauben von Sprachbausteinen"[1].
(Besondere Beachtung verdienen daher in der ersten Zeit die besonderen Schwierigkeiten der ausländischen Schüler mit dem deutschen au, ei, e, s, sch, dem deutschen Alphabet für griechische Kinder.)
3. Schreiben, was vorher gesprochen und gelesen wurde.
Die Selbstbestätigungsmöglichkeiten in Zusatzheften und besonderen Arbeitsbüchern sollen genutzt werden.
4. Ständiges Umwälzen des Stoffes in stets neuen sinn- und reizvollen Zusammenhängen; Wiederholung zurückliegender Dialoge und Reihen, wie überhaupt in der Sprachschulung Zurückliegendes nie als abgeschlossen gelten darf. Das zu Übende soll nicht abschließend unter Heranziehung verschiedener Sachgebiete behandelt werden, sondern nur in einem bestimmten sachlichen Zusammenhang. Später werden die Stoffe und Strukturen immer wieder aufgegriffen, wo ein konkreter Sachverhalt eine Ausdrucksmöglichkeit nahegelegt. Letzteres gilt für alle weiteren Stufen des Unterrichts in der Zweitsprache. Es ist nicht selten, daß Kinder nach einem Zeitraum, in dem sie die neue Sprache erlernten, besser sprechen als nach längerem Aufenthalt im Gastland, daß sie ihr Deutsch wieder verlernt hatten, weil sie es nicht kommunikativ benutzen konnten.

Faßt man alle neueren linguistischen Erkenntnisse und die daraus entwickelten Folgerungen für die Didaktik und Methodik des Fremdsprachenunterrichts zusammen, so ergeben sich für den Deutschunterricht ausländischer Kinder folgende 10 Grundsätze:

1. Die Sprache wird aufgrund ständiger Verbindung von Situation und Zusammenhang und Bild der dazugehörigen Wortgruppe erworben. Ausgangspunkt ist der Satz.
2. Grammatische Erscheinungen werden in den durch die Situation gegebenen Strukturen erarbeitet.
3. Neue Strukturen werden mit den bekannten Wörtern, neue Wörter in den bereits bekannten Strukturen erarbeitet.
4. Benutzt werden audiovisuelle Hilfsmittel.
5. Die Beschreibung realistischer Situationen soll sich logisch entwickeln, selbst darstellbares, miterlebbares Geschehen aufweisen, Dialoge, Lieder, Rollenspiel ermöglichen.
6. Der Stoffumfang und die Wortschatzauswahl hat den Bedürfnissen und Erfordernissen des Kindes ausländischer Arbeitnehmer zu entsprechen.
7. Der Wortschatz sollte entsprechend der Frequenz der Vokabeln zusammengestellt sein.

---

[1] Libbish, Neue Wege im Sprachunterricht, 1971

8. Auch phonetische Übungen nur in Strukturen und in Verbindung mit wirklichen Situationen.
9. Intensive Übung durch Patterndrill.
10. Berücksichtigung der methodischen Reihenfolge: Hören — Sprechen, Lesen — Sprechen, Schreiben.

3.2 Lehrbücher für den Deutschunterricht der Kinder ausländischer Arbeitnehmer

3.2.1 Grundsätzliches

Lehrbücher für Kinder ausländischer Arbeitnehmer müssen kindgemäß in bezug auf ihre besondere Situation an den deutschen Schulen sein, einmal was die Begabung des Kindes betrifft, zum andern was Stoffinhalt und Stoffumfang betreffen. Sie müssen ferner dem Lehrer didaktisch und methodisch eine Hilfe sein und moderne linguistische und fachdidaktische Erkenntnisse berücksichtigen, um die beiden anderen Forderungen erfüllen zu können.
H.-E. Piepho[1] meint, in den meisten Büchern werde nur ganz selten eine Kommunikationssprache gelehrt und wenn überhaupt, dann meist nur die Lehrersprache und diese dazu „in einer sehr idealisierten unrealistischen Form. Dabei müssen die ausländischen Kinder vor allem anderen die Register der Aufforderung, der Aufgabenstellung und der Erläuterungen in wichtigsten Fächern lernen und alle Formen des Fragens, des Nachfragens, des Erkundigens und der Kundgabe von Problemen, Schwierigkeiten und Unsicherheiten beherrschen."
Die meisten Lehrbücher gehen außerdem auf die umgangssprachlichen Vorkenntnisse der Kinder ausländischer Arbeitnehmer nicht ein. Lehrbücher entsprechend dem Grad der Sprachkenntnisse ausländischer Kinder und Jugendlicher in der Bundesrepublik, die speziell auf die Bedürfnisse eines Anfängers, eines Fortgeschrittenen oder eines in der Berufsausbildung befindlichen Schülers eingehen, gibt es kaum.
Im Auftrag der Kultusminister der Länder entwickelt daher gegenwärtig das Institut für Film und Bild in München ein Unterrichtswerk im Medienverbundsystem „Deutsch für Kinder und Jugendliche anderer Muttersprache". Im Rahmen von drei Projektgruppen, für die Grundschule, die Hauptschule und die Berufsschule, sollen jeweils 30 Lehreinheiten für einen Jahreskurs entwickelt werden. Es ist gedacht, neben dem Lehrtext und einem Schülerarbeitsheft Bildkarten, Folien, Dias, Situationsbilder, Bildfolgen, Tonbänder und Filme anzubieten. Das Unterrichtswerk für alle drei Projekte soll koordiniert werden, um den Schülern den Übergang von einer Stufe zur anderen ermöglichen.

---
1 Piepho, Förderung und Integration von Kindern ausländischer Arbeitnehmer, 1972

3.2.2 Übersicht über Lehrbücher für den Deutschunterricht ausländischer Kinder und Jugendlicher in der Bundesrepublik[1]

Eckes: *Deutsch für Dich.*
Max Hueber Verlag, Ismaning bei München, 1974/75
Band 1 und 2, Glossare, Tonbänder und Bildkarten
(3.—6. Schuljahr)

Eckes/Wilms: *Deutsch für Jugendliche anderer Muttersprache — Berufsschule*[2]
Institut für Film und Bild in Wissenschaft und Unterricht, Grünwald bei München, 1975
Lektionen 1 bis 10, Grundbuch, Arbeitsheft, Lehrerheft
(8./9. Schuljahr der Hauptschule, Berufsbildende Schulen)

Goebel: *Deutsch, Sprachprogramm für Anfänger.*
Herausgegeben vom Internationalen Bund für Sozialarbeit, Frankfurt 1974
(Berufsvorbereitung für jugendliche Ausländer)

Gradewald: *Wir sind dabei.*
Max Hueber Verlag, Ismaning bei München, 1971
Band 1, Glossare in Vorbereitung
(Übungsbuch für fortgeschrittene Hauptschüler und Realschüler)

LOS! Ein Deutschkurs für Kinder.
Ernst Klett Verlag, Stuttgart 1971
2 Lehrgänge mit je 30 Lektionen in 30 Bildbogen mit 15 Schallplatten. 10 Lektionen bilden eine größere Unterrichtseinheit, wobei Wortschatz und Satzstrukturen nach ihrem Gebrauchswert auszuwählen sind.
(Vor allem für Hauptschüler)

Mahler/Hesse/Engelmann: *Mein erstes Deutschbuch.*
Hilfen für ausländische Schulanfänger. Auer Verlag, Donauwörth 1972
Das Buch besteht aus einem Bildteil und einem Übungsteil. 185 Strukturwörter aus dem Grundwortschatz dienen dem Erlernen der Sprache. Sie sind im Bildteil dargestellt und können im Übungsteil kombiniert und wiederholt werden.
(Das Buch ist für ausländische Schulanfänger gedacht sowie für Schüler an Grundschulen, die während des Schuljahres in deutschsprachige Klassen eintreten.)

---

[1] Innerhalb des muttersprachlichen Bereichs werden in der Bundesrepublik im allgemeinen die Bücher aus den Herkunftsländern verwendet. In Deutschland hat bisher nur der Horst Erdmann Verlag, Tübingen, ein Lehrbuch für türkische Schüler herausgegeben: Erisen Sanir. Türk çocuklarin kitabi, Teile I, IIa und IIb. Ein Lehrbuch für spanische Schüler ist in Vorbereitung.

[2] Die im Institut erarbeiteten Lektionen für die Grundschule und für die Hauptschule erscheinen Anfang 1976.

Mellinghaus/Groß: *Deutsch in Deutschland.*
Horst Erdmann Verlag, Tübingen 1971, Basel 1972. Neuausgabe Ende 1975.
Das Grundbuch enthält eine Bildergeschichte in 40 Szenen aus dem Bereich der Kinder ausländischer Arbeitnehmer. Das audiovisuelle Unterrichtsprogramm bietet zusätzliches Arbeits- und Übungsmaterial (Arbeitsheft mit Übungsstoff und Sprachlehre für drei Altersstufen, Glossare für Spanisch und Portugiesisch, Italienisch und Griechisch, Serbokroatisch und Türkisch, Testbogen mit Lückentexten, Demonstrationstafel mit Haftelementen, Tonband, Handpuppen, Lehrerheft).
(Vor allem für die 3. und 4. Grundschulklassen und für Hauptschüler)

Müller/Moering: *Mitreden können.*
Bagel Verlag, Düsseldorf 1973
mit Aufklebern und Arbeitsheften in den Heimatsprachen
(2. bis 4. Schuljahr)

Regelein/Jürgens: *Ali, Bella, Carlos lernen Deutsch*
Prögel-Verlag Ansbach, Oldenbourg-Verlag München, 1974/75
Band 1 und 2, drei Arbeitshefte
(für Grund- und Hauptschüler)

Schäpers/Luscher/Brosch/Glück: *Deutsch 2000.*
Max Hueber Verlag, Ismaning bei München 1972
mit zusätzlichem Arbeits- und Unterrichtsmaterial
(für Hauptschüler)

Schuh: *Komm bitte!*
Max Hueber, Ismaning bei München 1972
Ein Deutschkurs für ausländische Kinder
Lehrerhandbuch, Arbeitsheft, Tonband, Wandbilder und Bildwörterbuch.
(Für Grundschüler)

Schulz/Griesbach/Lund: *Auf Deutsch, bitte!*
Max Hueber Verlag, Ismaning bei München 1969
Band 1 mit Lehrerheft, Übungsheft und Lösungsschlüssel, Glossaren, audiovisuellen Hilfsmitteln
(Für Hauptschüler und Realschüler)

Vorwärts.
Deutschkurs, herausgegeben von der Nuffield Foundation (Stufe 1 u. 2) und dem britischen School Council (Stufe 3—5). Verlag: E. J. Arnolds, Leeds, England; Vertrieb: Gilde-Buchhandlung Carl Kayser, Bonn 1971/72
Internationale Ausgaben in 5 Stufen mit Lehrerhandbuch in deutscher Fassung, Schülerwiederholungsheften, audiovisuellen Hilfsmitteln. Jedes Schülerheft bringt die erläuternden Texte in Deutsch, Italienisch, Portugiesisch, Spanisch, Griechisch, Serbokroatisch, Türkisch.
(Vor allem für Hauptschüler)

Weitere Lehrbücher der deutschen Sprache für ausländische Schüler:

Braun/Nieder/Schmöe: *Deutsch als Fremdsprache.*
Ernst Klett Verlag, Stuttgart 1969
(Für ältere Jugendliche und Erwachsene)

Demetz-Puente: *Deutsch — Ihre neue Sprache.*
Falken-Verlag, Wiesbaden 1973
(Für ältere Jugendliche und Erwachsene)

Kellner-Hülbig: *Ich lerne Deutsch.*
Verlag Jugend und Volk, München 1975

Kessler: *Deutsch für Ausländer*
Teil 1: Leichter Anfang, Teil 2: Schneller Fortgang, Teil 3: Deutschlandkunde
Verlag für Sprachmethodik Königswinter, 13. bis 66. Auflage
Lehrbuch, Arbeitsheft, Schautafeln, Kleinbildkarten, Lehrerheft
(Für ältere Jugendliche und Erwachsene)

Klier/Rinke/Triesch: *Deutsch 1.*
Verlag Moritz Diesterweg, Frankfurt

Mahler/Schmitt: *Wir lernen Deutsch.*
Verlag Moritz Diesterweg, Frankfurt[1]

Montani-Kocian: *Eins, zwei, drei ... ich komme.*
Zagreb 1971; Hueber-Didier, Wiesbaden 1975

Peters-Lammel: *Sprechen Sie Deutsch?*
Verlag Schöningh, Paderborn 1972

Torkak, Hochhut u. a.: *Almanca ders kitabı*
Milli Egitim Basimevi, Istanbul 1970[1]

Schlimbach: *Kinder lernen Deutsch.*
Max Hueber Verlag, Ismaning bei München 1964[1]

Schoeler: *Programmiertes Deutsch.*
Verlag Schöningh, Paderborn 1972

Schröter: *Ina und Udo.* Deutsche Schulfibel.
Verlag Moritz Diesterweg, Frankfurt 1968[1]

---

1 Bücher, die an deutschen Auslandsschulen verwendet oder für den dortigen Unterricht geschrieben wurden, kann man für den Unterricht der Kinder ausländischer Arbeitnehmer in der vorliegenden Form nicht übernehmen. Wohl mag mancher Lehrer stoffliche oder methodische Anregungen für den Unterricht daraus entnehmen können. Diese Bücher sind jedoch aufgrund der unterrichtlichen Voraussetzungen, der häuslichen Verhältnisse, der Lernmotivation, dem landeskundlichen Hintergrund der Schüler, die diese Auslandsschulen besuchen, konzipiert worden.

Schulz/Griesbach/Lund: *Auf Deutsch, bitte!*
Max Hueber Verlag, Ismaning bei München 1970
Band 2
(Nur für fortgeschrittene Haupt- und Realschüler)
Wild u. a.: *Willkommen in Deutschland.*
Verlag Moritz Diesterweg, Frankfurt 1972
(Nur für fortgeschrittene Hauptschüler)

Ende 1974 hat die Kultusministerkonferenz eine Fachkommission eingesetzt, die zur Aufgabe hat, Lehrwerke für Deutsch als Fremdsprache zu begutachten und sie bestimmten Zielgruppen zuzuordnen. Ergebnisse sind 1976 zu erwarten.

3.2.3 Kinderliteratur

Schließlich sei noch bemerkt, daß als Hilfe zum Erwerb der Zweitsprache „Deutsch" für ausländische Kinder in der Bundesrepublik eine eigene Kinderliteratur als Unterhaltungslektüre angeboten wird. So bringt der Jugend- und Volk-Verlag München seit 1971 für Kinder ausländischer Arbeitnehmer, die noch nicht so weit die deutsche Sprache beherrschen, daß sie an einem deutschen Buch Freude hätten, „Bücher zum Lesen" aus der Heimat kaum mitgebracht haben, eine Buchreihe heraus, die in der Bundesrepublik, in der Schweiz und in Österreich vertrieben wird.
„Trau dich! Schlag mich auf! Ich kann mit dir reden!" So wird auf der Rückseite in Türkisch, Serbokroatisch, Italienisch, Spanisch und Griechisch geworben. Bis Ende 1973 sind 9 Titel erschienen. Deutsch ist hier auf jeder Seite Zweitsprache: Die Bücher sind zweisprachig gedruckt, jedes Kind hat so die Möglichkeit, die Geschichte in seiner Muttersprache zu lesen, kann aber auch am deutschen Text seine Sprachkenntnisse erproben. Sowohl der deutsche Originaltext wie die von Schriftstellern, Journalisten und Pädagogen vorgenommenen Übersetzungen haben einen einfachen Satzbau und einen Wortschatz aus dem Alltagsleben der Kinder. Alle Geschichten, so gibt der Verlag an, wurden ausschließlich für ausländische Schüler erdacht und geschrieben. Der Inhalt beschäftigt sich mit ihren Problemen, versucht ihr Selbstvertrauen zu stärken und eine Brücke zum fremden Milieu der Bundesrepublik zu schlagen. Die Bücher sind farbig illustriert[1].
In diesem Zusammenhang sind auch andere Bemühungen zu würdigen.
Zum Jahr des Buches 1972 hatte die UNESCO erklärt: „Alle Kinder ausländischer Arbeitnehmer sollen neben deutschsprachigen Büchern, die ihnen helfen, die Sprache des Gastlandes besser zu lernen und zu verstehen, auch Bücher in ihrer Muttersprache finden, die ihnen die Möglichkeit geben, ihre eigene Sprache und Kultur zu pflegen."

---

[1] Ferner finden sich Hinweise auf eine zweisprachige Buchreihe für Kinder ausländischer Arbeitnehmer in: Grundschulbücherei, Hermann-Schroedel-Verlag, Hannover.

In München hat sich der „Arbeitskreis für Jugendliteratur München" die Aufgabe gesetzt, Lesestoffe für ausländische Kinder in ihrer Muttersprache zu beschaffen. Die Stadtbücherei in Frankfurt hat bereits einen Bestand von 6000 Kinder- und Jugendbüchern in zehn verschiedenen Sprachen. Wie sehr die ausländischen Kinder an Literatur ihrer Muttersprache interessiert sind, zeigt die Tatsache, daß in Frankfurt die Bücher in einem Jahr bis zu 11 000mal ausgeliehen wurden.

In Niedersachsen hat 1973 ein Arbeitskreis ein Verzeichnis[1] veröffentlicht, das Titel von Büchern in griechischer, italienischer, serbokroatischer, spanischer und türkischer Sprache enthält, die in den Stadtbüchereien Hannovers ausgeliehen werden können.

Die Internationale Jugendbibliothek[2] veröffentlicht seit 1974 für fremdsprachige Gruppen Grundbestandslisten, Ergänzungslisten, Listen von Neuerscheinungen sowie Einführungen in die jeweiligen Literaturen. Bisher (1975) sind Listen mit Büchern in türkischer, griechischer, serbischer, kroatischer, slowenischer, italienischer, spanischer, katalanischer, portugiesischer Sprache zu beziehen.

---

1 Das Auswahlverzeichnis ist kostenlos erhältlich durch den Friedrich-Bödecker-Kreis e. V., Hannover, Sophienstraße 2.
2 8 München 22, Kaulbachstraße 11a

4. Literaturangaben

4.1 Ausländische Arbeitnehmer

Action 365 (Hrsg.) Plädoyer für ausländische Mitbürger. Frankfurt 1969

Arbeitsgemeinschaft der katholischen Studenten- und Hochschulgemeinden: Materialien zum Projektbereich „Ausländische Arbeiter". Bonn 1975

Ausländerwanderung 1964—1972 in Hessen. In: Staat und Wirtschaft in Hessen, 1973/10

Bayerisches Staatsministerium für Arbeit und Sozialordnung: Ausländische Arbeitnehmer in Bayern. München 1973

Bibliothekarischer Arbeitskreis Hellweg (Hrsg.), Bürger auf Zeit. Bücher zur Gastarbeiterfrage. Hellweg 1972

Bingemer/Meistermann-Seeger/Neubert: Leben als Gastarbeiter, geglückte und mißglückte Integration. Köln-Opladen, 1972[2]

Borelli-Spremberg: Minderheiten in der BRD: Das Beispiel Gastarbeiter. Stuttgart 1973

Bundesanstalt für Arbeit (Hrsg.): Ausländische Arbeitnehmer 1971. Nürnberg 1972

Bundesministerium für Arbeit und Sozialordnung (Hrsg.): Ausländische Arbeitnehmer in der Bundesrepublik. Bonn 1973

Bundesministerium für Arbeit und Sozialordnung (Hrsg.): Bundesarbeitsblatt 4, Ausländische Arbeitnehmer in der Bundesrepublik. Stuttgart 1970

Bundesministerium für Arbeit und Sozialordnung (Hrsg.): Bundesarbeitsblatt 7/8, 2 Millionen ausländische Arbeitnehmer, Aufgaben und Probleme. Stuttgart 1971

Bütler: Die Fremdarbeiterfrage — ein Bericht (Schweiz). In: Schweizer Monatshefte, 1969/70, 49

Copee: Ausländische Arbeitnehmer in Frankreich. In: Bundesarbeitsblatt, 1969/7

Deutsche UNESCO-Kommission: Arbeitnehmer im Ausland. Bericht über ein internationales Seminar 1972. Pullach/München 1974

Dietzel: Zur Rolle der rückkehrenden Arbeiter. In: Das Argument 1971 9/10

Eich/Frevert: Bürger auf Zeit. Baden/Baden 1967

Einstellungen italienischer Arbeitnehmer in der BRD. Eine Untersuchung, Arbeitsring Ausland für kulturelle Aufgaben. Köln 1973

Eppinger (Hrsg.): Unser Thema: Gastarbeiter in Deutschland. In: Auslandskurier 1970/5

Klee (Hrsg.): Gastarbeiter, Analysen und Berichte. Frankfurt 1972

Klee: Die Nigger Europas.
Zur Lage der Gastarbeiter. Düsseldorf 1973[2]

Kunkel: „Die Deutschen halten uns für blöd..." Köln 1975

Leudesdorff/Zielßen (Hrsg.): Gast-Mit-Arbeiter-Bürger. Gelnhausen 1971

Marplan, Forschungsgesellschaft für Markt und Verbrauch (Hrsg.): Repräsentativuntersuchung der Gastarbeiter in Deutschland. Frankfurt 1972

Mc Rae: Die Gastarbeiter. Stein/Nürnberg 1971

Mehrländer: Soziale Aspekte der Ausländerbeschäftigung. Schriftenreihe des Forschungsinstituts der Friedrich-Ebert-Stiftung, Band 103, Bonn/Bad Godesberg 1973

Meistermann/Seeger: Grundsätzliche Fragen und Probleme der Ausbildung und der kulturellen Integration ausländischer Arbeitnehmer in der BRD unter besonderer Berücksichtigung der Jugendlichen. In: Arbeitnehmer im Ausland, Seminarbericht Nr. 24 der Deutschen UNESCO-Kommission. Pullach/München 1974

Ministerium für Arbeit, Gesundheit und Soziales des Landes Nordrhein-Westfalen: Maßnahmen zur Eingliederung ausländischer Arbeitnehmer. Düsseldorf 1972

Ministerium für Arbeit, Gesundheit und Sozialordnung Baden-Württemberg: Denkschrift über ausländische Arbeitnehmer in Baden-Württemberg. Stuttgart 1975

Neubeck-Fischer, Gastarbeiter — eine neue gesellschaftliche Minderheit, zur sozioökonomischen und politischen Situation der Gastarbeiter in der Bundesrepublik Deutschland, Dissertation. München 1972

Papalukas (Hrsg.): Strukturfragen der Ausländerbeschäftigung. Herford/Bonn 1969

Schrettenbrunner: Gastarbeiter. Ein europäisches Problem aus der Sicht der Herkunftsländer in der BRD. Frankfurt 1971

Synode der Katholischen Bistümer: Die Gastarbeiter, ihre Kinder und wir (Vorlage der Synode). In: Unsere Jugend 1973/3

Zeitschrift für Kulturaustausch. Auswärtige Kulturpolitik im Inland. Die ausländischen Arbeitnehmer. Tübingen 1974/3

Zeitschrift „Die innere Mission": Ausländerbeschäftigung, Probleme-Aspekte-Meinungen. Berlin 1974 9/10

4.2 Kinder ausländischer Arbeitnehmer[1]

Action 365 (Hrsg.): Schule für Gastarbeiterkinder in der Bundesrepublik Deutschland. Frankfurt 1969, 1972

Aguirre: Die ausländischen Kinder in der Bundesrepublik: In: „Caritas", Jahrbuch des deutschen Caritasverbandes, Freiburg 1970

A. N.: Die Kinder der Gastarbeiter. In: Unsere Jugend, München 1971/2

Arnold: Der Kindertag eines Gastarbeiterkindes. In: Unsere Jugend, München 1971/12

Arnold: Gastarbeiterkinder. In: Unsere Jugend, München 1972

Bauch: Probleme der Integration von Kindern ausländischer Arbeitnehmer an einer Grund- und Hauptschule mit Einführungsklassen. Examensarbeit. Frankfurt 1971

Becker-Oberloskamp: Kinder ausländischer Arbeitnehmer in der Bundesrepublik Deutschland. Herausgegeben von der Arbeitsgemeinschaft für Jugendliche. Bonn 1975

Bilmen-Report, Sekretariat der Ständigen Konferenz der Kultusminister, 1971

---

[1] ab 1970

Bundesminister für Bildung und Wissenschaft: Zur schulischen und außerschulischen Betreuung von Ausländerkindern in der BRD – Bilanz der Erziehungsjahr-Kampagne. In: Information/Bildung/Wissenschaft 1971/6

Chrysakopoulos: Bildungschancen für Kinder ausländischer Arbeitnehmer. In: Protokolldienst der Evangelischen Akademie 1970/37

Dederichs: Schulische Betreuung ausländischer Arbeiterkinder in der BRD seit Beginn der 60er Jahre. Examensarbeit. Köln 1972

Domhof: Schulbildung für die Kinder ausländischer Arbeitnehmer. In: Lehren — Lernen, München 1970/10

Domhof: Schulische Betreuung der Kinder ausländischer Arbeitnehmer, Probleme — Möglichkeiten — Grenzen. In: Bundesarbeitsblatt 1971, 7/8

Domhof: Vorschulische und schulische Situation ausländischer Kinder in der Bundesrepublik Deutschland. In: Arbeitnehmer im Ausland, Seminarbericht Nr. 24 der deutschen UNESCO-Kommission. Pullach/München 1974

Dorn: Mein Vater arbeitet in der Mülltonne. Gastarbeiterkinder erzählen ihre Geschichte. Frankfurt 1972

Ehmer: Jugendliche Gastarbeiter an gewerblichen Schulen. In: Unsere Jugend 1971/11

Enderwitz: Die Kinder der Gastarbeiter klagen an. In: Gesamtschule 1971/1

Evangelische Akademie Bad Boll: Berufsausbildung für Kinder ausländischer Arbeitnehmer. Bericht der Arbeitstagung. Bad Boll 1971

Evangelische Jugendsozialarbeit (Hrsg.): Außerschulische Förderungsmaßnahmen für ausländische Kinder, Informationen und Anregungen. München 1972

Feidl/Mertz: Bildungsnotstand der Gastarbeiterkinder. In: Allgemeine deutsche Lehrerzeitung 1970/4

Gemählich: Gleiches Recht für ausländische Kinder. In: Die demokratische Schule 1972/12

Gemählich: Zweisprachige Schule für ausländische Kinder. In: Schulreport, München 1973/3

Glatzer: Die Bildungschancen der Kinder ausländischer Arbeitnehmer in der BRD. Examensarbeit. Frankfurt 1971

Görgl: Schulbildung der Kinder ausländischer Arbeitnehmer. In: Caritas 1972

Haan: Ausländische Kinder in unserer Gesellschaft. In: Neues Beginnen 1971

Hansen: Der Unterricht für Gastarbeiterkinder in Schleswig-Holstein. In: Wegweiser für die Lehrerfortbildung. Kiel 1974

Harder: Soziale und schulische Probleme der Familien ausländischer Arbeitnehmer. In: Die Innere Mission. Berlin 1970/4

Heitkämper: Spanische Schulkinder in Deutschland; eine sozio-pädagogische Problemanalyse. In: Westermanns pädagogische Beiträge 1971/6

Herter: Kinder ohne Schule. In: Allgemeine deutsche Lehrerzeitung 1971/9

Hohmann: Spanische Gastarbeiterkinder in niederrheinischen Industriestädten. In: Unsere Jugend, München 1971

Horstmann: Ausländerpädagogik, Darstellung und Kritik der Konzeption und Situation des Unterrichts für Kinder ausländischer Arbeiter. Examensarb. Hannover 1973

Hübler/Fehl: Deutschunterricht für Gastarbeiter und ihre Kinder. In: Der deutsche Lehrer im Ausland, München 1972/2

Jung: Kein Platz für Gastarbeiterkinder. In: Elternblatt 1971/2

Jung: Ausländische Schüler in unseren Schulen. In: Süddeutsche Schulzeitung 1971/14

Jungo: Modell Drehscheibenschule — Scuola a due uscite. Einsiedeln/Schweiz 1972

Jungo: Privatschulen für Fremdarbeiterkinder in der Schweiz. Einsiedeln 1975

Kästner: Unterricht für ausländische Kinder und Jugendliche in der Bundesrepublik Deutschland — Ergebnisse und Probleme staatlicher Koordinierung. In: Bildung und Erziehung, Stuttgart 1975/1

Kästner: Bildung und Erziehung von Wanderarbeitnehmern. Bericht über die ad hoc-Konferenz 1974 der Europäischen Erziehungsminister in Straßburg. In: Bildung und Erziehung, Stuttgart 1975/1

Kirsch: Die Bildung ohne die Gastarbeiterkinder. In: Neues Hochland 1972/2

Koch: Gastarbeiterkinder in deutschen Schulen. Königswinter 1970

Koch: Gastarbeiterkinder. In: Neues Lexikon der Pädagogik. Band II, Freiburg 1970

Koch: Thesen zum Schulunterricht für ausländische Kinder und Jugendliche. In: Neue deutsche Schule 1971, 23/24

Koch: Opfer der europäischen Völkerwanderung. In: Allgemeine deutsche Lehrerzeitung 1971/9

Koch: Schulunterricht und Berufsausbildung für Kinder und Jugendliche ausländischer Arbeitnehmer. In: Zeitschrift für Kulturaustausch. Tübingen 1974/3

Köchling: Hausaufgabenhilfe für Kinder ausländischer Arbeitnehmer. In: Caritas 1971

Köttner: Die schulische Betreuung ausländischer Kinder. In: Welt der Schule, Zeitschrift für das Kollegium. München 1975 1/2

Kommissariat der deutschen Bischöfe (Hrsg.): Gutachten zur Schul- und Berufsbildung und zur sozialen Integration ausländischer Kinder in der Bundesrepublik. 2 Hefte (Thesen und Forderungen, Gutachten — Probleme, Vorurteile, Konsequenzen; Kontext des Gutachtens). Beide in: Bildung und Wissenschaft, Mülheim 1973

Kotthaus: Gastarbeiterkinder in Deutschland — um die Zukunft betrogen. In: Europäische Gemeinschaft 1971, 8/9

Landesjugendring Niedersachsen (Hrsg.): Versuchte Integration von Kindern ausländischer Arbeitnehmer. Darstellung einer Modellmaßnahme. Hannover 1972

Lopez-Blasco: Unterricht in der Muttersprache für spanische Kinder. In: Materialien zum Projektbereich „Ausländische Arbeiter" der Arbeitsgemeinschaft der katholischen Studenten- und Hochschulgemeinden. Bonn 1975/10

Mahler: Bildungschancen für Gastarbeiterkinder. In: Politische Studien, München 1973/208

Mahler: Die Schulbildung der Gastarbeiterkinder. In: Schulreport, München 1973/2

Mahler: Zur Situation der Kinder ausländischer Arbeitnehmer in deutschen Schulen. In: Grundschulmagazin, Zeitschrift für die Unterrichtspraxis. München 1975/3

Maier: Voruntersuchung zum Problembereich „Kinder ausländischer Arbeitnehmer und Schulbesuch". Balingen 1971

Marcel: Nachwuchs für die Müllabfuhr. Gastarbeiterkinder in der Bundesrepublik Deutschland. In: Kontraste 1971/4

Matysik: Zur Situation jugoslawischer Schüler. In: Ausländerkinder in deutschen Schulen. Stuttgart 1974

Mellinghaus: Schicksal in der Hand des Pädagogen, Internationale Vorbereitungsklassen für ausländische Schüler. In: Auslandskurier 1973/12

Mitteilungen der Schweizerischen Dokumentationsstelle für Schul- und Bildungsfragen: Schulung der Gastarbeiterkinder in der Schweiz. 1973/48

Mrowka: Hilfen für Gastarbeiterkinder. In: Unsere Jugend, München, 1971/1

Müller: Draußen vor der Tür — Gastarbeiterkinder in Deutschland. In: Der katholische Erzieher 1970

Müller: Gutachten zur Schul- und Berufsbildung der Gastarbeiterkinder. Bochum 1971

Müller (Hrsg.): Ausländerkinder in deutschen Schulen. Stuttgart 1974

Niedermeyer-Ansaloni: Schule und Umwelt der italienischen Grund- und Hauptschüler. In: Ausländerkinder in deutschen Schulen. Stuttgart 1974

Papadopoulos: Griechische Kinder und Jugendliche, Bildungsvoraussetzungen und Kultuskonflikte zwischen Heimatland und BRD. In: Ausländerkinder in deutschen Schulen. Stuttgart 1974

Piepho: Förderung und Integration von Kindern ausländischer Arbeitnehmer, brennende Probleme der Pädagogik. Modelle — Perspektiven, Sonderreihe Band C, Dornburg 1972

Post: Kinder ausländischer Arbeitnehmer überfordert. Katalog von Sofortmaßnahmen. In: Erziehung und Wissenschaft 1971/10

Preyer: Gastarbeiterkinder in deutschen Schulen. In: Lehren — Lernen 1970, 4 und 9

Reifferscheid: Gastarbeiterkinder in deutschen oder eigenen Kindergärten. In: Unsere Jugend, München 1972

Rusticus: Hilfe für kleine Ausländer. In: Der Wegweiser 1971

Sargut: Zur Sozialisation der Kinder türkischer Emigranten in Schule und Familie. In: Ausländerkinder in deutschen Schulen. Stuttgart 1974

Savvidis: Zum Problem der Gastarbeiterkinder in der Bundesrepublik Deutschland. Eine empirische sozial-pädagogische Untersuchung, Dissertation. München 1974

Scholz: Chancengleichheit — auch für Gastarbeiterkinder. Bremer Lehrerzeitung 1972/4

Schröter, Gastarbeiterkinder in deutschen Schulen. In: Der deutsche Lehrer im Ausland. München 1971

Schulbetreuung italienischer Kinder in der Bundesrepublik Deutschland. In: Italienisches Kulturleben 1971/6

Sekretariat der Kultusministerkonferenz, Gruppe Statistik und Vorausberechnung (Hrsg.): Der Schulbesuch ausländischer Schüler in der Bundesrepublik Deutschland. 1965/66 — 1971/72, 1973

Seubert: Zur Lage ausländischer Jugendlicher im Berufsbildungssystem der Bundesrepublik Deutschland. Eine bildungssoziologische Untersuchung. Magisterarbeit, Darmstadt 1971

Sieburg: Ausländerkinder im Vorschulalter, Bericht über Möglichkeiten und Planung vorschulischer Betreuung. In: Bundesarbeitsblatt 1971, 7/8

Suin de Boutemard: Minoritäten als Erfahrung? Bildungsnotstand der Kinder ausländischer Arbeitnehmer und Rassismus. In: Neue Sammlung 1963/3

Swoboda: Wenn Antonio und Hylia in die deutsche Schule gehen. In: Auslandskurier 1970/5

Theodor-Heuss-Akademie, Arbeitspapier zur Arbeitstagung „Gastarbeiterkinder". Gummersbach/Niederseßmar 1971

Ullrich: Gastarbeiterkinder an deutschen Volksschulen. In: Pädagogische Welt, Donauwörth 1970/6

Unrau: Unterricht für Gastarbeiterkinder an deutschen Volksschulen. In: Pädagogische Welt, Donauwörth 1970/6

Willke: Vorbereitungsklassen und Förderunterricht für wen oder wozu? Bundesrepublik Deutschland — Schweden — England. In: Bildung und Erziehung, Stuttgart 1975/1

Wittmann: Zur Integration ausländischer Kinder. In: Neue deutsche Schule 1970/12

Wittmann: Nur ein Drittel erreicht den Hauptschulabschluß: In: Neue deutsche Schule 1970/21

Wittmann: Hausaufgabenhilfe für Ausländerkinder verdreifacht. In: Neue deutsche Schule, 1971

Wunderer: Die ausländischen Kinder und die deutsche Schule. Examensarbeit. München 1972

Zabalegui: Die spanischen Familien in ihrer Heimat und in der BRD. In: Ausländerkinder in deutschen Schulen. Stuttgart 1974

Zeitschrift „Bildung und Erziehung": Ausländerkinder in deutschen Schulen. Stuttgart 1975/1

Die Stiftung Volkswagenwerke beabsichtigte 1974 „Forschungen zu Ursachen und Wirkungen der Wanderbewegung von Arbeitnehmern in Europa" durchzuführen. Neben aktuellen wissenschaftlichen und sozialen Problemen sollten auch Reintegrationsprobleme behandelt und „Untersuchungen zum Schulunterricht" angestellt werden. — Seit 1975 wird vom Forschungsinstitut der Friedrich-Ebert-Stiftung, Bonn, das Projekt „Einflußfaktoren auf das Bildungsverhalten ausländischer Jugendlicher, eine empirische Studie über italienische Jugendliche" bearbeitet.

4.3 Deutschunterricht

Arbeitsgruppe „Deutsch für ausländische Arbeitnehmer" (Hrsg.): dfaa-Information, Deutschunterricht für ausländische Arbeitnehmer. München 1973

Arbeitsgruppe, Ausländische Arbeiterkinder in deutschen Schulen. In: Frankfurter Hefte 1973/10

Bramer: Erfahrungen mit der Übergangsschulung von Ausländerkindern. In: AV-Information, München 1972/1

Closset: Didaktik des neusprachlichen Unterrichts. München 1965

De Greve/von Passel: Linguistik und Fremdsprachenunterricht. München 1971

Deutsch als Fremdsprache (Fachzeitschrift). Herausgegeben vom Herther-Institut Leipzig, Verlag: Zeit im Bild. Dresden

Deutsch für Ausländer (Fachzeitschrift). Informationen für den Lehrer. Verlag für Sprachmethodik. Königswinter

Engel: Die Satzbaupläne der deutschen Gegenwartssprache. Die Stellung der Satzglieder im Deutschen, jeweils. In: Der deutsche Lehrer im Ausland. München

Engel: Satzbaupläne und Satzanalyse. In: Zielsprache Deutsch. München 1970/3

Engel: Grundstrukturen der deutschen Sprache. In: Das Zertifikat Deutsch als Fremdsprache. Bonn, Frankfurt

Freudenstein: Hilfsmittel und didaktische Mittel im Sprachunterricht. In: Der deutsche Lehrer im Ausland. München

Geißler: Zweisprachigkeit deutscher Kinder im Ausland. Stuttgart 1938

Großmann: Probleme der schulischen Integration von Gastarbeiterkindern in der BRD unter besonderer Berücksichtigung des Deutschunterrichts am Beispiel einer Analyse von Sprachprogrammen. Examensarbeit. Frankfurt 1973

Institut für Film und Bild in Wissenschaft und Unterricht (Hrsg.): AV-Information, Deutschunterricht für Kinder und Jugendliche anderer Muttersprache. München 1972, 1973

Kamratowski: Informelle Fremdsprachentests für die Schulpraxis. Bielefeld/Berlin 1970

Kaufmann: Grammatik der deutschen Grundwortarten. München 1967

Klemp: Kleinformen der Leistungsmessung. Zentralstelle für das Auslandsschulwesen. Köln

Klemp: Zum Problem des Lehrerverhaltens im Deutschunterricht mit fremdsprachigen Schülern. In: Der deutsche Lehrer im Ausland. München

Klemp: Deutsch als Fremdsprache. Auffassungen — Aufgaben — Maßnahmen. In: Der deutsche Lehrer im Ausland. München

Klemp: Didaktische Anmerkungen zur Information über die deutschsprachigen Länder, als Teilaufgabe des Faches Deutsch als Fremdsprache. In: Der deutsche Lehrer im Ausland. München

Klemp: Die Lehrer müßten lernen. Deutschunterricht für ausländische Kinder als koordinierender Sozialprozeß. In: AV-Information, München 1972/1

Koch: Thesen zum Schulunterricht für ausländische Kinder und Jugendliche. In: AV-Information. München 1972/2

Kubasch: Bild und Wort — Hauptsache: Verständnis. Berufsschulpraxis für Ausländer. In: AV-Information. München 1972/2

Lado: Moderner Sprachunterricht auf wissenschaftlicher Grundlage. München 1969

Lado: Testen im Sprachunterricht. München 1971

Leisinger: Elemente des neusprachlichen Unterrichts. Stuttgart 1966

Lernziele für das Fach Deutsch als Fremdsprache (bis 6. Schuljahr). Zentralstelle für das Auslandsschulwesen. Köln

Libbish: Neue Wege im Sprachunterricht. Frankfurt 1971[2]

Mahler: Deutschunterricht für Gastarbeiterkinder in Volksschulen. In: Pädagogische Welt. Donauwörth 1972/6

Mahler/Winterscheidt/Schöpers: Handreichungen zum Unterricht für Kinder ausländischer Arbeitnehmer. Akademieberichte, Dillingen 1972/6

Mues: Sprache — Was ist das? München 1967

Müller: Überwindung von Sprachbarrieren. Freiburg 1973

Müller: Sprachprogramme für Gastarbeiterkinder. In: Allgemeiner Schulanzeiger. Freiburg 1973/4

Müller: Wie Gastarbeiterkinder Deutsch lernen. In: Betrifft: Erziehung 1973/6

Neuner: Versuch einer curricularen Bestimmung des Deutschunterrichts für Ausländerkinder an Grund- und Hauptschulen. In: AV-Information. München 1973/4

Nickel: Angewandte Sprachwissenschaft und Deutschunterricht. München 1973

Piepho: Deutschunterricht für Gastarbeiter und Gastarbeiterkinder. In: IRAL-Sonderband, Kongreßbericht der 2. Jahrestagung der Gesellschaft für angewandte Linguistik. Heidelberg 1971

Praxis des neusprachlichen Unterrichts (Fachzeitschrift). Verlag Lensing. Dortmund.

Rabura: Didaktik und Methodik der Sprachförderung ausländischer Kinder. In: AV-Information. München 1974/2

Richterich u. a.: Handbuch für einen aktiven Sprachunterricht. Heidelberg 1969

Richterich: Techniken und Übungen zur Kontrolle im Fremdsprachenunterricht. Bielefeld/Berlin 1969

Salistra: Methodik des neusprachigen Unterrichts (deutsche Übersetzung aus dem Russischen). Berlin 1962.

Sauer: Fremdsprachen in der Volksschule. Hannover 1968

Schmid-Urban: Maßnahmen zur Förderung der deutschen Sprachkenntnisse bei berufsschulpflichtigen ausländischen Jugendlichen. Pädagogisches Institut. München 1972

Schmidt: Organisatorische und methodisch-didaktische Hinweise zum Einsatz des audiovisuellen Unterrichtswerkes „Vorwärts". Zentralstelle für das Auslandsschulwesen, Köln

Schröder: Sprachenpolitik aus der Sicht einer erweiterten EWG; Gastarbeit und gegenwärtiger Fremdsprachenunterricht an unseren Schulen. In: Die neueren Sprachen, 1972/9

Scholz: Deutsch — Lehrgang für Ausländer und Umsiedler. Dissen

Schuh: Gesprochenes Deutsch. Zentralstelle für das Auslandsschulwesen, Köln

Schuh: Deutsch als Fremdsprache im Kindergarten der Auslandsschule. In: Zielsprache Deutsch, München 1970/1

Steger/Deutscher Volkshochschulverband Bonn (Hrsg.): Das Zertifikat Deutsch als Fremdsprache, mit Wortliste und Grundstrukturen der deutschen Sprache. Frankfurt

Stölting: Der serbokratisch-deutsche Bilinguismus jugoslawischer Schüler in Essen. In: Linguistische Berichte. Braunschweig 1973/27

Stölting: Zur Zweisprachigkeit ausländischer Kinder — Probleme und Aufgaben. In: Ausländerkinder in deutschen Schulen. Stuttgart 1974

Strauss: Sprachliche Verständnishilfen für deutsche Lehrer in Ausländerklassen. In: AV-Information, München

Triesch (Hrsg.): Probleme des Deutschen als Fremdsprache. München 1969[2]

Wängler: Rangwörterbuch der hochdeutschen Umgangssprache. Marburg

Wackwitz: Texte im Fremdsprachenunterricht. In: Zielsprache Deutsch. Dortmund 1970/1

Wieczerkowski: Frühe Zweisprachigkeit. München 1965

Wieczerkowski: Relative Häufigkeit syntaktischer Grundformen der deutschen Sprache bei 10jährigen deutschen und fremdsprachigen Schülern. In: Der deutsche Lehrer im Ausland. München

Wieczerkowski: Einige Probleme bei der Prädikation des Lernerfolgs fremdsprachiger Schüler in deutschen Auslandsschulen. In: Der deutsche Lehrer im Ausland. München 1971/10

Wieczerkowski: Erwerb einer zweiten Sprache im Unterricht; Grundlagen, Probleme und Möglichkeiten. Hannover 1973

Zielsprache Deutsch (Fachzeitschrift), Zeitschrift für Unterrichtsmethodik und angewandte Sprachwissenschaft. Verlag Hueber, München

5. Anhang

5.1 Übersicht über gebräuchliche Bezeichnungen zum Gesamtthema

Personenkreis

Gastarbeiter	Gastarbeiterkinder
Ausländischer Arbeitnehmer	Kinder ausländischer Arbeitnehmer
Wanderarbeitnehmer	Kinder von Wanderarbeitnehmern
Fremdarbeiter	Fremdarbeiterkinder
Ausländer	ausländische Kinder und Jugendliche
	Ausländerkinder
	jugendliche Ausländer

Herkunft

Entsendeländer, Entsendestaaten
Heimatländer, Heimatstaaten
Abgabeländer, Abgabestaaten
Ausgangsland
Ursprungsland
Herkunftsland
Mutterland

Ausländerbeschäftigung

Rotation: Austausch von Arbeitnehmern in bestimmten Zeiträumen

Plafonierung: Bestimmung einer Obergrenze für die zulässige Zahl ausländischer Arbeitnehmer und ihrer Familienangehörigen

Kontingentierung oder regionale Plafonierung: Anpassung der Ausländerbeschäftigung an die Aufnahmefähigkeit der Infra-Struktureinrichtungen

Konsolidierung

Integration

Sofortige Integration/Eingliederung	Assimilation
Zeitweise Integration/Eingliederung	Akkulturation
Bedarfsorientierte Integration/Eingliederung	Akklimatisierung
Elastische Integration/Eingliederung	
Kulturelle Integration/Eingliederung	
Soziale Integration/Eingliederung	
Gesellschaftliche Integration/Eingliederung	

Gesetzliche Integration (rechtliche Gleichstellung mit der deutschen Bevölkerung)
Einbindung in die Gesellschaft

Dagegen: Isolation
Ghetto-Situation, Ghettoisierung
Segregation

Reintegration
Rückgliederung
Wiedereingliederung (in das Heimatland, das heimatliche Schulsystem, die heimatliche Gesellschaft)[1]

Schulbildung
Schulische Betreuung
Schulische Versorgung
Schulische Integration (Integration in das deutsche Schulsystem, Eingliederung in das Schulleben)

Unterrichtseinrichtungen:

Vorklasse	Normalklasse	Klassen für ausländische Schüler
Vorkurs	Regelklasse	Ausländerklassen
Förderkurs	deutsche Klasse	Muttersprachliche Klassen
Vorbereitungsklasse	deutschsprachige Klasse	Fremdsprachenklassen
Auffangklasse		Nationale Klassen
Eingangsklasse		
Übergangsklasse		

Privatschulen mit nichtdeutscher Unterrichtssprache	National homogene Klassen
„Griechenschulen"	National gemischte Klassen
„Konsulatsschulen"	aparte Klassen
„Nationalschulen"	

Unterricht

Muttersprachlicher Unterricht	Deutschsprachiger Unterricht
Landessprachlicher Unterricht	Deutschunterricht
Nationaler Unterricht	Förderunterricht
„Zusatzunterricht"	Förderkurs — Intensivkurs

Sprachen

Muttersprache	Deutsch
Ausgangssprache	Zielsprache
Heimatsprache	Zweitsprache
	Fremdsprache
	Kommunikationssprache

---

[1] Nach der Reintegration wird eine Rückkehr nach Deutschland in der Regel nicht mehr beabsichtigt.

5.2 Statistische Angaben[1]

5.2.1 Ausländische Arbeitnehmer in der Bundesrepublik

	Jahr	Gesamtzahl	davon aus Griechenland	davon aus Italien	davon aus Jugoslawien	davon aus Spanien	davon aus der Türkei
	1954	72 900					
	1955	79 600					
	1956	98 900					
	1957	108 200					
	1958	127 100					
	1959	166 800					
	1960	329 400					
	1961	548 900					
9.	1962	711 500	80 700	276 800	23 600	94 000	18 600
9.	1963	818 700	116 900	287 000	44 400	119 600	33 000
9.	1964	985 600	154 800	296 100	53 100	151 100	85 200
9.	1965	1 216 800	187 200	372 300	64 000	182 800	132 800
9.	1966	1 313 500	194 600	391 300	96 700	178 200	161 000
9.	1967	991 200	140 300	266 800	55 700	188 000	131 300
9.	1968	1 089 900	144 700	304 000	119 100	115 900	152 900
9.	1969	1 501 400	191 200	349 000	265 000	143 100	244 300
9.	1970	1 948 900	242 200	381 800	424 500	171 700	353 900
9.	1971	2 239 300[2]	268 500	407 900	478 200	186 500	452 700
9.	1972	2 352 200[3]					
9.	1973[4]	**2 520 000**	243 000	423 000	514 000	183 000	599 000
9.	1974	2 810 300[5]					

1 Quelle: Bundesanstalt für Arbeit (gerundete Zahlen)
2 darunter aus Portugal: 58 300
   aus Marokko: 12 000
   aus Tunesien: 10 200
3 davon in den Ländern:
   Nordrhein-Westfalen 663 000
   Baden-Württemberg 576 000
   Bayern 388 000
   Hessen 277 000
   Niedersachsen/Bremen 157 000
   Rheinland-Pfalz/Saarland 109 000
   Schleswig-Holstein/Hamburg 100 000
   in Berlin 82 000
4 auf 1000 gerundete Zahlen
5 Unselbständig erwerbstätige Ausländer

Ausländische Arbeitnehmer in Bayern

Jahr	Gesamtzahl	davon aus Griechenland	davon aus Italien	davon aus Jugoslawien	davon aus Spanien	davon aus der Türkei
1965	177 300	33 400	52 300	7 800	14 800	23 100
1966	196 800	34 900	57 200	11 500	14 500	29 600
1967	148 100	23 900	37 300	13 000	9 000	24 800
1968	163 300	25 800	40 400	18 000	8 800	27 600
1969	233 500	34 600	45 400	44 800	10 500	43 700
1970	313 000	45 300	49 500	75 300	13 100	61 400
1971	363 200	48 500	52 500	91 500	14 600	74 900
1972	388 000	48 800	56 700	95 000	14 400	86 000
1974	486 600[1]					

5.2.2 Kinder ausländischer Arbeitnehmer in Schulen in der Bundesrepublik[2]

Kinder ausländischer Arbeitnehmer aus den Entsendeländern Griechenland, Italien, Jugoslawien, Spanien, Portugal, Türkei in allgemeinbildenden Schulen

Schuljahr	Gesamtzahl	Grund- und Hauptschulen	darunter Schüler an Realschulen	Gymnasien	Sonderschulen
1965/66	23 907	23 410	—	—	—
1966/67	34 461	33 756	—	—	—
1967/68	59 921	41 146	—	—	—
1968/69	82 789	58 310	—	—	—
1969/70	42 321	79 449	1419	1975	—
1970/71	119 875	112 500	1895	2627	2980
1971/72	165 199	155 289	2552	3333	4039
1972/73	203 117	188 016	3771	4479	5185
1973/74	ca. 246 000	ca. 228 000			
1974/75	ca. 290 000	ca. 269 000			

Kinder ausländischer Arbeitnehmer an Grund- und Hauptschulen in der Bundesrepublik

	Griechenland	Italien	Jugoslawien	Spanien	Portugal	Türkei
1965/66	4 051	9 337	—	7066	—	2956
1966/67	5 802	13 562	—	9 273	—	5119
1967/68	7 570	16 429	—	9 956	—	7191
1968/69	10 965	21 207	3 649	11 061	1026	10 402
1969/70	16 702	26 502	6 051	13 190	1082	15 868
1970/71	25 503	32 438	11 025	15 866	1718	25 950
1971/72	34 109	40 579	15 806	19 812	3586	41 397
1972/73	36 747	46 198	20 572	22 099	5139	57 261

1 Unselbständig erwerbstätige Ausländer
2 Auswertung der Gruppe Statistik im Sekretariat der Kultusministerkonferenz

5.2.3 Kinder ausländischer Arbeitnehmer in Schulen in Bayern[1], in allgemeinbildenden Schulen, darunter Schüler an

Schuljahr	Gesamtzahl	Grund- und Hauptschulen	Realschulen	Gymnasien	Sondervolksschulen
1965/66	3 468	3 369	24	75	—
1966/67	4 806	4 695	39	72	—
1967/68	4 961	4 777	68	116	—
1968/69	7 097	6 695	131	271	—
1969/70	9 949	9 478	172	299	—
1970/71	14 544	13 570	230	397	347
1971/72	19 891	18 662	283	498	448
1972/73	24 266	22 778	327	596	565
1973/74	30 679	28 869	430	739	641
1974/75	36 211	33 927	562	929	793

in Grund- und Hauptschulen, davon aus

Schuljahr	Gesamtzahl	Griechenland	Italien	Jugoslawien	Spanien	Portugal	Türkei
1968/69	6 695	1436	2270	412	814		1 763
1969/70	9 478	2293	2864	755	960		2 606
1970/71	13 570	3446	3582	1350	1152		4 040
1971/72	18 662	4713	4505	2054	1465		5 925
1972/73	22 778	5066	5435	2724	1508		8 045
1973/74	28 869	6910	6214	3334	1683	251	10 477
1974/75	33 927	7875	6783	4152	1630	293	13 194

[1] Quelle: Bayerisches Statistisches Landesamt, 8 München 2. Neuhauser Str. 51, jeweils 1. Oktober eines Jahres

Ausländische Schüler in Bayern im Schuljahr 1974/75

Schulart	Schüler insgesamt	ausländische Schüler insgesamt	aus Griechenland	aus Italien	aus Jugoslawien	aus Spanien	aus der Türkei
Volksschulen	1 244 539	42 077	7875	6783	4152	1630	13 194
Sondervolksschulen	53 902	1 062	66	306	83	48	290
Realschulen	155 589	1 473	69	151	123	59	160
Gymnasien	283 426	4 398	178	273	225	80	173
Abendrealschulen, Abendgymnasien, Kollegs	3 124	111	2	11	2	2	9
Integrierte Gesamtschulen	6 642	190	5	18	5	2	14
Berufsschulen	313 435	8 726	1198	1192	724	372	2 906
Berufsaufbauschulen	12 334	165	7	15	7	8	27
Berufsfachschulen	47 411	1 873	137	94	64	40	140
Fachschulen	15 016	537	24	37	35	6	24
Schulen des Gesundheitswesens	13 409	332	4	18	44	5	6
Fachoberschulen	27 781	209	9	18	4	5	22
Fachakademien	8 552	152	2	4	9	3	3

Unterrichtliche Maßnahmen an Grund- und Hauptschulen in Bayern

Modellklassen (Schüler) mit zweisprachigem Unterricht

	insges.	griech. Klassen	ital. Klassen	jugosl. Klassen	portug. Klassen	spanische Klassen	türkische Klassen
1973/74	85 (2676)	22 (676)	21 (662)	8 (243)	—	4 (120)	30 (975)
1974/75	215 (7920)	47 (1573)	41 (1291)	20 (677)	1 (40)	4 (142)	102 (3297)

Deutsch-Intensivkurse		Muttersprachlicher Zusatzunterricht (Kurse)	
1973/74	493	1973/74	233
1974/75	640	1974/75	306

Zusätzlichen Deutschunterricht in Gruppen erhielten			Muttersprachlichen Unterricht in Klassen und Gruppen erhielten		
1972/73	9 950	Schüler (43%)	1972/73	7 650	Schüler (33%)
1973/74	12 880	Schüler (45%)	1973/74	11 630	Schüler (40%)
1974/75	16 150	Schüler (48%)	1974/75	17 040	Schüler (50%)

5.3 Grundsätze zur Ausländerbeschäftigung und zur Schulbildung ausländischer Arbeitnehmer

5.3.1 Beschluß der Kultusministerkonferenz vom 14./15. Mai 1964

Unterricht für Kinder von Ausländern

Die Entwicklung der europäischen Wirtschaftsgemeinschaft zu einem gemeinsamen Arbeitsmarkt führt vorübergehend oder ständig eine größere Zahl von Ausländern mit ihren Familien in die Bundesrepublik Deutschland. Die Unterrichtsverwaltungen der Länder sehen es als ihre Verpflichtung an, den Kindern von Ausländern den Eintritt in deutsche Schulen zu ermöglichen und durch geeignete Maßnahmen zu erleichtern.

1. Ausländische Kinder sind in den meisten Ländern der Bundesrepublik wie die deutschen Kinder des entsprechenden Alters schulpflichtig. Die Unterrichtsverwaltungen dieser Länder werden darauf hinwirken, daß alle schulpflichtigen ausländischen Kinder deutsche Schulen besuchen.
In den Ländern, in denen diese gesetzliche Schulpflicht nicht besteht, ist der Eintritt ausländischer Kinder in öffentliche Schulen durch Verfügungen der Unterrichtsverwaltungen zu ordnen.

2. Um den ausländischen Kindern die Eingewöhnung in die deutschen Schulen zu erleichtern, wird empfohlen, ihnen Grundkenntnisse im Deutschen durch zusätzlichen Unterricht zu vermitteln. Obschon zentrale Maßnahmen selbst in größeren Städten außerordentlich durch das unterschiedliche Alter und die verschiedenen Herkunftsländer der ausländischen Kinder erschwert werden, sollen diese — wenn sie in größerer Zahl in einem Wohngebiet wohnen — nach Möglichkeit in beson-

deren Klassen (Vorklassen) zusammengefaßt werden, bis sie in der deutschen Sprache so weit gefördert sind, daß sie am normalen Unterricht teilnehmen können.

3. Der Förderung der ausländischen Kinder in ihrer Muttersprache kommt eine besondere Bedeutung zu. Dieser Unterricht wird in der Regel durch Lehrkräfte erteilt, die durch die diplomatischen Vertretungen der Heimatländer vermittelt wurden. Die Unterrichtsverwaltungen sollen für diese besonderen Kurse in der jeweiligen Muttersprache der ausländischen Kinder zusätzliche Hilfe gewähren. Es wird empfohlen, Klassenräume unentgeltlich zur Verfügung zu stellen; diese Empfehlung wird auch gegenüber den kommunalen Verwaltungen ausgesprochen.

5.3.2 *Antwort der Bundesregierung auf eine Kleine Anfrage zur Schul- und Berufsausbildung der Kinder ausländischer Arbeitnehmer in der Bundesrepublik Deutschland*

Deutscher Bundestag
6. Wahlperiode
Drucksache VI/2071
Sachgebiet 223
Der Bundesminister Bonn, den 30. März 1971
für Bildung und
Wissenschaft

An den Herrn
Präsidenten des
Deutschen Bundestags

Betr.: Schul- und Berufsausbildung der Kinder ausländischer Arbeitnehmer in der Bundesrepublik Deutschland

Bezug: Kleine Anfrage der Abgeordneten Hussing, Krampe, von Thadden, Frau Griesinger, Dr. Riedl (München). Dr. Böhme und Genossen Drucksache VI/1828 —

Die Kleine Anfrage beantworte ich wie folgt:

1. Teilt die Bundesregierung die Ansicht von Elternverbänden, Lehrern, Sozialbetreuern und Seelsorgern der ausländischen Arbeitnehmer, daß die Schulprobleme für die Kinder ausländischer Arbeitnehmer unbefriedigend gelöst sind?

Die Bundesregierung ist der Auffassung, daß die schulische Betreuung von Ausländerkindern in der Bundesrepublik Deutschland verbessert werden muß. Sie hat dies in Antworten auf Mündliche Anfragen im Parlament in der Vergangenheit ebenso zum Ausdruck gebracht wie z. B. durch die Angaben in der Antwort auf die Kleine Anfrage der Abg. Frau Renger, Dr. Apel, Frau Schanzenbach, Raffert, Matthöfer-Moersch, Ollesch und der Fraktionen der SPD, FPD zur Betreuung der Kinder ausländischer Arbeitnehmer (Drucksache VI/1299) vom 20. Oktober 1970.

Zwar darf nicht verkannt werden, daß in der Bundesrepublik Deutschland durch die vorübergehende, zeitlich nicht fixierbare Anwesenheit von derzeit ca. 2 Mio ausländischer Arbeitnehmer (das sind etwa 9%/o der erwerbstätigen Bevölkerung) und durch die dadurch bedingte Anwesenheit von schätzungsweise 200 000 Kindern im schulpflichtigen Alter aus mehreren muttersprachlichen Bereichen eine Schulsituation entstanden ist, wie sie in kaum einem vergleichbaren Industrieland herrscht. In der Regel nämlich nimmt der ausländische Arbeitnehmer eine für seine Kinder vorübergehend oder dauernd schlechtere schulische Versorgung in Kauf. Lediglich ausgesprochene Einwanderungsländer fördern auch im schulischen Bereich die möglichst schnelle und dauernde Integration.

Die Bundesrepublik versteht indessen die ausländischen Arbeitskräfte als Gastarbeiter und nicht als Einwanderer. Der Gedanke der Rückgliederung ausländischer Arbeitnehmer in ihre heimatliche Volkswirtschaft und der Rückkehr ihrer Kinder in das heimatliche Schulwesen hat daher von Anfang an auch die sozialen und schulischen Maßnahmen in der Bundesrepublik mitbestimmt. Bereits der Beschluß der Kultusministerkonferenz vom 14./15. Mai 1964 über den „Unterricht für Kinder von Ausländern" führt aus, daß „der Förderung der ausländischen Kinder in ihrer Muttersprache eine besondere Bedeutung" zukomme.

Die Kultusministerkonferenz hat im Januar 1971 beschlossen, eine besondere Arbeitsgruppe des Schulausschusses mit der Überprüfung ihres Beschlusses von 1964 zu beauftragen. Als Beratungspunkte wurden der Arbeitsgruppe überwiesen:

1. Erfassung aller ausländischen Kinder zur Erfüllung der Schulpflicht
2. Verfahren der Eingliederung in das deutsche Schulwesen
    a) durch „Übergangsklassen"
    b) durch Integration in deutsche Klassen
    c) durch „Vorklassen"
3. Die Problematik des Deutschunterrichts in den Übergangsklassen
4. Lehrerfortbildung der in den Übergangsklassen tätigen ausländischen und deutschen Lehrer
5. Übergang in Realschulen und Gymnasien
6. Berufsschulfragen
7. Abgangs- und Abschlußzeugnisse
8. Schulgeld und Lernmittelfreiheit
9. Schulaufsicht; Sonderbeauftragte
10. Zusammenarbeit mit ausländischen Vertretungen (Generalkonsulaten)
11. Absicherung und gemeinsames Verhalten der Länder zur Frage eigener nationaler Schulen
12. Finanzierungsprobleme

2. Sind der Bundesregierung wachsende organisierte Bemühungen der ausländischen Arbeitnehmer bekannt, die auf eine Lösung dieser Probleme abzielen?

Wachsende organisierte Bemühungen der in der Bundesrepublik lebenden ausländischen Arbeitnehmer zur Klärung der Fragen im Zusammenhang mit der schulischen Betreuung von Ausländerkindern sind der Bundesregierung nicht bekannt. Das bedeutet nicht, daß regional oder innerhalb einzelner Sprachengruppen nicht doch kooperative Lösungen versucht werden, z. B. zur Gewinnung von Lehrern oder zur Hilfe bei Hausaufgaben. Auch die diplomatischen Vertretungen der ausländischen Arbeitnehmer sind regelmäßig und bei besonderen Anlässen mit den Problemen befaßt.

3. Welche Bedeutung mißt die Bundesregierung der Schul- und Berufsbildung der Kinder ausländischer Arbeitnehmer zu im Hinblick auf eine weitere Familienzusammenführung, eine jederzeitige reibungslose Rückkehr und die Eingliederung von ausländischen Arbeitnehmern in die Volkswirtschaft ihrer Heimatländer?

Die Bundesregierung mißt der Familienzusammenführung und der Möglichkeit der Rückgliederung der Ausländer in ihre heimische Volkswirtschaft große Bedeutung zu. Dennoch sind zugleich Maßnahmen zur Erleichterung einer reibungslosen Eingliederung der Ausländer in das deutsche Wirtschaftsleben und Schulwesen von großer Bedeutung. Es ist nicht zu verkennen, daß sich das Problem der Rückgliederung wesentlich differenzierter stellt und daß neben den Maßnahmen im Bildungsbereich (Zusatzunterricht in Muttersprache, Geschichte, Landeskunde) auch verstärkte Bemühungen im beruflichen Sektor erforderlich sind. Ansätze hierzu (z. B. durch Maßnahmen des Bundesministeriums für wirtschaftliche Zusammenarbeit) sind vorhanden. Im übrigen darf darauf hingewiesen werden, daß mit der Familienzusammenführung auch die Tendenz zur Verlängerung der Verweildauer im Gastland bis hin zum Seßhaftwerden steigt und daß die Gründe des Arbeitnehmers für eine Familienzusammenführung oder für eine Rückwanderung nicht primär im Schulbereich liegen.

4. Teilt die Bundesregierung die Ansicht, daß die Lösung der Schulprobleme die genannten Sorgen ausländischer Arbeitnehmerfamilien mildern könnte?

Zweifellos könnte ein verstärktes und regional gleichmäßig verteiltes Angebot der Schulen an Deutschkursen für Ausländerkinder und differenziertere Förderungsmaßnahmen durch deutsche Lehrer und an Veranstaltungen in Muttersprache, Landeskunde, Nationalgeschichte und ggf. Religion durch Lehrer aus den Entsendeländern die schulische Situation der Ausländerkinder verbessern. Es ist damit zu rechnen, daß die von der Kultusministerkonferenz eingesetzte Arbeitsgruppe besonders hierzu Vorschläge unterbreitet.

5. Ist der Bundesregierung bekannt, wie viele Kinder ausländischer Arbeitnehmer welcher Nationalität im schulpflichtigen Alter derzeit in der Bundesrepublik Deutschland wohnhaft sind?

Hierzu wird auf die Antwort zu Frage 1 der erwähnten Kleinen Anfrage (Drucksache VI/1299) verwiesen. Neuere Zahlen für den Schulbereich liegen der Bundesregierung nicht vor. Die Angaben der Meldeämter, nach denen Schulpflichtige nicht besonders ausgewiesen werden, bedürfen noch eingehender Prüfung. Am 30. September 1970 lebten in der Bundesrepublik Deutschland 433 000 Ausländer, die das 16. Lebensjahr noch nicht vollendet hatten.

6. Welche Gründe sind der Bundesregierung für die Tatsache bekannt, daß viele Kinder ausländischer Arbeitnehmer der Schulpflicht nicht nachkommen?

Es handelt sich in der Hauptsache um rechtliche, organisatorische und psychologische Gründe. So gehen z. B. Ausländer, die in ihrer Heimat nicht mehr vollzeitschulpflichtig sind, oft davon aus, daß sie in der Bundesrepublik Deutschland als Fünfzehnjährige ein Arbeitsverhältnis eingehen oder bei der Berufstätigkeit der Eltern sowie u. U. Pflegebedarf für Geschwister vollzeitlich im Haushalt arbeiten können. Hinzu kommt, daß das schulische Angebot für diese Altersgruppe oft wenig attraktiv ist, da in der Regel nach Durchlaufen eines Übergangskursus schon keine Schulpflicht mehr besteht. Die breite regionale Streuung, extreme Minderheitenverhältnisse in den Schulen und fehlendes deutsches und fremdsprachiges Lehrpersonal verschärfen das Problem. Die psychologische Situation wird gerade unter diesen Umständen durch die soziale Isolierung erschwert und führt dann zu Äußerungen von Schulfremdheit. Grundsätzlich kann aber festgestellt werden, daß an Orten, wo ein schulisches Angebot im Sinne des Beschlusses der Kultusministerkonferenz vom 14./15. Mai 1964 möglich und eine annehmbare regionale und soziale Infrastruktur vorhanden ist, die Ausländerkinder der Schulpflicht nachkommen.

7. Welche Möglichkeit sieht die Bundesregierung, um durch Information auf die bessere Erfüllung der Schulpflicht bei Kindern ausländischer Arbeitnehmer hinzuwirken?

Die Information der ausländischen Arbeitnehmer auch über Fragen der Schulpflicht beginnt bereits im jeweiligen Heimatland durch die Vermittlungsbüros bzw. deutschen Vertretungen. In der Bundesrepublik weisen die Meldebehörden, die im Koordinierungskreis „Ausländische Arbeitnehmer" beim Bundesminister für Arbeit und Sozialordnung zusammenarbeitenden Stellen, insbesondere die Betreuungsverbände, zahlreiche Firmen als Arbeitgeber und nicht zuletzt die Rundfunk- und Fernsehanstalten in ihren speziellen Programmen immer wieder auf Schulpflicht und schulische Möglichkeiten hin. Die Bundesanstalt für Arbeit hält hierzu einen „Ratgeber" in verschiedenen Landessprachen bereit. Im Auftrag des Bundesministeriums für Bildung und Wissenschaft wird derzeit ein „Leitfaden für Hausaufgabenhelfer" vorbereitet, der zahlreiche praktische Hinweise enthalten wird.

8. Wann sieht sich die Bundesregierung in der Lage, einen Bericht zur Kampagne „Hausaufgabenhilfe für Ausländerkinder" zu geben, die im Rahmen des Internationalen Erziehungsjahres 1970 durchgeführt wurde?

Das Internationale Erziehungsjahr endete mit Ablauf des Kalenderjahres 1970. Über die Aktivitäten der Bundesregierung insgesamt informiert der Bericht an die Vollversammlung der UNESCO vom Oktober 1970. Die Aktion „Hausaufgabenhilfe für Ausländerkinder" wird bis Ende März 1971 im Auftrag des Bundesministeriums für Bildung und Wissenschaft fortgesetzt. Es ist beabsichtigt, im Mai 1971 auf einer Pressekonferenz einen Ergebnisbericht zu erstatten und den vorgenannten „Leitfaden" zu veröffentlichen.

9. Erwägt die Bundesregierung eine Änderung des § 2 Abs. 1 des Ausländergesetzes und damit die Schaffung einer besseren Übersicht über schulpflichtige ausländische Kinder?

Die Frage zielt offensichtlich auf eine Änderung des § 2 Abs. 2 Nr. 1 des Ausländergesetzes vom 28. April 1965 (BGBl. I S. 353). Die Bundesregierung hält eine solche Änderung nicht für erforderlich, da alle Ausländer der allgemeinen Meldepflicht unterliegen. Überdies werden auch Ausländer, die keiner Aufenthaltserlaubnis bedürfen, weil sie das 16. Lebensjahr noch nicht vollendet haben, bei den Ausländerbehörden registriert. Die Möglichkeit einer schnellen Aufbereitung der entsprechenden Daten für schulische Zwecke soll durch die eingeleitete Umstellung des Ausländerzentralregisters auf eine leistungsfähigere EDV-Anlage geschaffen werden.

10. Ist der Bundesregierung bekannt, ob die Beschlüsse der Kultusministerkonferenz vom 14./15. Mai 1964, wonach für ausländische Kinder Vorklassen, Deutschkurse und muttersprachliche Förderkurse einzurichten sind, ausreichend befolgt worden sind?

Hierzu wird auf die Antwort zu Frage 2 der vorgenannten Kleinen Anfrage (Drucksache VI/1299) verwiesen.

11. Kann die Bundesregierung in Aussicht stellen, daß mit den Entsendestaaten ausländischer Arbeitnehmer Verhandlungen darüber geführt werden, wie für den muttersprachlichen Unterricht ausreichend Lehrpläne, Lehrmittel und Lehrpersonal gesichert werden können?

Solche Verhandlungen, insbesondere hinsichtlich des Personals, werden laufend geführt. Nach Abschluß der Beratung der Arbeitsgruppe der Kultusministerkonferenz ist auch in diesem Bereich mit einer Intensivierung der Bemühungen zu rechnen. Die Bundesregierung hat beim Zentrum für Bildungsforschung und -innovation (CERI) der OECD in Paris eine Untersuchung von Fragen schulischer Betreuung der Kinder ausländischer Arbeitnehmer (sprachliche Minderheiten) angeregt.

Im übrigen prüft die Bundesregierung schon jetzt, ob und mit welchem Ziel die schulische Betreuung von Ausländerkindern nach Abschluß der Arbeiten zum Bildungsgesamtplan in der Bund-Länder-Kommission für Bildungsplanung aufgegriffen werden kann.

In Vertretung
Dr. von Dohnanyi

5.3.3 Beschluß der Kultusministerkonferenz vom 3. Dezember 1971

Unterricht für Kinder ausländischer Arbeitnehmer

Durch den Beschluß vom 14./15. Mai 1964 hat die Ständige Konferenz der Kultusminister der Länder in der Bundesrepublik Deutschland den Unterrichtsverwaltungen der Länder empfohlen, für den Unterricht der Kinder von Ausländern geeignete Maßnahmen zu treffen. Auf der Grundlage dieses Beschlusses haben die Länder in vielfältiger Weise die Aufgabe wahrgenommen, den ausländischen schulpflichtigen Kindern und Jugendlichen die erfolgreiche Mitarbeit in den deutschen Schulen zu ermöglichen. Die Erfahrungen, die die Länder inzwischen mit ihren Maßnahmen gesammelt haben, und die Ausweitung, die die Aufgabe im Rahmen der geltenden bilateralen Regierungsvereinbarungen über die Anwerbung und Vermittlung ausländischer Arbeitnehmer erfahren hat, machen es möglich und notwendig, die bisherigen Regelungen aufeinander abzustimmen und so weiterzuentwickeln, daß die im deutschen Schulsystem liegenden Bildungschancen von den Kindern ausländischer Arbeitnehmer in verstärktem Maße wahrgenommen werden können.

1. Rechtsgrundlagen

1.1 Schulpflicht

Die Gesetze über die Schulpflicht (Vollzeitschulpflicht und Berufsschulpflicht) gelten inzwischen in allen Ländern der Bundesrepublik auch für die ausländischen Kinder und Jugendlichen. Da die Schulpflicht in deutschen Schulen erfüllt werden muß, ist eine Rechtsgrundlage für die Errichtung nationaler Schulen als Ersatzschulen im Bereich der Grund- und Hauptschule nicht gegeben. Um die Erfüllung der Schulpflicht in jedem Fall zu gewährleisten, ist die wirksame Mithilfe der Meldeämter und der Arbeitsämter erforderlich.

1.2 Schülerfürsorge

Die Gesetze, Verordnungen und sonstigen Bestimmungen des Bundes und der Länder über schulärztliche Betreuung, Unfall- und Haftpflichtversicherung, Berufsberatung, Lernmittel, Schülerförderung, Erziehungs- und Ausbildungsbeihilfen und sonstige Fürsorgemaßnahmen sollen für die ausländischen Schüler in der gleichen Weise wie für die deutschen Schüler gelten.

1.3 Elternvertretung

Die Gesetze, Verordnungen und sonstigen Bestimmungen der Länder über die Mitwirkung der Erziehungsberechtigten bei der Gestaltung des Schulwesens sollen für ausländische Erziehungsberechtigte in der gleichen Weise wie für deutsche gelten.

1.4 Schulaufsicht

Die Schulaufsicht wird durch die zuständigen deutschen Schulaufsichtsbehörden wahrgenommen. Wieweit dies auch für den muttersprachlichen Unterricht gilt, entscheiden die Länder in eigener Zuständigkeit. Im Organisationsplan der Schulaufsichtsbehörden soll das Arbeitsgebiet „Unterricht für ausländische Kinder und Jugendliche" so ausgewiesen werden, daß die Berücksichtigung aller Gliederungseinheiten des Schulwesens und die Koordinierung der Aufgaben dieses Arbeitsgebietes gesichert sind.

2. Aufnahme in die deutsche Schule

2.1 Ausländische Kinder, die in der Bundesrepublik schulpflichtig sind und dem Unterricht an einer deutschen Schule ohne erhebliche Sprachschwierigkeiten folgen können, sind in die ihrem Alter oder ihren Leistungen entsprechenden Klasse aufzunehmen. Der Anteil der ausländischen Kinder in einer Klasse soll ein Fünftel nicht übersteigen. Ausländische Kinder, die in ihrer Heimat noch nicht schulpflichtig waren und in der Bundesrepublik schulpflichtig werden, nehmen in der Regel von Anfang an am Unterricht für deutsche Kinder in der Klasse 1 teil. Das gilt auch für Schüler, die im Verlauf des Schuljahres in die Klasse 1 eintreten. Ausländische Kinder, die einer der Klassen 2 bis 9 zuzuordnen wären, aber wegen Sprachschwierigkeiten dem Unterricht in einer deutschen Klasse nicht folgen können, sollen in Vorbereitungsklassen aufgenommen werden. Die Vorbereitungsklasse ist Bestandteil der deutschen Schule.

3. Organisation und Inhalt des Unterrichts, Hilfen bei der Eingliederung in die deutsche Schule

3.1 Vorbereitungsklassen

Die Vorbereitungsklassen haben die Aufgabe, den Prozeß der Eingewöhnung in deutsche Schulverhältnisse zu erleichtern und zu beschleunigen. Für etwa 15 Kinder gleicher oder verschiedener Sprachzugehörigkeit kann eine Vorbereitungsklasse eingerichtet werden. Bei 24 Kindern ist eine Teilung der Klasse möglich. Ergibt sich die Möglichkeit, an einer Schule mehrere Vorbereitungsklassen zu bilden, so ist eine Zusammenfassung der Kinder nach dem Alter oder dem Stand der Leistungen in der deutschen Sprache zu empfehlen. Der Unterricht orientiert sich an den allgemein geltenden Lehrplanrichtlinien. Die Schüler der Vorbereitungsklassen können in den Fächern Musik, Kunst, Werken, Textilgestaltung, Hauswirtschaft und Sport gemeinsam mit deutschen Schülern unterrichtet werden. In diesen Fächern und in den Vorbereitungsklassen können neben deutschen auch ausländische Lehrer unterrichten. In diesem Falle ist die enge Zusammenarbeit der ausländischen und der deutschen Lehrer notwendig. Nach ausreichender Förderung in der deutschen Sprache sind die Schüler aus den Vorbereitungsklassen den ihrem Leistungsstand oder ihrer Altersstufe entsprechenden Klassen zuzuweisen. Der Besuch der Vorbereitungsklasse dauert in der Regel ein Jahr. Der Übergang erfolgt in der Regel am Ende eines Schulhalbjahres.

3.2 Weitere Hilfen

Ausländische Kinder, die in deutschen Klassen unterrichtet werden, aber die deutsche Sprache noch nicht in ausreichendem Maße beherrschen, erhalten zusätzlichen Unterricht in der deutschen Sprache. Bei der Schaffung zusätzlicher Einrichtungen für die Verbesserung der Unterrichtsleistungen (z. B. Hausaufgabenhilfe) sind die ausländischen Kinder in demselben Maße zu berücksichtigen wie die deutschen. Berufsschulpflichtige ausländische Jugendliche, die wegen des Fehlens ausreichender deutscher Sprachkenntnisse nicht dem Unterricht der Berufsschule folgen und deshalb keinen

Lehrberuf ergreifen können, sollen durch Intensivkurse in der deutschen Sprache darauf vorbereitet werden. Die Teilnahme an diesem Unterricht gilt als Erfüllung der Berufsschulpflicht. Kommt danach ein Berufsausbildungsverhältnis zustande, so ist der Berufsschulunterricht bis zu dem Zeitpunkt, den die Schulpflichtgesetze der Länder vorsehen, sicherzustellen.

3.3 Lernmittel und Lehrmittel

Die Kultusministerkonferenz wird ein Verfahren der Zusammenarbeit zwischen den Kultusministerverwaltungen der Länder und geeigneten Institutionen zur Verbesserung der Lernmittel, insbesondere der Schulbücher, und der Lehrmittel für ausländische Schüler entwickeln.

4. Zeugnisse

Ausländische Schüler in deutschen Klassen erhalten die gleichen Zeugnisse wie deutsche Schüler. Auch die Schüler in Vorbereitungsklassen erhalten Zeugnisse. In den Fällen, in denen der muttersprachliche Unterricht zum Verantwortungsbereich der Kultusverwaltung gehört, enthält das Zeugnis auch eine Leistungsnote in der Muttersprache. Die Länder, in denen der muttersprachliche Unterricht nicht zum Verantwortungsbereich der Kultusverwaltung gehört, entscheiden in eigener Zuständigkeit, ob die Note für die Leistungen in der Muttersprache in das Zeugnis aufgenommen wird.

5. Lehrer

5.1 Deutsche Lehrer

Deutsche Lehrer, die in Vorbereitungsklassen oder deutschen Klassen mit ausländischen Schülern Unterricht erteilen, sollen die Möglichkeit erhalten, sich in Arbeitsgemeinschaften für diese Aufgabe weiterzubilden. Die Erfahrungen von Lehrern, die im Auslandsschuldienst tätig waren, sind in geeigneter Weise zu nutzen. Die Lehrerbildung soll in Zukunft durch entsprechende Angebote die besonderen Aufgaben des Unterrichts für ausländische Schüler berücksichtigen.

5.2 Ausländische Lehrer

Es sollen nur ausländische Lehrer eingestellt werden, die in ihrem Heimatland oder im Gastland eine Ausbildung für eine Lehrtätigkeit abgeschlossen haben. Dabei soll darauf hingewirkt werden, daß bewährte Lehrer längere Zeit für ihre Aufgaben in Deutschland zur Verfügung stehen.
Ausländische Lehrer an deutschen Schulen werden wie vergleichbare deutsche Lehrer im Angestelltenverhältnis nach dem Bundesangestelltentarif beschäftigt. Die Vergütung richtet sich nach den in den Ländern geltenden Eingruppierungsbestimmungen. Bei Abschluß eines Arbeitsvertrages müssen die ausländischen Lehrer ihren Aufgaben entsprechende Kenntnisse der deutschen Sprache nachweisen oder sich verpflichten, diese innerhalb eines Jahres zu erwerben. Um den ausländischen Lehrern die Möglichkeit zu geben, den Verpflichtungen ihres Arbeitsvertrages nachzukommen, sollen für sie Deutschkurse eingerichtet werden. Darüber hinaus sollen alle ausländischen Lehrer durch die Teilnahme an didaktisch-methodischen Arbeitsgemeinschaften mit ihren besonderen pädagogischen Aufgaben enger vertraut gemacht werden.

6. Muttersprachlicher Unterricht

Die ausländischen Schüler sollen die Möglichkeit haben, auch an muttersprachlichem Unterricht teilzunehmen. Seine Aufgabe ist es, um die Erhaltung der Verbindung der

Schüler zur Sprache und Kultur ihrer Heimat bemüht zu sein. Er wird in der Regel durch Lehrer des Heimatlandes erteilt. Die Länder entscheiden in eigener Zuständigkeit, ob dieser Unterricht innerhalb oder außerhalb des Verantwortungsbereiches der Kultusverwaltung steht. Der Unterricht in der Muttersprache kann an den Hauptschulen, Realschulen, Gymnasien und ggfs. Grundschulen an die Stelle des obligatorischen Unterrichts einer Fremdsprache treten.

7. Kontakte mit den ausländischen diplomatischen und konsularischen Vertretungen

Es wird den Kultusverwaltungen der Länder empfohlen, mit den diplomatischen und konsularischen Vertretungen der in Betracht kommenden Ausländergruppen sachdienlichen Kontakt zu pflegen.

8. Information

Eine gründliche und wiederholte Information der ausländischen Arbeitnehmer über die Schulpflicht und die Bedeutung des regelmäßigen Schulbesuches ihrer Kinder, über das deutsche Schulwesen, und über die Chancen, die es in beruflicher Hinsicht eröffnet, ist erforderlich, um das Interesse der Eltern zu wecken und ihre Mitarbeit zu gewinnen. Das von der Kultusministerkonferenz entworfene Merkblatt „Information über den Schulbesuch in der Bundesrepublik Deutschland" macht die ausländischen Arbeitnehmer mit den Schulverhältnissen in der Bundesrepublik bekannt. Die Kultusverwaltungen der Länder werden darüber hinaus darauf hinwirken, daß eine möglichst umfassende und klare Information bei allen zweckdienlichen Gelegenheiten erfolgt. Die Information sollte insbesondere bereits in der Heimat vor Antritt der Reise beginnen, von den Meldebehörden und den Betrieben wiederholt, von der Schule bei der Einschulung der Kinder vertieft und durch die Sozialbetreuer in beratenden Einzelgesprächen erläutert werden.

5.3.4 Richtlinien in Bayern

Bekanntmachung des Bayerischen Staatsministeriums für Unterricht und Kultus über den Unterricht für Kinder ausländischer Arbeitnehmer vom 20. April 1972[1]

Ergänzend zum Beschluß der Kultusministerkonferenz wird bestimmt:

1. Zu 1.1 Schulpflicht

a) Die Schulpflicht erstreckt sich nach Art. 1 Abs. 1 Schulpflichtgesetz (SchPG) ohne Rücksicht auf die Staatsangehörigkeit grundsätzlich auf alle Kinder, Jugendliche und Heranwachsende, die in Bayern ihren Wohnsitz oder gewöhnlichen Aufenthalt haben. Die Sorge für die regelmäßige Erfüllung der Schulpflicht obliegt nach Art. 4 SchPG den Erziehungsberechtigten sowie den Personen, denen die Erziehung der Schulpflichtigen durch Rechtsvorschrift oder Vertrag ganz oder teilweise übertragen ist. Unstet umherziehende Personen dürfen Schulpflichtige nicht mitführen.

b) Das Bayerische Staatsministerium des Innern hat die Meldebehörden in Bayern angewiesen, die in ihrem Bereich wohnenden und neu zuziehenden volksschulpflichtigen Kinder ausländischer Arbeitnehmer dem örtlich zuständigen Staatlichen Schulamt zu melden. In Zukunft wird die Meldung schulpflichtig werdender ausländischer Kinder voraussichtlich vom Ausländerzentralregister vorgenommen.

---

[1] Veröffentlicht im Amtsblatt des Bayerischen Staatsministeriums für Unterricht und Kultus 1972, Seite 547 ff.

Die Staatlichen Schulämter leiten die Meldungen den Grund- und Hauptschulen ihres Bereiches zu. Stellen die Schulleiter dieser Schulen fest, daß Kinder und Jugendliche ausländischer Arbeitnehmer ihrer Schulpflicht nicht nachkommen, so ist der zuständige Sozialbetreuer der ausländischen Arbeitnehmer (siehe nachstehende Ziffer 2) zu bitten, die Eltern zur Erfüllung der Schulpflicht ihrer Kinder zu veranlassen. Ist die Mithilfe der Sozialbetreuer ohne Erfolg geblieben, haben die Schulleiter die nach Art. 18 SchPG erforderlichen Maßnahmen einzuleiten.

c) Die Schulpflicht für ausländische Kinder, Jugendliche und Heranwachsende besteht auch dann, wenn sie nach dem Recht ihres Heimatlandes nicht oder nicht mehr schulpflichtig sind. Aus dem Ausland zugezogene Kinder und Jugendliche sollen jedoch gegenüber deutschen Kindern und Jugendlichen nicht dadurch benachteiligt werden, daß sie zum Nachholen des Volksschulbesuchs gezwungen werden, den sie — gemessen an der in Bayern und in den übrigen Ländern der BRD allgemein gültigen Regelung — versäumt haben. Sie sind nach Art. 1 Abs. 5 SchPG so lange schulpflichtig wie Kinder und Jugendliche gleichen Alters, die seit dem Beginn ihrer Schulpflicht in Bayern ihren Wohnsitz oder gewöhnlichen Aufenthalt haben. Auf Vorschlag des Schulleiters der Volksschule stellt das Staatliche Schulamt fest, ob und gegebenenfalls bis zum Ende welchen Schuljahres solche Kinder und Jugendliche noch die Volksschule (oder Sonderschule) besuchen müssen und in welchen Schülerjahrgang sie einzutreten haben. Für ausländische Jugendliche und Heranwachsende im berufsschulpflichtigen Alter trifft die entsprechende Entscheidung auf Vorschlag des Schulleiters der Berufsschule die Regierung.

d) Für Schulpflichtige, die nach neunjährigem Schulbesuch das Ziel der Hauptschule oder ein gleichwertiges Ziel nicht erreicht haben, wird nach Art. 9 SchPG auf Antrag ihrer Erziehungsberechtigten die Volksschulpflicht bis zur Dauer von zwei Schuljahren verlängert.

2. Zu 1.2 Schülerfürsorge

Die Schulleitungen werden auf die Möglichkeit hingewiesen, sich in der Schülerfürsorge der Mithilfe der Sozialbetreuer der ausländischen Arbeitnehmer (z. B. bei der Erfüllung der Schulpflicht, zur Anfertigung von Übersetzungen u. dgl.) zu bedienen. Kosten entstehen dabei nicht. Betreuungsstellen sind in der Anlage aufgeführt.

3. Zu 1.4. Schulaufsicht

Die Schulaufsicht über die privaten Unterrichtseinrichtungen obliegt den örtlich zuständigen Regierungen nach Art. 29 Nr. 5 VoSchG. Die Dienstaufsicht der Staatlichen Schulämter über die staatlichen Lehrer (Art. 30 Nr. 2 erster Halbsatz VoSchG) bleibt unberührt. Die Regierungen und Staatlichen Schulämter unterstützen in organisatorischen Fragen die Träger des muttersprachlichen Unterrichts (siehe Ziffer 11). Die Verantwortung für den Inhalt des muttersprachlichen Unterrichts liegt bei den Trägern dieser Unterrichtseinrichtungen.

4. Zu 2 Aufnahme in die deutsche Schule

a) Die Überweisung ausländischer Schüler in Sonderschulen kommt nur in Betracht, wenn eine Behinderung im Sinn des Sonderschulgesetzes vorliegt, also nicht nur auf der mangelnden Kenntnis der deutschen Sprache beruht.

b) Der Anteil der ausländischen Kinder in einer Klasse mit deutschen Schülern soll 20% der Gesamtzahl der Schüler nicht überschreiten. Sofern der Anteil der ausländischen Kinder nicht nur vorübergehend 20% der Schüler überschreitet und organisatorische Maßnahmen zur Verteilung der ausländischen Schüler auf andere

Klassen nicht möglich sind, können eigene Klassen für ausländische Schüler eingerichtet werden. Ihre Schülerzahl soll 25 nicht unterschreiten.

5. Zu 3.1 Vorbereitungsklassen

a) Vorbereitungsklassen an öffentlichen Volksschulen (öffentliche Vorbereitungsklassen)

Falls die Aufnahme der ausländischen Schüler in die entsprechende Klasse mit deutschen Schülern (in dieser Bekanntmachung kurz als „Regelklasse" bezeichnet) nicht sofort möglich ist, richten die Staatlichen Schulämter für die ausländischen Schüler Vorbereitungsklassen ein. Soweit zumutbar, können die Schulämter nach Art. 19 Abs. 2 Nr. 1 VoSchG anordnen, daß ausländische Schüler in einer benachbarten Schule mit Vorbereitungsklassen unterrichtet werden.

Die Klassenstärke einer Vorbereitungsklasse soll 30 Schüler nicht überschreiten. Sobald eine Klasse mehr als 30 Schüler umfaßt, soll eine weitere Klasse eingerichtet werden. Eine Vorbereitungsklasse muß am Ende des Schuljahres aufgelöst werden, wenn die Schülerzahl unter 15 gesunken ist.

Müssen an einer Schule mehrere Vorbereitungsklassen gebildet werden, ergeben sich folgende organisatorische Möglichkeiten:

1. Einteilung in Klassen entsprechend dem Alter der Schüler (z. B. Grund- und Hauptschüler) unter Zusammenfassung der Kinder verschiedener Nationalität.
2. Einteilung entsprechend den Deutschkenntnissen der Schüler (Anfänger und Fortgeschrittene) unter Zusammenfassung der Kinder verschiedener Nationalität.
3. Bildung einer Vorbereitungsklasse aus Schülern einer Nationalität, um mit Ausnahme des Unterrichts im Fach Deutsch den Unterricht in den übrigen Fächern der Vorbereitungsklasse durch einen ausländischen Lehrer in der Muttersprache der Kinder erteilen zu können (siehe Ziffer 10b) und um den Einbau des muttersprachlichen Unterrichts (siehe Ziffer 11) zu erleichtern.

Welche Form gewählt wird, richtet sich nach den örtlichen Schulverhältnissen.

Der Unterricht in der Vorbereitungsklasse umfaßt 22 Wochenstunden, die wie folgt aufgeteilt werden:

Deutsch	12	Kunsterziehung	2
Mathematik	3	Handarbeit/Werken	2
Musik	1	Leibeserziehung	2

Der Unterricht in der Vorbereitungsklasse hat seinen Schwerpunkt in der Vermittlung der deutschen Sprache. Der Unterricht in Mathematik macht die Schüler zu Beginn mit den deutschen Zahlen und Rechenoperationen vertraut. Später sollen die bereits vorhandenen Fertigkeiten durch mündliches und schriftliches Rechnen erhalten und weiter ausgebaut werden. Im Rahmen des Deutschunterrichts ist der Verkehrserziehung der ausländischen Kinder besondere Aufmerksamkeit zu schenken.

Der Besuch der Vorbereitungsklasse dauert in der Regel ein Jahr und kann bis zum Ende des auf den Eintritt folgenden Schuljahres verlängert werden, wenn der Schulleiter nach Anhören des Lehrers der Vorbereitungsklasse der Auffassung ist, daß der ausländische Schüler die deutsche Sprache noch nicht genügend beherrscht und infolgedessen nicht in der Lage ist, im Unterricht der seinem Alter und Leistungsstand entsprechenden Regelklasse mitzuarbeiten. Kein ausländischer Schüler darf eine Vorbereitungsklasse länger als zwei Jahre besuchen.

b) Private Vorbereitungsklassen

Bisher bereits von den Regierungen genehmigte private Vorbereitungsklassen bleiben bestehen. Auch gegen eine Genehmigung weiterer privater Vorbereitungsklassen bestehen keine Bedenken. Solche Klassen treten für eine Übergangszeit, die der Dauer der staatlichen Vorbereitungsklassen entspricht, an die Stelle der öffentlichen Vorbereitungsklassen. Sie sind Ersatzschulen im Sinne des Art. 2 des Gesetzes über das Erziehungs- und Unterrichtswesen (EUG) und werden auf Antrag des jeweiligen Trägers durch die Regierungen genehmigt, wenn sichergestellt ist, daß diese Klassen den Übertritt in die entsprechenden Klassen der öffentlichen Volksschulen vorbereiten und ermöglichen. Es ist deshalb auch bei diesen privaten Vorbereitungsklassen darauf zu achten, daß der Unterricht primär das Erlernen der deutschen Sprache zum Ziel hat. Dies erfordert, daß mindestens 12 Stunden Unterricht im Fach Deutsch erteilt werden und im übrigen Unterricht auf die Erlernung der deutschen Sprache hingewirkt wird. Der Unterricht soll daher nur von solchen Schülern besucht werden, die die deutsche Sprache noch nicht ausreichend beherrschen, um in eine öffentliche deutsche Schule übertreten zu können. Bei der Genehmigung von privaten Vorbereitungsklassen ist grundsätzlich eine Schülerzahl von 25 erforderlich. Die Vorbereitungsklasse muß am Ende des Schuljahres aufgelöst werden, wenn die Schülerzahl unter 15 gesunken ist. Die Einhaltung vorstehender Bestimmungen ist nach Art. 29 Nr. 5 VoSchG von den Regierungen zu überwachen.

Die Vergütung für die notwendigen Lehrer der privaten Vorbereitungsklassen trägt der Freistaat Bayern nach Maßgabe der Ziffer 10a. Die Kosten für den übrigen Schulaufwand der Vorbereitungsklassen werden von den jeweiligen privaten Trägern dieser Unterrichtseinrichtung übernommen.

Die Gemeinden und Schulverbände werden gebeten, die für den Unterricht in privaten Vorbereitungsklassen erforderlichen Schulräume unentgeltlich zur Verfügung zu stellen.

6. Zu 3.2 Weitere Hilfen

a) Förderkurse (Deutschkurse)

Förderkurse in Deutsch sind innerhalb der öffentlichen Volksschulen für solche ausländische Kinder einzurichten, die die Volksschule zusammen mit deutschen Kindern besuchen, weil eine Vorbereitungsklasse nicht eingerichtet werden kann.

Ein Förderkurs darf nicht mehr als 30 Schüler umfassen. Wird diese Zahl überschritten, ist ein zweiter Förderkurs einzurichten. Ein Förderkurs muß am Ende des Schuljahres aufgelöst werden, wenn die Schülerzahl unter 10 Schüler gesunken ist. Bestehen an einer Schule mehrere Förderkurse, sollen die Schüler nach dem Stand ihrer Deutschkenntnisse oder nach Altersstufen zusammengefaßt werden. Der Förderkurs umfaßt 12 Wochenstunden Deutsch. Die Schüler werden für diese Stunden vom Unterricht in der Regelklasse befreit. In Betracht kommt dabei an Hauptschulen insbesondere der Englischunterricht und der Unterricht in Geschichte und Sozialkunde. Die Teilnahme am Englischunterricht ist für ausländische Schüler in jedem Fall freiwillig.

Für ausländische Schüler im Alter von 14—15 Jahren, die ohne ausreichende Deutschkenntnisse aus der Hauptschule entlassen werden müßten, kann im letzten Schuljahr der Förderkurs über 12 Stunden hinaus ausgedehnt werden, um ihnen durch intensiven Deutschunterricht die sprachlichen Voraussetzungen für den Besuch berufsbildender Schulen zu vermitteln.

b) Förderunterricht (Deutschunterricht)

Förderunterricht in Deutsch ist für ausländische Schüler regelmäßig anzusetzen, wenn sie nach dem Besuch einer Vorbereitungsklasse oder eines Förderkurses noch nicht über befriedigende Kenntnisse und Fertigkeiten in der deutschen Sprache verfügen. Der Förderunterricht umfaßt 3 Wochenstunden zusätzlichen Deutschunterricht. Er ist an der Grundschule durch äußere Differenzierung im Fach Deutsch und unter Verwendung der Verfügungsstunden, in der Hauptschule anstelle des Englischunterrichts, zu erteilen.

Für die Gruppenstärken im Förderunterricht und für die Bildung mehrerer Gruppen gelten die Bestimmungen für Förderkurse entsprechend.

c) Die Regierungen können genehmigen, daß Vorbereitungsklassen, Förderkurse oder Förderunterricht versuchsweise durch andere Formen schulischer Förderung ersetzt werden.

d) Die Einrichtung von Deutschkursen an Berufsschulen soll besonders den ausländischen Jugendlichen, die in keinem Ausbildungsverhältnis stehen, die Möglichkeit geben, ausreichende Sprachkenntnisse zu erwerben. Ein Deutschkurs, der zweimal in der Woche mit je 4 Stunden abgehalten werden soll, ist dann einzurichten, wenn mindestens 15 Schüler vorhanden sind, die keine deutschen Sprachkenntnisse besitzen. Sobald die Klasse mehr als 30 Schüler umfaßt, soll eine weitere Sprachklasse gebildet werden. Die Zeit des Besuchs des Deutschkurses gilt als Erfüllung der Berufsschulpflicht. Sobald die Schüler über ausreichende deutsche Sprachkenntnisse verfügen, sind sie in die Berufsschulklassen entsprechend ihrem Kenntnisstand einzugliedern.

7. Zu 3.3 Lernmittel und Lehrmittel

a) Der Schulaufwand (einschließlich der Schulwegkosten) für Vorbereitungsklassen, Förderkurse und Förderunterricht, die innerhalb der öffentlichen Volksschulen eingerichtet oder durchgeführt werden, obliegt nach Art. 40 Abs. 2 VoSchG den Gemeinden und Schulverbänden.

b) Die für den Deutschunterricht für ausländische Kinder lernmittelfrei zugelassenen Schulbücher werden im Amtsblatt des Bayerischen Staatsministeriums für Unterricht und Kultus veröffentlicht.

8. Zu 4 Zeugnisse

a) Ausländische Schüler, die eine Vorbereitungsklasse besuchen, erhalten Zwischenzeugnisse sowie ein Abschlußzeugnis, in dem die Jahrgangsstufe angegeben ist, in die der Schüler eingewiesen wird. Die Leistungen in der deutschen Sprache werden allein durch eine Bemerkung über die Verständigungsfähigkeit ausgedrückt. Die Zeugnisse enthalten auf ihrer Rückseite eine Übersetzung des Formulars in italienischer, spanischer, jugoslawischer, griechischer und türkischer Sprache. Diese Zeugnisse können — allerdings ohne Siegel des Freistaates Bayern — auch an die Schüler in den privaten Vorbereitungsklassen ausgegeben werden.

b) Ausländische Schüler in den Regelklassen erhalten dieselben Zeugnisse wie deutsche Schüler. Die Benotung kann in einzelnen Fächern für die Dauer eines Jahres ausgesetzt werden. Das Zeugnis enthält in diesem Fall folgende Bemerkung: „Kann wegen noch nicht ausreichender Deutschkenntnisse im Fach ... nicht benotet werden." Im Fach Deutsch können die Leistungen wie im Zeugnis für Schüler in Vorbereitungsklassen anstelle einer Note durch eine Bemerkung ausgedrückt werden.

c) Eine Bemerkung über die Leistungen, die ausländische Schüler im muttersprachlichen Unterricht (siehe Ziffer 11) erbracht haben, kann in allen Zeugnissen zusätzlich mit aufgenommen werden. Der entsprechende Eintrag auf den für Bemerkungen vorgesehenen Zeilen des Zeugnisformulars erfolgt dann nach den Angaben des ausländischen Lehrers, der den muttersprachlichen Unterricht erteilt.

d) Die Wiederholung eines Schülerjahrgangs kann für einen ausländischen Schüler nicht ausschließlich wegen mangelnder Deutschkenntnisse angeordnet werden. Bei der Festsetzung der allgemeinen Zeugnisbemerkung und der übrigen Noten ist insbesondere der Lehrer, der den ausländischen Schülern Deutschunterricht erteilt, zu beteiligen.

e) Berufsschulpflichtige Schüler, die nur einen Deutschkurs nach Ziffer 6d besuchen, erhalten ein Zeugnis über die Leistungen in der deutschen Sprache, das auch eine Feststellung über die Verständigungsfähigkeit enthält.

9. Zu 5.1 Deutsche Lehrer

a) In den Vorbereitungsklassen und im Förderunterricht wird der Unterricht in deutscher Sprache von deutschen Lehrern im Rahmen ihres Stundenmaßes oder in Form des freiwillig übernommenen zusätzlichen Unterrichts gegen Vergütung erteilt. Für den Unterricht in Vorbereitungsklassen und Förderkursen sind besonders ehemalige Auslandslehrer geeignet. An jeder Schule sollte sich nach Möglichkeit ein Lehrer zusätzlich mit dem Unterricht für ausländische Schüler vertraut machen, um bei Ausfällen den Unterricht wenigstens teilweise fortführen zu können.

b) Die Tätigkeit staatlicher Lehrer im Deutschunterricht für ausländische Schüler in Vorbereitungsklassen und Förderkursen ist im ersten Jahr dieser Tätigkeit nicht zum Gegenstand der dienstlichen Beurteilung zu machen, es sei denn, die Beurteilung wird vom Lehrer gewünscht.

c) Termine von Weiterbildungsveranstaltungen für den Unterricht für ausländische Kinder sind dem Amtsblatt des Bayerischen Staatsministeriums für Unterricht und Kultus und den Veröffentlichungen der Akademie für Lehrerfortbildung in Dillingen zu entnehmen.

10. Zu 5.2 Ausländische Lehrer

a) Für ausländische Lehrer, die im Dienstverhältnis des Trägers der *privaten Unterrichtseinrichtungen* (private Vorbereitungsklassen, Ziffer 5b, Muttersprachlicher Unterricht, Ziffer 11) stehen, gilt folgendes:
Die Regierungen genehmigen die Verwendung dieser Lehrer auf Antrag des Trägers der privaten Unterrichtseinrichtung (z. B. Vertretung eines ausländischen Staates). Die Genehmigung erfolgt aufgrund des Nachweises der Lehrbefähigung für den Unterricht an Volksschulen nach dem Recht ihres Heimatlandes und eines Zeugnisses nach § 47 Bundesseuchengesetz.
Die Regierungen werden aufgrund der Fußnote 6b zu Kap. 05 52 Tit. 422 01 ermächtigt, im Rahmen der zur Verfügung stehenden Stellen oder Mittel die Vergütung der Lehrkräfte für den Unterricht für volksschulpflichtige Kinder ausländischer Arbeitnehmer in privaten Vorbereitungsklassen und für den privaten muttersprachlichen Unterricht unter folgenden Bedingungen auf den Freistaat Bayern zu übernehmen:
1. Die private Unterrichtseinrichtung muß als Ersatzschule genehmigt sein (Art. 2 und 9 ff. EUG).
2. Jede Klasse oder Gruppe muß mindestens 15 Schüler umfassen. Bei 45 Schülern ist eine Teilung zulässig.
3. Der muttersprachliche Unterricht darf fünf Wochenstunden nicht übersteigen.

Die Vergütung kann außerdem nur für bereits im Dienst des Freistaates Bayern stehende oder in den Dienst einzustellende Lehrer gezahlt werden.
Ausländische Lehrer, die Deutschunterricht erteilen, müssen ihren Aufgaben entsprechende Kenntnisse der deutschen Sprache nachweisen. Auch alle übrigen Leh-

rer müssen sich verpflichten, ihren Aufgaben entsprechende Deutschkenntnisse innerhalb eines Jahres zu erwerben.

Ausländischen Lehrern, die den muttersprachlichen Unterricht an verschiedenen Schulorten erteilen, ist auf Antrag des Trägers Reisekostenvergütung wie vergleichbaren deutschen Lehrern zu gewähren.

b) Für ausländische Lehrer, die in *staatlichen Unterrichtseinrichtungen* (Vorbereitungsklassen, Förderkurse, Förderunterricht) tätig sind, gilt folgendes:

Der deutschsprachige Unterricht in den öffentlichen Vorbereitungsklassen wird in der Regel von deutschen Lehrern erteilt. Es bestehen jedoch keine Bedenken, daß zur Erteilung des Deutschunterrichts in Vorbereitungsklassen und Förderkursen ausländische Lehrer eingesetzt werden. Voraussetzung für ihre Verwendung im Deutschunterricht ist der Nachweis der Beherrschung der deutschen Sprache in Wort und Schrift, der bei Abschluß des Arbeitsvertrages erbracht werden muß. Diese Regelung gilt für die nichtstaatlichen öffentlichen Berufsschulen in gleicher Weise.

Um die Schüler neben dem Erlernen der deutschen Sprache auch stofflich an das Niveau der ihrem Alter entsprechenden Regelklasse heranzuführen, kann in Vorbereitungsklassen aus Schülern einer Nationalität ein Teil des Unterrichts in der Muttersprache der Schüler erteilt werden. In öffentlichen Vorbereitungsklassen können daher ausländische Lehrer den Unterricht in Mathematik, Musik, Kunsterziehung, Handarbeit/Werken und in der Leibeserziehung in der Muttersprache der Schüler, jedoch nach den deutschen Lehrplänen erteilen. Kinder derselben Sprachzugehörigkeit, die noch kein Deutsch verstehen, können auf diese Weise durch einen Lehrer in ihrer Muttersprache weitergebildet und gleichzeitig — gegebenenfalls von einem deutschen Lehrer — in deutscher Sprache allmählich mit ihrer neuen Umwelt vertraut gemacht werden.

c) Weiterbildungslehrgänge für ausländische Lehrer, die Deutschunterricht erteilen, sind vorgesehen.

11. Zu 6 Muttersprachlicher Unterricht

a) Muttersprachlichen Unterricht erhalten ausländische Schüler der Vorbereitungsklassen und ausländische Schüler, die am ordentlichen Unterricht der öffentlichen Volksschule teilnehmen. Der muttersprachliche Unterricht wird nicht an den öffentlichen Volksschulen durchgeführt. Er kann nur als private Unterrichtseinrichtung nach dem EUG genehmigt werden und muß sich auf die Sprache, Geschichte und Heimatkunde, ggf. auch auf die Religion des Heimatlandes beschränken. Die Kosten für den Schulaufwand mit Ausnahme der Kosten für das Lehrpersonal (siehe Ziffer 10a) werden von den jeweiligen privaten Trägern dieser Unterrichtseinrichtung getragen. Die Gemeinden und Schulverbände werden gebeten, die für den muttersprachlichen Unterricht erforderlichen Unterrichtsräume unentgeltlich bereitzustellen.

b) Der muttersprachliche Unterricht kann fünf Wochenstunden umfassen und soll nach Möglichkeit am Vormittag und im Schulhaus der öffentlichen Volksschule erfolgen. Sofern dies nicht ohne Störung der Stundenpläne der betroffenen Grund- und Hauptschulen möglich ist, kann er nachmittags abgehalten werden. Es bestehen keine Bedenken, daß an einem Vormittag ausschließlich muttersprachlicher Unterricht erteilt wird. Ausländische Schüler, die außerhalb der Vorbereitungsklasse den muttersprachlichen Unterricht besuchen, können vom ordentlichen Unterricht bis zu fünf Stunden befreit werden. In Betracht kommen hierfür Deutschstunden außerhalb der Förderstunden in deutscher Sprache, Stunden im Fach Englisch, wenn an deren Stelle kein Förderunterricht erteilt wird, sowie Stunden in Geschichte und Sozialkunde.

c) Auf Antrag der privaten Träger des muttersprachlichen Unterrichts kann dieser Unterricht von 5 bis auf höchstens 10 Stunden wöchentlich erhöht werden, wenn die damit verbundenen Kosten für das Lehrpersonal von dem jeweiligen Träger dieser Unterrichtseinrichtung getragen werden. Grundsätzlich soll die Wochenstundenzahl der ausländischen Schüler durch den muttersprachlichen Unterricht nicht wesentlich überschritten werden.

d) Die Anerkennung des Unterrichts in der Muttersprache anstelle des Unterrichts in Englisch bei der Abschlußprüfung an den bayerischen Hauptschulen (qualifizierender Abschluß) wird gesondert geregelt.

12. Zu 8 Information

Eine Informationsschrift für die Eltern ausländischer Kinder mit Hinweisen auf die Schulpflicht und das Schulwesen in Bayern wird vom Bayerischen Staatsministerium für Unterricht und Kultus in Verbindung mit dem Bayerischen Staatsministerium für Arbeit und Sozialordnung herausgegeben.

Anlage

Betreuungsstellen

1. Für griechische Arbeitnehmer:

8900 Augsburg, Am Eser 19, Tel. 3 52 58 (Bereich Augsburg und Umgebung)
8580 Bayreuth, Arbeitsamt (Bereich Bayreuth und Umgebung)
8670 Hof, Bahnhofsplatz 1 (Bereich Hof und Oberfranken)
8000 München 2, Landwehrstraße 11, Tel. 59 83 16 (Bereich Oberbayern und Schwaben)
Sprechtage in Oberbayern (Berchtesgaden, Garmisch-Partenkirchen, Gauting, Geretsried, Kolbermoor, Murnau, Rosenheim, Schongau, Traunstein, Traunreut, Weilheim) und in Schwaben (Kaufbeuren, Kempten, Lindau, Sonthofen, Blaichach) können über die obige Anschrift erfragt werden.
8000 München 15, Adlzreiterstraße 22, Zimmer 207
8500 Nürnberg, Pirckheimerstraße 16, Tel. 33 16 51 (Bereich Nürnberg und Mittelfranken)
8700 Würzburg, Friedrich-Ebert-Ring 24, Tel. 7 40 65 (Bereich Würzburg und Unterfranken)

2. Für italienische Arbeitnehmer:

8750 Aschaffenburg, Weißenburger Straße 8, Tel. 2 79 60
8900 Augsburg, Volkhartstraße 9
8900 Augsburg, Auf dem Kreuz 43, Tel. 0821/2 84 03
8202 Bad Aibling, Harthauserstraße 1
8600 Bamberg, Geyerswörthstraße 2
8833 Eichstätt, Leonrodplatz 4
8070 Ingolstadt, Kanalstraße 18 und Schulstraße 27
8960 Kempten, Landwehrstraße 1
8590 Marktredwitz, Dürnbergstraße 12
8000 München, Adlzreiterstraße 22, Zi. 201, Tel. 76 89 01/77 60 96
8000 München, Arbeitsamt Thalkirchner Straße 54, Zi. 116
8000 München-Pasing, Bäckerstraße 19
8400 Regensburg, Petersweg 11
8400 Regensburg, Von-der Tann-Str. 7 (auch Tirschenreuth, Selb, Amberg)
8200 Rosenheim, Hofmannstraße 5
8460 Schwandorf, Marktplatz 16
8720 Schweinfurt, Schultesstraße 21, Tel. 2 32 67
8440 Straubing, Wittelsbacher Höhe 14
8480 Weiden, Kolpingplatz 1
8700 Würzburg, Wallgasse 1½, Tel. 5 00 89

3. Für jugoslawische Arbeitnehmer:

8750 Aschaffenburg, Maximilianstraße 12, Tel. 2 47 03
8900 Augsburg, Auf dem Kreuz 43, Tel. 2 84 03

8900 Augsburg, Georg-Haindl-Straße 3, Tel. 0821/2 29 29 (Bereich Augsburg, Donauwörth)
8670 Hof, Von-der-Tann-Straße 15, Tel. 09281/33 12 (Bereich Hof, Weiden, Bayreuth, Coburg)
8070 Ingolstadt, Kanalstr. 18 und Schulstr. 27
8690 Kempten, Keselstraße 37, Tel. 0831/2 20 09 (Bereich Kempten, Memmingen)
8590 Marktredwitz, Dürnbergstraße 12
8000 München 15, Schwanthalerstraße 72, Tel. 089/53 19 91 (Bereich München, Freising, Ingolstadt, Weilheim)
8000 München 15, Adlzreiterstraße 22, Zi. 201
8000 München 15, Schubertstraße 2
8000 München, Holzstraße 10
8500 Nürnberg, Hersbrucker Straße 41
8500 Nürnberg, Marthastraße 60, Tel. 0911/59 07 58 (Bereich Nürnberg, Bamberg, Ansbach, Weißenburg)
8400 Regensburg, Petersweg 11
8400 Regensburg, Richard-Wagner-Straße 2, Zi. 217 (Bereich Regensburg, Schwandorf, Deggendorf, Passau, Landshut, Pfarrkirchen)
8460 Schwandorf, Marktplatz 16
8720 Schweinfurt, Schultesstraße 21, Tel. 2 32 67
8440 Straubing, Wittelsbacher Höhe 14
8480 Weiden, Kolpingplatz 7
8700 Würzburg, Berliner Platz 10, Tel. 0931/5 16 19 (Bereich Würzburg, Schweinfurt, Aschaffenburg)

4. Für portugiesische Arbeitnehmer:

8900 Augsburg, Volkhartstraße 9
8600 Bamberg, Geyerswörthstraße 2
8833 Eichstätt, Leonrodplatz 4
8070 Ingolstadt, Kanalstraße 18 und Schulstraße 27
8000 München, Adlzreiterstraße 22, Zi. 209, Tel. 768901/77 60 96
8500 Nürnberg, Lilienstraße 6, Tel. 61 33 63
8400 Regensburg, Von-der-Tann-Straße 7
8720 Schweinfurt, Schultesstraße 21, Tel. 2 32 67
8700 Würzburg, Wallgasse 1½, Tel. 5 00 89

5. Für spanische Arbeitnehmer:

8750 Aschaffenburg, Entengasse 7, Tel. 2 83 45
8900 Augsburg, Leonhard-Hausmann-Straße 9, Tel. 52 86 45
8900 Augsburg, Volkhartstraße 9
8600 Bamberg, Geyerswörthstraße 2
8833 Eichstätt, Leonrodplatz 4
8070 Ingolstadt, Kanalstraße 18 und Schulstraße 27
8590 Marktredwitz, Dürnbergstraße 12
8000 München, Adlzreiterstraße 22, Zi. 207, Tel. 76 89 01/77 60 96
8500 Nürnberg, Lilienstraße 6, Tel. 61 33 63
8400 Regensburg, Von-der-Tann-Straße 7 (auch Tirschenreuth, Selb, Amberg)
8400 Regensburg, Petersweg 11
8460 Schwandorf, Marktplatz 16
8720 Schweinfurt, Schultesstraße 21, Tel. 2 32 67
8440 Straubing, Wittelsbacher Höhe 14
8480 Weiden, Kolpingplatz 1
8700 Würzburg, Wallgasse 1½, Tel. 5 00 89

6. Für türkische Arbeitnehmer:

8900 Augsburg, Georg-Haindl-Straße 3, Tel. 0821/2 73 32 (Bereich Augsburg, Donauwörth)
8670 Hof, Wilhelmstraße 18, Tel. 09281/76 53 (Bereich Hof, Weiden, Bayreuth, Coburg)
8960 Kempten, Keselstraße 37, Tel. 0831/2 20 09 (Bereich Kempten, Memmingen)
8000 München 21, Pfisterstraße 9, Tel. 089/22 72 10 (Bereich München, Freising, Ingolstadt, Weilheim)

8500 Nürnberg, Marthastraße 60, Tel. 0911/59 70 65 (Bereich Nürnberg, Bamberg, Ansbach, Weißenburg)

8700 Würzburg, Berliner Platz 10, Tel. 0931/5 16 19 (Bereich Würzburg, Schweinfurt, Aschaffenburg)

5.3.5 Grundsätze zur Eingliederung ausländischer Arbeitnehmer und ihrer Familien vom 20. April 1972

Die Anwesenheit vieler ausländischer Arbeitnehmer und ihrer Familien stellt die Bundesrepublik Deutschland vor immer neue Aufgaben. Unter ihnen hat die Eingliederung der Ausländer für die Dauer ihres Aufenthaltes in der Bundesrepublik Deutschland ein besonderes soziales Gewicht. In dieser Erkenntnis haben sich die im Koordinierungskreis und im Länderausschuß „Ausländische Arbeitnehmer" beim Bundesministerium für Arbeit und Sozialordnung vertretenen Stellen und Organisationen[1] am 20. April 1972 auf die folgenden Grundsätze geeinigt:

1. Aus arbeitsmarkt- und wirtschaftspolitischen Gründen leben derzeit über 2 Millionen ausländische Arbeitnehmer in der Bundesrepublik Deutschland. Unsere Wirtschaft kann auch künftig nicht auf die Beschäftigung von Ausländern verzichten.

2. Die ausländischen Arbeitnehmer sehen in der Regel ihre Beschäftigung in der Bundesrepublik Deutschland als vorübergehend an. Die Erfahrung zeigt, daß eine steigende Zahl von ihnen aus den verschiedensten Gründen länger in der Bundesrepublik Deutschland verweilen will. Dies hat auch einen verstärkten Nachzug der Familien zur Folge. Hierauf ist rechtlich und tatsächlich Rücksicht zu nehmen.

3. Menschliche, soziale und wirtschaftliche Gründe gebieten, die Eingliederung der Ausländer in Arbeitswelt und Gesellschaft zu erleichtern und zu fördern. Eine Isolation der ausländischen Arbeitnehmer von der deutschen Bevölkerung ist für beide Teile auf die Dauer schädlich.

4. Hilfen zur Eingliederung sind notwendig. Sie müssen frühzeitig — möglichst bereits im Herkunftsland — einsetzen.

5. Die sprachlichen und beruflichen Bildungsmöglichkeiten in der Bundesrepublik Deutschland sollten mehr als bisher angeboten und genutzt werden. Dies liegt vor allem im Interesse der ausländischen Arbeitnehmer, dient aber auch der Bundesrepublik Deutschland und den Herkunftsländern.

6. Für die ausländischen Arbeitnehmer gilt während ihres Aufenthalts in der Bundesrepublik Deutschland die deutsche Rechtsordnung. Arbeits- und sozialrechtlich sind sie grundsätzlich den deutschen Arbeitnehmern gleichgestellt. Eingliederungshilfen sollen die ausländischen Arbeitnehmer auch befähigen, ihre Rechte wahrzunehmen.

---

[1] Der beim Bundesministerium für Arbeit und Sozialordnung bestehende Koordinierungskreis „Ausländische Arbeitnehmer" wird gebildet aus Vertretern der beteiligten Bundesressorts, der Arbeitsminister und Senatoren für Arbeit der Länder, der Bundesanstalt für Arbeit, der Organisationen der Arbeitgeber und der Arbeitnehmer, der Kirchen, der mit der Betreuung ausländischer Arbeitnehmer beauftragten Wohlfahrtsorganisationen und der kommunalen Spitzenverbände. Im Länderausschuß „Ausländische Arbeitnehmer" sind die Arbeitsminister und Senatoren für Arbeit der Länder Baden-Württemberg, Bayern, Berlin, Bremen, Hamburg, Hessen, Niedersachsen, Nordrhein-Westfalen, Rheinland-Pfalz, Saarland und Schleswig-Holstein vertreten.

7. Die Beschäftigung ausländischer Arbeitnehmer hängt von der Bereitstellung angemessenen und menschenwürdigen Wohnraumes ab.
8. Bei Familienzusammenführungen müssen ausländische Arbeitnehmer über eine angemessene und menschenwürdige Wohnung verfügen.
9. Den Familien müssen erforderliche Lebenshilfen gegeben werden.
10. Ausländischen Kindern und Jugendlichen müssen Entwicklungs- und Bildungschancen gewährt werden, die ihrer Situation gerecht werden.
11. Die Eingliederung kann nicht allein Aufgabe des Staates sein; sie ist Sache aller Gruppen der Gesellschaft. Der Erfolg hängt von der Mitarbeit der ausländischen Arbeitnehmer ab.
12. Das Verständnis der deutschen Bevölkerung für die Notwendigkeit der Ausländerbeschäftigung und ihrer kultur- und sozialpolitischen Konsequenzen muß durch gezielte Öffentlichkeitsarbeit vertieft werden.
    Auch den Ausländern gegenüber ist die Öffentlichkeitsarbeit zu verbessern, um ihnen die Eingliederung zu erleichtern.
13. Die Beschäftigung von ausländischen Arbeitnehmern ist auch für ihre Herkunftsländer wirtschaftlich, sozial und politisch von Nutzen. Sie soll ein wichtiger Beitrag zur Völkerverständigung sein.

Zur Durchführung dieser Grundsätze sind folgende Maßnahmen notwendig:

A. Vorbereitende Maßnahmen in den Herkunftsländern

Die ausländischen Arbeitnehmer sollten schon im Herkunftsland auf ihre Tätigkeit in der Bundesrepublik Deutschland vorbereitet werden. Diese Vorbereitung sollte sich vor allem auf Informationen über die Arbeits- und Lebensbedingungen in der Bundesrepublik Deutschland erstrecken. Es sollten auch Kenntnisse der deutschen Sprache vermittelt werden. Berufliche Vorbereitung ist wünschenswert.

1. Information über die Arbeits- und Lebensbedingungen in der Bundesrepublik Deutschland

Die zuständigen Stellen der Herkunftsländer sollten die ausländischen Bewerber mehr als bisher über die Arbeitsmöglichkeiten sowie über die Arbeits- und Lebensbedingungen in der Bundesrepublik Deutschland informieren. Diese Unterlagen sollten schon vor dem Entschluß, in der Bundesrepublik Deutschland arbeiten zu wollen, erfolgen. Hierfür stellen die Bundesanstalt für Arbeit und ggf. die deutschen diplomatischen und konsularischen Vertretungen im Ausland Unterlagen bereit (Merkblätter, Broschüren, Prospekte, Dia-Reihen, Filme). Für die Information sollten mehr als bisher audiovisuelle Methoden genutzt werden.

Die Auslandsdienststellen der Bundesanstalt für Arbeit informieren die ihnen vorgestellten ausländischen Arbeitnehmer vor der Ausreise ebenfalls über die Arbeitsmöglichkeiten sowie über die Arbeits- und Lebensbedingungen einschließlich der Einreise- und Aufenthaltsbestimmungen in der Bundesrepublik Deutschland. Ausländischen Arbeitnehmern, die ohne Einschaltung einer solchen Stelle zur Arbeitsaufnahme in die Bundesrepublik Deutschland einreisen wollen, wird von der zuständigen deutschen diplomatischen und konsularischen Vertretung im Ausland entsprechendes Informationsmaterial zur Verfügung gestellt.

2. Sprachliche Vorbereitung

Für die Eingliederung in der Bundesrepublik Deutschland ist es wünschenswert, schon im Herkunftsland Deutschkenntnisse zu vermitteln. Diese Aufgabe sollten geeignete ausländische und deutsche Stellen wahrnehmen (vor allem Zweigstellen des

Goethe-Instituts im Ausland). Bund und Bundesanstalt für Arbeit unterstützen diese Maßnahmen.

Die zuständigen Dienststellen der Herkunftsländer sollten mehr als bisher ausländische Arbeitnehmer mit Deutschkenntnissen den Dienststellen der Bundesanstalt für Arbeit im Ausland bevorzugt vorstellen.

3. Berufliche Vorbereitung

Die Eingliederung in den Betrieb wird gesichert, wenn ausländische Arbeitnehmer bereits im Herkunftsland beruflich vorbereitet werden. Deshalb sollten von deutschen Arbeitgebern mehr als bisher Maßnahmen zur beruflichen Vorbereitung in den Herkunftsländern genutzt und gefördert werden. Von gleicher Bedeutung sind in diesem Zusammenhang die Informationen über Lebens- und Arbeitsbedingungen in der Bundesrepublik Deutschland, die Vermittlung deutscher Sprachkenntnisse sowie die Einführung in deutsche Arbeitssicherheitsbestimmungen. Bund und Bundesanstalt für Arbeit unterstützen diese Maßnahmen.

B. Maßnahmen in der Bundesrepublik Deutschland

1. Betrieb

Bereits vor dem Eintreffen muß für die ausländischen Arbeitnehmer angemessener Wohnraum zur Verfügung stehen. Weiter müssen die Voraussetzungen für eine wirksame Eingliederung in den Betrieb getroffen sein. Dazu gehören die entsprechende Ausstattung der Arbeitsplätze, die Bereitstellung von Dolmetschern und die Vorbereitung der Führungskräfte. Von Bedeutung ist dabei die Einführung in deutsche Arbeitssicherheitsvorschriften. Außerdem müssen die Betriebe Hilfen für die Erledigung der erforderlichen Formalitäten geben, die mit dem Aufenthalt der Ausländer in der Bundesrepublik Deutschland im Zusammenhang stehen. Die Betriebe sollen ferner darüber unterrichten, welche amtlichen und privaten Stellen bei der Eingliederung behilflich sein können. Die Organe der Betriebsverfassung sind verpflichtet, bei der betrieblichen Eingliederung ausländischer Arbeitnehmer mitzuwirken.

2. Unterkünfte und Wohnungen

a) Unterkünfte

Angemessene und menschenwürdige Unterkünfte sind zur Verfügung zu stellen. Dabei müssen die Richtlinien des Bundesministers für Arbeit und Sozialordnung vom 1. 4. 1971[1] als Mindestvoraussetzungen erfüllt sein.

b) Wohnungen

Die Bereitstellung von angemessenen und menschenwürdigen Wohnungen für ausländische Familien ist abhängig von der Schaffung ausreichenden Wohnraumes für die gesamte Bevölkerung. Vor allem in Brennpunkten des Wohnungsbedarfs ist die Unterbringung ausländischer Familien vielfach noch unzulänglich. Deshalb muß der Bedarf an Wohnraum für Ausländerfamilien beim Wohnungsbau stärker als bisher berücksichtigt werden. Dabei soll eine zu starke räumliche Konzentration ausländischer Familien vermieden werden. Ausländer sollen auch tatsächlich gleichen Zugang zum Wohnungsmarkt haben wie Deutsche. Für sie gelten die gleichen Mietbedingungen. Die öffentliche Hand und die Wohnungsbauträger sollten daher den wachsenden Bedarf an Wohnungen für ausländische Familien mehr als bisher berücksichtigen. Sonderbauprogramme sollten durchgeführt werden.

---

[1] Bundesarbeitsblatt Nr. 5/1971, S. 368 f.

c) Kontrolle

Um Mißstände bei Unterkünften und Wohnungen auszuschließen, müssen wirksame Kontrollen erfolgen. Dazu sind die gesetzlichen Voraussetzungen zu schaffen. Menschenunwürdigem Wohnraum und Mietwucher soll mit allen Mitteln der Rechtsordnung begegnet werden.

3. Familienzusammenführung

Der Familienzusammenführung kommt aus menschlichen Gründen besondere Bedeutung zu. Dabei ist unabdingbare Voraussetzung, daß eine angemessene Wohnung zur Verfügung steht. Die Angemessenheit der Wohnung sollte durch Richtlinien nach einheitlichen Grundsätzen festgelegt werden.

4. Vermittlung deutscher Sprachkenntnisse

Die ausländischen Arbeitnehmer sollten durch geeignete Anreize stärker daran interessiert werden, Kenntnisse der deutschen Sprache zu erwerben. Ausländer und deutsche Stellen sollten nachdrücklich und wiederholt auf die dafür vorhandenen Möglichkeiten aufmerksam gemacht werden.

Das Angebot ist auszubauen und durch geeignete Lehrmethoden den praktischen Bedürfnissen und den Bildungsvoraussetzungen anzupassen.

5. Berufliche Bildung

Kenntnisse der deutschen Sprache sind Voraussetzung der beruflichen Bildung für ausländische Arbeitnehmer. Berufliche Qualifizierung schafft die Grundlage für den sozialen Aufstieg, für eine verbesserte berufliche Stellung und kann nach Rückkehr von Nutzen sein. Deshalb sollten die ausländischen Arbeitnehmer stärker hierfür interessiert und Berufsbildungseinrichtungen gefördert werden.

6. Information, Beratung, Hilfe

Information, Beratung und Hilfe für ausländische Arbeitnehmer und ihre Angehörigen sollen dem Verständnis ihrer Situation und dem Aufzeigen der gegebenen Möglichkeiten zur Lösung von Problemen dienen.

Sie benötigen vor allem:
— Informationen über die Lebensverhältnisse in der Bundesrepublik Deutschland;
— Beratung und Hilfen für die Anforderungen des täglichen Lebens;
— Beratung, sprachliche Vermittlung, Vertretung im Umgang mit Behörden;
— Beratung über die Möglichkeiten des Wohnungsmarktes und Hilfen bei der Beschaffung von Wohnraum einschließlich seiner Einrichtung;
— Hilfen zur Gestaltung der arbeitsfreien Zeit;

7. Unfallverhütung

Die Unterweisung der ausländischen Arbeitnehmer und ihrer Angehörigen über die Unfallverhütung in Betrieb, Haushalt, Verkehr und Freizeit muß den Besonderheiten dieses Personenkreises Rechnung tragen. Sie ist vornehmlich Aufgabe der Betriebe, der Berufsgenossenschaften, der Gewerbeaufsicht und aller sonstigen mit der Unfallverhütung befaßten Organisationen und Einrichtungen sowie der in der Betreuung tätigen Institutionen.

8. Freizeit

Die arbeitsfreie Zeit stellt die ausländischen Arbeitnehmer und ihre Familien vor besondere Probleme. Anleitung und Angebote für Freizeithilfen sind für sie daher von

großer Bedeutung. Eigeninitiativen der Ausländer zur Pflege der eigenen Kultur sollten gefördert werden. Partnerschaftliche Begegnungen zwischen Ausländern und Deutschen sollten in zunehmendem Maße unterstützt werden. Diesen Zielen dienen Freizeitzentren und Begegnungsstätten, die auch für Bildungszwecke — besonders gesellschaftspolitischer Art — genutzt werden. Die bewährten Ausländersendungen bei Funk und Fernsehen sollten weiter ausgebaut werden. Sie sind wichtige Informationsmittel. Ausländer sollten gleichberechtigten Zugang zu deutschen Sportvereinen und deren Sporteinrichtungen haben.
Freizeithilfen sollten in zunehmendem Maße gefördert werden.

9. Religiöse Betreuung

Die Kirchen und sonstigen Religionsgemeinschaften nehmen diese Aufgabe nach ihrem Selbstverständnis mit deutschen und ausländischen Seelsorgern und in Zusammenarbeit mit den Kirchen der Herkunftsländer wahr.

10. Vorschulische und schulische Bildung

Da die Kinder ausländischer Arbeitnehmer in der Regel mehrere Jahre in der Bundesrepublik Deutschland bleiben, ist eine systematische Förderung ihrer Bildung durch Eingliederung in deutsche Schulen unerläßlich.
Der vorschulischen Bildung der Kinder kommt eine wesentliche Bedeutung zu, da dadurch eine bessere Eingliederung in die deutschen Schulen ermöglicht werden kann. Deshalb ist sicherzustellen, daß ihnen unter den gleichen Bedingungen alle Einrichtungen der Jugendhilfe offenstehen.
Ausreichende Kenntnisse der deutschen Sprache sind die entscheidenden Voraussetzungen für eine erfolgreiche schulische Bildung. Daher sind in verstärktem Maße Einführungsklassen zu schaffen. Zusätzlich sollten weitere Hilfen — vor allem bei Hausaufgaben — gegeben werden. Außerdem sind Unterricht in der Heimatsprache zu erteilen und Kenntnisse über den eigenen Kulturkreis zu vermitteln, um die Rückkehr in die Heimat offenzuhalten.
Auch für ausländische Jugendliche, die keine abgeschlossene deutsche Schulbildung erhalten haben, sollten Maßnahmen zur Förderung ihrer sprachlichen und beruflichen Bildung geschaffen werden. Ausreichende Unterrichtsräume müssen bereitgestellt werden. Sprachkundige Lehrkräfte sind einzustellen und fortzubilden.
Ausländische Lehrkräfte unterliegen deutschen Schulgesetzen und der deutschen Schulaufsicht. Für ihre Auswahl sind ausschließlich die deutschen Schulbehörden zuständig. Die ausländischen Kinder unterliegen den deutschen Schulgesetzen. Dies gilt für Schulpflicht, Inhalte und Ziele des Unterrichts. Die Einhaltung der Schulpflicht ist stärker als bisher zu überwachen. Die Eltern müssen mehr als bisher umfassend über Schul- und Bildungsfragen informiert werden. Eltern und Kinder sollten mehr als bisher an schulischen Mitbestimmungsorganen beteiligt werden.

11. Organisationen

Die Eingliederung der ausländischen Arbeitnehmer kann nur erfolgreich sein, wenn die Gesellschaft mit ihren Gruppen dabei mitwirkt.
Vor allem Verbände der Freien Wohlfahrtspflege — die Arbeiterwohlfahrt, der Deutsche Caritasverband und das Diakonische Werk —, der Internationale Bund für Sozialarbeit und der Deutsche Gewerkschaftsbund haben schon bisher ihre Organisation den ausländischen Arbeitnehmern zur Verfügung gestellt. Darüber hinaus haben sie besondere Einrichtungen geschaffen und Maßnahmen eingeleitet, um den Problemen ausländischer Arbeitnehmer und ihrer Familien Rechnung zu tragen.

Die vorstehend genannten Organisationen und andere Stellen müssen zur Wahrnehmung ihrer Aufgaben mehrsprachige Fachkräfte beschäftigen. Diese erwarten in der Zukunft, daß ihre Tätigkeit im Rahmen eines Berufsbildes anerkannt wird und sie dazu eine qualifizierte Fort- und Weiterbildung erfahren.
Betriebe, die ausländische Arbeitnehmer beschäftigen, müssen beraten werden. Hierfür bieten sich die Bundesvereinigung der Deutschen Arbeitgeberverbände und die Sozialversicherungsträger an.

12. Koordinierungskreise

Für alle Maßnahmen zur Eingliederung sind zahlreiche öffentliche und private Stellen verantwortlich. Ihre Zusammenarbeit ist unumgänglich. Deshalb sind neben den auf Bundes- und den auf Länderebene errichteten Koordinierungskreisen solche Kreise auf Ortsebene zu bilden. Die Städte und Gemeinden sind in besonderer Weise angesprochen. In diesen Arbeitskreisen sollen die vielfältigen Aktivitäten aufeinander abgestimmt, Informationen ausgetauscht, Anregungen gegeben und Maßnahmen eingeleitet werden.

Die Zusammensetzung dieser Arbeitskreise richtet sich nach ihren Aufgaben. Neben den zuständigen Behörden sollten auf jeden Fall in ihnen vertreten sein: Arbeitgeber und Gewerkschaften, Verbände der Freien Wohlfahrtspflege und die Religionsgemeinschaften.

Da die Arbeitskreise das Zusammenleben und die Eingliederung fördern sollen, sind auch ausländische Arbeitnehmer zu beteiligen.

13. Nationaler und internationaler Erfahrungsaustausch

Im Interesse einer möglichst wirksamen Eingliederung ausländischer Arbeitnehmer ist ein umfassender Erfahrungsaustausch aller hiermit befaßten Organisationen und Personen anzustreben. Dieser sollte auch die für notwendig erachteten Maßnahmen der Herkunftsländer für die Rückgliederung umfassen. Außerdem sollen alle an diesen Aufgaben beteiligten Personen fortgebildet werden.

14. Finanzierung

Alle Maßnahmen im Zusammenhang mit der Eingliederung ausländischer Arbeitnehmer erfordern einen erheblichen finanziellen Aufwand. Die Zuständigkeit für die Aufbringung dieser Mittel ergibt sich weitgehend aus dem Sachzusammenhang. Dabei sind in besonderer Weise die Arbeitgeber angesprochen.

In den übrigen Fällen sind die Kosten im wesentlichen vom Bund, der Bundesanstalt für Arbeit, den Ländern und den Gemeinden zu tragen. Eine angemessene Eigenbeteiligung des ausländischen Arbeitnehmers und seines Herkunftslandes bei bestimmten Maßnahmen bleibt hiervon unberührt.

Diese Grundsätze und die zur Durchführung vorgeschlagenen Maßnahmen erheben keinen Anspruch auf Vollständigkeit und werden auch nicht alle Probleme optimal lösen können. Sie beruhen auf Erfahrungen und neuen Erkenntnissen, seit im Jahre 1970 solche Grundsätze[1] erstmalig aufgestellt wurden. Sie sind auch künftig veränderten Verhältnissen und Entwicklungen anzupassen.

---

1 Bundesarbeitsblatt Nr. 4/1970, S. 281 ff.

5.3.6 Stellungnahme des Deutschen Städteverbandes zur Frage des Unterrichts für Kinder ausländischer Arbeitnehmer vom 25. Oktober 1972[1]

Der Unterricht in deutschen Schulen ist besonders am Anfang wegen der nur langsam zu kompensierenden Mängel an deutschen Sprachkenntnissen erschwert. Hinzu kommt, daß der Unterricht in deutschen Schulen pädagogisch didaktisch und inhaltlich anders geartet ist als Eltern und Kindern dies aus ihren Herkunftsländern gewohnt waren. Letztlich stehen die Kinder durch den ständigen Wechsel zwischen deutscher Umwelt und fremdsprachiger Familie unter einer starken psychischen Belastung.

Eine Reihe von soziokulturellen Barrieren, die sich zumeist aus den unterschiedlichen Lebensverhältnissen ergeben, wirken auf die unterrichtliche Situation der Kinder ein. Hier ist einmal der vielfach noch provisorische Charakter des Familienlebens und der Wohnverhältnisse zu nennen; hinzu kommt, daß die recht häufige Berufstätigkeit der Mutter zu einem Aufwachsen der Kinder ohne Kontakt zu erwachsenen Familienangehörigen führt.

Bei allen Überlegungen zur Eingliederung der ausländischen Kinder in das deutsche Schulwesen ist zunächst davon auszugehen, daß ein Trend der Ausländer zu längerer Verweildauer in der Bundesrepublik besteht. Es ist somit eine bildungspolitische Aufgabe, den ausländischen Kindern und Jugendlichen für den deutschen Sprachbereich die gleichen Bildungsmöglichkeiten zu eröffnen wie den einheimischen Kindern. Diese Aufgabe hat Vorrang. Eine weitere Aufgabe bleibt es, dafür Sorge zu tragen, daß die ausländischen Kinder ihrer eigenen Kultur und ihrem eigenen Sprachbereich nicht entfremdet werden, damit ihnen eine Rückkehr möglich bleibt. In diesem Zusammenhang gewinnt auch die Möglichkeit Bedeutung, die Muttersprache der Kinder als erste Fremdsprache anzuerkennen.

Den zwölf- bis fünfzehnjährigen Schülern und Jugendlichen, die erst in diesem Alter in die Bundesrepublik zuziehen, sollten nach ihrer vorhandenen Schulbildung differenzierte Möglichkeiten angeboten werden, die zu Berufsfähigkeit, beruflicher Ausbildung und Fortsetzung allgemeiner Bildungsgänge befähigen.

Für die acht- bis zwölfjährigen ausländischen Schüler sind besonders dann, wenn sie neu zugezogen sind, Übergangsregelungen anzustreben.

Bei den ausländischen Schülern ist zu prüfen, ob auch die Möglichkeit der Schulpflichtverlängerung voll ausgeschöpft werden muß. Den Schülern sollten in dieser entscheidende Phase ihrer Entwicklung weiterführende Bildungsangebote offengehalten werden.

Bei Berufsschulen sind sowohl besondere Sprachkurse als auch Intensivkurse als begleitendes Angebot vorzusehen. Aus organisatorischen Gründen ist hierbei an eine Zusammenfassung der Schüler zu denken.

Silentien oder Arbeitskreise, die als schulische Veranstaltungen einzurichten sind, sollten bei der Unterrichtung ausländischer Kinder schwerpunktmäßig Angebote zur Verbesserung der deutschen Sprachkenntnisse bringen.

Es muß weiterhin versucht werden, deutsche Mitschüler und deutsche Eltern zu finden, die mit den ausländischen Kindern stärkeren Kontakt aufnehmen und ihnen bei den Hausaufgaben helfen.

Soweit ausländische Lehrkräfte an den Schulen tätig werden, sind sie von der zuständigen deutschen Schulaufsichtsbehörde einzustellen. Es müssen Wege gefunden werden, die fachliche Qualifikation zu prüfen, ohne daß politische Intentionen des Entsenderlandes eine wesentliche Rolle spielen. Der ausländische Lehrer soll Mitglied des

---

[1] Leicht gekürzt

Kollegiums einer Schule sein. Die deutschen Schulaufsichtsbehörden haben das Recht, die ausländischen Lehrkräfte abzuberufen, und zwar auch wegen Nichtbeachtens der in der BRD verfassungsmäßig garantierten freiheitlich-demokratischen Grundordnung.

Von Bedeutung sind Angebote zur Lehrerfortbildung. Besonders wichtig ist hierbei eine Eingliederungshilfe für die ausländischen Lehrer, bei denen neben den Fremdsprachenbarrieren auch methodische Schwierigkeiten überwunden werden müssen.

Die Schulen sind mit Büchern und audiovisuellen Hilfsmitteln auszustatten, die für die ausländischen Kinder erforderlich sind. Soweit im Unterricht Schulbücher in der Muttersprache der ausländischen Kinder verwendet werden, bedürfen diese der Genehmigung durch die zuständigen deutschen Stellen.

Ausländische Eltern, deren Kinder in Deutschland vorschulische Einrichtungen besuchen, müssen das Recht haben, zu den Pflegschaften oder sonstigen Mitwirkungsgremien gewählt werden zu können. Diese Eltern sind in geeigneter Weise über ihre Möglichkeiten und Rechte zu unterrichten. Die Zeugnisse für die ausländischen Kinder sollten Übersetzungen in der jeweils erforderlichen Fremdsprache enthalten, um eine bessere Information der Eltern über die Fähigkeiten und Leistungen ihrer Kinder zu gewährleisten.

Ausländische Schüler müssen in die Förderungsmaßnahmen nach dem Bundesausbildungsgesetz aufgenommen werden. Es ist nicht ersichtlich, warum neben deutschen Schülern ausländische Schüler nur dann einen Anspruch auf Förderung haben, wenn sie heimatlos oder asylberechtigt sind (vgl. §§ 8 und 68 Abs. 2 des Bundesausbildungsförderungsgesetzes).

5.3.7 Antwort der Bundesregierung vom 4. Oktober 1973 auf eine Mündliche Frage über Maßnahmen zur Verbesserung der Ausbildung der Kinder ausländischer Arbeitnehmer

Deutscher Bundestag
7. Wahlperiode, 54. Sitzung
Drucksache: 7/1044
Frage: A 64

Antwort

des Parlamentarischen Staatssekretärs Zander vom 4. Oktober 1973 auf die Mündliche Frage des Abgeordneten Zebisch (SPD):

Welche Maßnahmen beabsichtigt die Bundesregierung in Verwirklichung ihres Aktionsprogramms vom 6. Juni 1973 zur Verbesserung der Ausbildung der Kinder ausländischer Arbeitnehmer?
Bereits vor Verabschiedung des Aktionsprogramms vom 6. 6. 1973 zur Beschäftigung ausländischer Arbeitnehmer hat die Bundesregierung vielfältige Maßnahmen zur Verbesserung der Bildungschancen ausländischer Kinder und Jugendlichen eingeleitet. Diese Maßnahmen sind im Zusammenhang mit den Empfehlungen der Kultusministerkonferenz vom 3. 12. 1971 für die schulische Förderung ausländischer Kinder zu sehen. Die Maßnahmen der Länder werden von der Bundesregierung unterstützt durch Modellversuche und Projekte der Bildungsforschung.
Dabei geht die Bundesregierung davon aus, daß sowohl die Eingliederung in das deutsche Schulsystem als auch die Förderung der Rückkehrfähigkeit durch muttersprachlichen Unterricht gleichrangige Ziele darstellen.

Obwohl die Doppelnatur der bildungspolitischen Zielsetzung — Förderung der Eingliederung, aber auch Offenhalten der Rückkehr — große schulische und psychologische Probleme aufwirft, kann mit einer Verbesserung der Bildungschancen auch ausländischer Kinder gerechnet werden.
In Übereinstimmung mit den Empfehlungen der Kultusministerkonferenz legt die Bundesregierung bei ihren Förderungsmaßnahmen besonderes Gewicht auf solche Projekte, die das Einleben und die Eingliederung in das deutsche Schul- und Bildungswesen erleichtern. Diese Hilfe ist nämlich auch für diejenigen Kinder und Jugendlichen von Bedeutung, die nach einigen Jahren in ihr Heimatland zurückkehren werden. Es wäre dem einzelnen gegenüber wie sozialpolitisch falsch, diese Kinder im Hinblick auf eine erwartete Rückkehr für mehrere, entscheidende Jahre ihrer Entwicklung einer ghettoartigen Isolierung auch im Bildungswesen zu unterwerfen. Bei der wachsenden Zahl ausländischer Arbeitnehmer erweisen sich die außerhalb der Schule, in Familie und Nachbarschaft liegende Kräfte nationaler Sprache, Kultur und Tradition als starkes Gegengewicht, um in Verbindung mit schulischen Sondermaßnahmen (z. B. muttersprachlicher Unterricht) auch die Fähigkeit zur Wiedereingliederung über längere Zeit zu erhalten.

Von den von der Bundesregierung geförderten Maßnahmen nenne ich einige Beispiele:
— Entwicklung eines Medienprogramms „Deutsch für Ausländer" durch das Institut für Film und Bild in München in Verbindung mit anderen Institutionen
— Modellprogramme zur Fortbildung von Lehrern für den Unterricht von ausländischen Kindern
— Modellprogramme mit verschiedenen Organisationsformen und Arbeitsverfahren zur Vorbereitung ausländischer Kinder auf die Eingliederung in den regulären Unterricht
— Programme der Hausaufgabenhilfe, die zugleich deutsche und ausländische Kinder und Familien zusammenführen sollen
— Modellversuche in der beruflichen Bildung, z. B. ein einjähriger Förderkurs bei gleichzeitiger Teilzeitbeschäftigung im Betrieb zur Vorbereitung auf ein Ausbildungsverhältnis.

Die Förderung erfolgt zum Teil durch den Bundesminister für Arbeit und Sozialordnung, zum Teil durch den Bundesminister für Bildung und Wissenschaft in Zusammenarbeit mit den Ländern im Rahmen eines Programms der Bund-Länder-Kommission für Bildungsplanung.
Abschließend erlaube ich mir den Hinweis, daß im Bildungsgesamtplan die ausländischen Kinder und Jugendlichen bei allen Planungen berücksichtigt worden sind. Man kann davon überzeugt sein, daß die von Bund und Ländern begonnene Bildungsreform gerade den ausländischen Kindern und Jugendlichen helfen wird, ihre Lebenschancen in der Bundesrepublik wahrzunehmen.

5.3.8 Die bayerischen Unterrichtsmodelle (1973)

A. Deutschsprachiger Unterricht und Unterricht in der Muttersprache in der öffentlichen Volksschule

Kinder ausländischer Arbeitnehmer, die dem deutschsprachigen Unterricht in einer Normalklasse ohne Schwierigkeiten zu folgen vermögen, werden auf Antrag der Eltern in die entsprechende Klasse der deutschen öffentlichen Volksschule aufgenommen.

An den öffentlichen Volksschulen werden in der Muttersprache dem ausländischen Schüler bis zu 8 Wochenstunden Unterricht angeboten, wenn mindestens 15 Schüler mit der betreffenden Muttersprache vorhanden sind.

B. Klassen für ausländische Schüler in der öffentlichen Volksschule

1. Kinder ausländischer Arbeitnehmer, die dem Unterricht in deutscher Sprache nicht zu folgen vermögen oder deren Eltern sich für einen Unterricht in der Muttersprache entscheiden, werden an öffentlichen Volksschulen in eigenen Klassen zusammengefaßt, wenn mindestens 25 Schüler mit der betreffenden Muttersprache vorhanden sind.

In diesen Klassen werden mindestens zwei Drittel des Unterrichts nach besonderen Lehrplanrichtlinien und Stundentafeln in der Muttersprache erteilt. Die deutsche Sprache wird in den muttersprachlichen Klassen in grundsätzlich 8 Wochenstunden nach der Methode fremdsprachlichen Unterrichts gelehrt. Dieser Deutschunterricht ist Pflichtfach für alle Schüler.

In Unterrichtsbereichen mit nicht sprachrelevantem Unterricht (technisch-musische Fächer) können die ausländischen Schüler mit deutschen Schülern gemeinsam unterrichtet werden.

Wenn der Kenntnisstand in der deutschen Sprache eine Teilnahme am Unterricht einer deutschsprachigen Klasse ermöglicht, kann das Kind auf Wunsch der Eltern in eine solche Klasse übertreten.

2. In den 8. und 9. Jahrgangsstufen der Hauptschulen kann in Klassen für ausländische Schüler oder in Übergangsklassen, falls die Schüler über keine für die berufliche Bildung ausreichenden Deutschkenntnisse verfügen, nach einer Stundentafel unterrichtet werden, die durch verstärkten Deutschunterricht sprachlich und durch Unterricht in der Muttersprache stofflich den Anschluß an die berufliche Bildung ermöglicht.

C. Förderunterricht in öffentlichen Volksschulen in der deutschen Sprache

1. Kinder ausländischer Arbeitnehmer in öffentlichen Volksschulen, in denen die Bildung einer Klasse für ausländische Schüler wegen zu geringer Schülerzahl nicht möglich ist, erhalten, wenn die Schülerzahl (mindestens 25 Schüler) dazu ausreicht, Unterricht in Übergangsklassen (Vorbereitungsklassen), in denen Schüler verschiedener Nationalität zusammengefaßt sind.

2. Kommt auch eine solche Klasse nicht zustande, erhalten ausländische Schüler zusätzlichen Unterricht in der deutschen Sprache bis zu 8 Wochenstunden mit entsprechender Unterrichtsbefreiung in den übrigen Fächern (Mindestschülerzahl 12). Ein Teil der Unterrichtsstunden ist für Unterricht in Mathematik zu verwenden.

Der gesamte Unterricht für ausländische Schüler, sowohl im deutschsprachigen wie im muttersprachlichen Bereich, untersteht der deutschen Schulaufsicht.

5.3.9 Resolution der ad hoc-Konferenz über „Bildung und Erziehung von Wanderarbeitnehmern und deren Familien" vom 8. 11. 1974[1]

Sicherstellung eines ausreichenden Bildungsangebots vor und während der Pflichtschulzeit im Gastland (Resolution Nr. II)
In Anbetracht der Bedeutung der vorschulischen Periode für die psycho-soziale Ent-

---

[1] Die ad hoc-Konferenz fand vom 5.—8. 11. 1974 unter der gemeinsamen Schirmherrschaft des Europarates und der Ständigen Konferenz der europäischen Erziehungsminister in Straßburg statt.

wicklung des Kindes und für das Erlernen der Sprache (ein Schlüsselfaktor für die Integration von ausländischen Kindern in die Gemeinschaft des Gastlandes);
In der Auffassung, daß die Pflichtschulzeit der einzige Zeitabschnitt ist, in dem es möglich ist, allen Kindern von Wanderarbeitnehmern die Grundbildung zu vermitteln, die ihnen entweder den Zugang zur Arbeitswelt bzw. zum Erwerbsleben mit der Aussicht auf beruflichen und sozialen Aufstieg oder zur Weiterbildung auf Sekundarschulebene (allgemein, fachlich oder beruflich) eröffnet;
In der Überzeugung, daß in diesem Zeitabschnitt unter bestimmten Voraussetzungen die mündliche Beherrschung der Sprache des Gastlandes und eine gewisse Fähigkeit, sie zu schreiben, erlangt werden können;
In Anbetracht dessen, daß es für Kinder von Wanderarbeitnehmern wichtig ist, die Beherrschung ihrer Muttersprache zu erhalten und zu vervollkommnen, und daß diese Beherrschung unabhängig von der entscheidenden Rolle, die sie beim Aufbau und der Entwicklung der Persönlichkeit des Kindes spielt, bessere Chancen für eine eventuelle Reintegration in das Herkunftsland und in jedem Fall für gute Beziehungen innerhalb der Familie bietet und ohne Zweifel auch eine bessere Grundlage für das Studium der Sprache des Gastlandes ist;
In Anbetracht der unentbehrlichen Hilfe, die die Grundschulen den zugewanderten Familien unabhängig vom Unterricht für ihre Kinder leisten können;
In Kenntnis der Schwierigkeiten, denen jugendliche Einwanderer gegenüberstehen, die in einem Alter in das Gastland kommen, wo die Sekundarschulbildung beginnt;
In der Überzeugung, daß sowohl die Lehrer in den Gastländern als auch die Lehrer in den Herkunftsländern für diese Aufgabe angemessen ausgebildet werden sollten, und in Kenntnis der besonderen Rolle, die die Lehrer übernehmen, die sich hauptsächlich der Erziehung von Kindern von Wanderarbeitnehmern widmen;
empfiehlt die Konferenz
der Ständigen Konferenz der Europäischen Erziehungsminister, die Regierungen der Mitgliedsstaaten zu bitten:

1. sicherzustellen, daß — soweit Einrichtungen für Kleinkinder, Vorschulerziehung und Schule betroffen sind — die Kinder von Wanderarbeitnehmern auf der Grundlage einer uneingeschränkten Gleichberechtigung mit den Kindern des Gastlandes behandelt werden und daß sie außerdem in den Genuß der Maßnahmen kommen, die speziell für sie bestimmt sind (Sonderklassen, Vorbereitungs- bzw. Aufnahmeklassen, Übergangsklassen etc.);
2. dafür zu sorgen, daß Wanderarbeitnehmer sowohl vor der Ausreise aus ihrem Herkunftsland als auch bei ihrer Ankunft im Gastland klare und präzise Informationen erhalten und daß solche Informationen in der jeweiligen Landessprache abgefaßt werden (nach Möglichkeit in Form von mehrsprachigen Broschüren);
3. die notwendigen Maßnahmen zu ergreifen, um zu gewährleisten, daß Kinder von Wanderarbeitnehmern:
   — alle in der gleichen Weise wie die einheimischen Kinder unabhängig vom Status ihrer Eltern der allgemeinen Schulpflicht unterliegen und während ihrer Schulzeit nicht unter etwaigen Ungleichheiten in der Lage ihrer Eltern leiden dürfen;
   — alle verpflichtet sind, gemäß der geltenden Gesetzgebung im Gastland den Unterricht regelmäßig zu besuchen;
   — nach Ankunft im Gastland — wenn ihre Anzahl es erlaubt — in Vorbereitungs(Aufnahme-)klassen zusammengefaßt werden, um ihnen zu ermöglichen, die Sprache des Gastlandes so schnell es geht zu erlernen, damit ein schulisches Zurückbleiben vermieden wird. Solche Klassen könnten nach dem

Modell der besonderen Versuchsklassen konzipiert werden, die unter der Ägide des Europarates eingerichtet wurden. Wo dies nicht realisierbar ist, kann Förderunterricht helfen, das gleiche Ziel zu erreichen;
— wo dies erforderlich und geeignet erscheint, in Anpassungsklassen aufgenommen werden, die dazu dienen, die Kinder ihrem bereits erreichten Bildungsstand entsprechend in das Schulsystem einzugliedern;
— die Wahlmöglichkeit erhalten, in bestimmten Fächern des Lehrplanes in ihrer Muttersprache unterrichtet zu werden, so daß sie ohne Zeitverlust in die normale Schulstufe sowohl im Gastland als auch im Herkunftsland eintreten können;

4. die Entsendeländer aufzufordern, den Kindern die Lehrbücher des Herkunftslandes für das laufende und das folgende Schuljahr kostenlos zur Verfügung zu stellen, um ihnen so die Anpassung an den Unterrichtsstoff zu erleichtern, sowie die Aufnahmeländer aufzufordern, auf alle Zollgebühren für Unterrichtsmaterialien zu verzichten. Die Aufnahmeländer sollten die in ihren Schulen verwendeten Lehrbücher unter den gleichen Bedingungen wie für einheimische Kinder kostenlos bereitstellen;

5. die notwendigen Schritte zu unternehmen, die gewährleisten, daß die schulischen Leistungen, wie vom Europarat empfohlen, in den „Schulpaß" (livret scolaire) eingetragen werden, damit ausländische Kinder niemals wegen ungenügender Kenntnisse in der Unterrichtssprache von der Versetzung in eine höhere Klasse zurückgestellt werden können;

6. darauf hinzuwirken, daß die Sprache des Gastlandes aktiv und intensiv nach Methoden unterrichtet wird, die dem geistigen Niveau und der Psychologie der Kinder gerecht werden. Dieser Unterricht sollte am besten in den normalen Stundenplan eingeordnet werden. Während der Grundschulerziehung kann das ausländische Kind in zwei- oder mehrsprachigen Ländern vom Unterricht in einer zweiten Landessprache befreit werden;

7. dazu beizutragen, daß den Kindern von Wanderarbeitnehmern die Möglichkeit gegeben wird, gute Kenntnisse in ihrer Muttersprache und der Kultur ihres Herkunftslandes zu erwerben, zu erhalten und zu entwickeln, so daß sie imstande sind, sich nicht nur leicht in das Schulwesen des Gastlandes einzufügen, sondern sich auch eine eventuelle Rückkehr in ihr Herkunftsland offenzuhalten, wobei sie, wenn sie es wünschen (besonders im Berufsleben), aus ihrer Zweisprachigkeit Nutzen ziehen können. Der Unterricht in der Muttersprache kann entweder in den normalen Stundenplan einbezogen oder zu einem anderen Zeitpunkt erteilt werden, was von den jeweiligen Gegebenheiten abhängt. Einige Fächer des Lehrplanes (z. B. Naturwissenschaften, Geographie usw.) könnten in der Muttersprache der Wanderarbeitnehmer unterrichtet werden. Lokale Stellen, Konsulate und Botschaften sollten alle notwendige Hilfe leisten: Lehrer (am besten zweisprachig), Lehrbücher, Unterrichtsmaterialien etc.;

8. die Gleichwertigkeit der Zeugnisse, die in den Aufnahme- und Entsendeländern auf den verschiedenen Stufen der Pflichtschulzeit erteilt werden, anzuerkennen wie auch im Entsendeland die Gültigkeit von im Gastland besuchten Kursen über Sprache und Kultur des Herkunftslandes. Die zuständigen zwischenstaatlichen Organisationen sollten Initiativen in dieser Hinsicht einleiten bzw. diesbezügliche Anstrengungen unternehmen;

9. in Übereinstimmung mit der Resolution (70) 35 des Ministerkomitees des Europarates alle Bemühungen zu unterstützen, den Schülern in Grundschulklassen

außerhalb der Schulzeit in beaufsichtigten Arbeitsstunden Aufgabenhilfe durch kompetente Fachleute zu geben;

10. alle Initiativen zu fördern, den Kindern von Wanderarbeitnehmern in gleicher Weise wie den einheimischen Schülern soziokulturelle und sportliche Aktivitäten sowie Ferienlager (oder ähnliche Einrichtungen) zugänglich zu machen;

11. in Übereinstimmung mit der Resolution (70) 35 des Ministerkomitees des Europarates alle Maßnahmen zu ergreifen, die geeignet erscheinen, die ausländischen Eltern am Schulleben zu beteiligen durch die Herstellung und Pflege von Kontakten zwischen Schule und Familien (Verbreitung von Informationen, Zusammenkünfte mit Dolmetschern etc.);

12. Vorbereitungs-(Aufnahme-)Klassen einzurichten und auszubauen für Kinder von Wanderarbeitnehmern, die die Grundschule im Gastland nicht abgeschlossen oder unregelmäßig besucht haben, um sie auf eine Eingliederung in die Sekundarstufe vorzubereiten. Dort, wo es genug junge zugewanderte Analphabeten gibt, sollten Anpassungs-Klassen eingerichtet werden, um sie in den Stand zu setzen, eine vollwertige Sekundarschulbildung (beruflich oder fachlich) zu erwerben;

13. dafür zu sorgen, daß die Kinder von Wanderarbeitnehmern nach der Grundschule ihre Muttersprache als zweite oder dritte Fremdsprache im Sekundarschulwesen wählen können und daß die Lehrpläne dementsprechend angepaßt werden;

14. die Vergabe von Stipendien bzw. Ausbildungsbeihilfen nach den gleichen Bedingungen wie für einheimische Kinder zu unterstützen, um den Kindern von Wanderarbeitnehmern zu ermöglichen, eine Sekundarschulbildung zu erwerben bzw. ihre Sekundarschulbildung weiterzuführen;

15. in Ausführung der Resolution Nr. 5 (1962) der Ständigen Konferenz der Europäischen Erziehungsminister in jedem Land ein Dokumentations- und Koordinierungszentrum aufzubauen, in dem alle relevanten Informationen über Wanderarbeitnehmer und das Bildungswesen für ihre Kinder zum Zweck der Weiterverbreitung zentral gesammelt werden sollen;

16. in den Entsendeländern während der Grundausbildung zukünftige Lehrer durch Information über den Ursprung und den aktuellen Stand der Wanderbewegung von Arbeitskräften mit diesem Phänomen und seinen Folgerungen für die pädagogische Praxis vertraut zu machen. Lehrer, die ins Ausland geschickt werden, sollten eine besondere Ausbildung erhalten, die sich zumindest auf die Sprache des Gastlandes und seine Institutionen erstreckt; sie werden dem Gastland von den zuständigen Stellen des Entsendelandes zur Verfügung gestellt;

17. dafür zu sorgen, daß in den Aufnahmeländern während der Grundausbildung analoge Maßnahmen durchgeführt werden, um die zukünftigen Lehrer mit den Problemen vertraut zu machen, denen sie in Klassen, die von Kindern von Wanderarbeitnehmern besucht werden, gegenüberstehen;

18. darauf hinzuwirken, daß zukünftige Lehrer, die sich für den Unterricht an Kindern von Wanderarbeitnehmern entscheiden, in den Sand gesetzt werden, sich zu spezialisieren, und daß bereits im Beruf stehende Lehrer, die schon mit den Schwierigkeiten des Unterrichts in Klassen, die von solchen Kindern besucht werden, konfrontiert sind, Gelegenheit erhalten, eine geeignete ergänzende Ausbildung zu erwerben;

19. den für die Aus- und Weiterbildung der Lehrer Verantwortlichen und ebenso den Schulaufsichtsbeamten dementsprechend Möglichkeiten zur Information und er-

gänzenden Ausbildung zu geben, wie sie für die unterschiedlichen Aspekte des Unterrichtswesens für Kinder von Wanderarbeitnehmern relevant sind;
20. in Übereinstimmung mit der Resolution (70) 35 des Ministerkomitees des Europarates in den Aufnahmeländern die Veranstaltung von Kursen bzw. Lehrgängen für Lehrer aus den Entsendeländern und umgekehrt zu unterstützen, um das Verständnis der Kultur und des Schul- und Bildungswesens dieser Länder zu fördern;
21. in den verschiedenen Ländern, die von der Wanderbewegung betroffen sind, Forschungsvorhaben über sozio-kulturelle, psychologische, linguistische und pädagogische Probleme anzuregen und zu unterstützen, die sich im Schulwesen für die Kinder von Wanderarbeitnehmern stellen;
22. die Regierungen der betroffenen Mitgliedsstaaten darin zu bestärken, Rat und Hilfe anzubieten und alle notwendigen Schritte zu unternehmen, um Reintegrations-Schwierigkeiten bei Kindern zu vermeiden, die in ihre Herkunftsländer zurückkehren;
23. bilaterale und multilaterale Initiativen auszubauen und fortzuentwickeln, um die vorstehend empfohlenen Maßnahmen einzuleiten bzw. durchzuführen.[1]

(CME/HF (74) 12 prov.)

---

1 Übersetzung von Lilo Neumeister an Hand des englischen Textes.

Ingrid Hesse / Gerhart Mahler / Adolf Engelmann

Mein erstes Deutschbuch

Hilfen für ausländische Schulkinder

Mit Zeichnungen von Bernt und Ulli Engelmann

Teil A: Bildteil

48 vierfarbige Blätter mit 48 Transparentfolien. Spiralheftung DM 11,80

In diesem Anfangsband prägen sich die Kinder 185 Strukturwörter aus dem deutschen Grundwortschatz ein. Jeder Bildseite ist eine Folie mit den zu lernenden Wörtern in Druck- und Schreibschrift vorgeschaltet.

Teil B: Übungsteil. Wir sprechen Deutsch

80 Seiten. DM 4,–

Beispiele, Aufgaben, Fragen und bildlich dargestellte Sachverhalte bieten vielfältige Anlässe zur Anwendung der bereits gelernten Wörter. Die Kinder festigen ihren Wortschatz, erweitern ihn und üben Satzstrukturen ein.

Verlag Ludwig Auer 885 Donauwörth